Sterben und Tod in Deutschland

Frank Thieme

Sterben und Tod in Deutschland

Eine Einführung in die Thanatosoziologie

Unter Mitarbeit von Julia Jäger

Frank Thieme
Dortmund, Deutschland

ISBN 978-3-531-16097-9   ISBN 978-3-531-18873-7 (eBook)
https://doi.org/10.1007/978-3-531-18873-7

Die Deutsche Nationalbibliothek verzeichnet diese Publikation in der Deutschen Nationalbibliografie; detaillierte bibliografische Daten sind im Internet über http://dnb.d-nb.de abrufbar.

Springer VS
© Springer Fachmedien Wiesbaden GmbH, ein Teil von Springer Nature 2019
Das Werk einschließlich aller seiner Teile ist urheberrechtlich geschützt. Jede Verwertung, die nicht ausdrücklich vom Urheberrechtsgesetz zugelassen ist, bedarf der vorherigen Zustimmung des Verlags. Das gilt insbesondere für Vervielfältigungen, Bearbeitungen, Übersetzungen, Mikroverfilmungen und die Einspeicherung und Verarbeitung in elektronischen Systemen.
Die Wiedergabe von Gebrauchsnamen, Handelsnamen, Warenbezeichnungen usw. in diesem Werk berechtigt auch ohne besondere Kennzeichnung nicht zu der Annahme, dass solche Namen im Sinne der Warenzeichen- und Markenschutz-Gesetzgebung als frei zu betrachten wären und daher von jedermann benutzt werden dürften.
Der Verlag, die Autoren und die Herausgeber gehen davon aus, dass die Angaben und Informationen in diesem Werk zum Zeitpunkt der Veröffentlichung vollständig und korrekt sind. Weder der Verlag noch die Autoren oder die Herausgeber übernehmen, ausdrücklich oder implizit, Gewähr für den Inhalt des Werkes, etwaige Fehler oder Äußerungen. Der Verlag bleibt im Hinblick auf geografische Zuordnungen und Gebietsbezeichnungen in veröffentlichten Karten und Institutionsadressen neutral.

Gedruckt auf säurefreiem und chlorfrei gebleichtem Papier

Springer VS ist ein Imprint der eingetragenen Gesellschaft Springer Fachmedien Wiesbaden GmbH und ist ein Teil von Springer Nature
Die Anschrift der Gesellschaft ist: Abraham-Lincoln-Str. 46, 65189 Wiesbaden, Germany

*Den Toten zum Gedächtnis
den Lebenden zur Kenntnis*

Vorwort

Die Idee zu diesem Buch hat ihre Geschichte. Als der Verfasser vor zehn Jahren an einem Buch mit dem Thema „Altern" arbeitete, meinte er dort auch ein Kapitel über das Sterben und den Tod platzieren zu müssen. Beim Sichten der entsprechenden Literatur wurde er in einem Ausmaß fündig, das er nicht erwartet hatte. Zugleich aber war auffallend, dass es an soziologischer Fachliteratur nur relativ wenig gab, vor allem ein Einführungswerk in die Soziologie des Sterbens, des Todes und der Trauer (Thanatasoziologie) schien zu fehlen.

Diese Lücke zu schließen, nahm aus unterschiedlichen Gründen viel mehr Zeit in Anspruch als erwartet. Nicht allein das Sichten der Bücher dauerte seine Zeit. Vielmehr schien es notwendig, fehlendes Datenmaterial durch eigene Projekte zu beschaffen bzw. herzustellen. Daher gehören, neben einigen verfügbaren Studien, zur Datengrundlage dieses Buches die Ergebnisse einer vom Verfasser und Kolleginnen 2012/2013 an der Ruhr-Universität Bochum, Fakultät für Sozialwissenschaften, Sektion Soziologie, durchgeführten, nicht repräsentativen empirischen Studie zum Wandel der Bestattungskultur in Deutschland, im Folgenden „Bestattungsstudie 2012" genannt. Diese beruht auf einer vom Kuratorium Deutsche Bestattungskultur e. V. finanzierten schriftlichen Befragung aller Mitglieder des Bundesverbandes Deutscher Bestatter e. V. und einigen Experteninterviews mit Vertretern des Bestattungsgewerbes (Thieme 2016, S. 9). Der Verfasser dankt Oliver Wirthmann, Dipl. Theologe und Geschäftsführer des Kuratoriums Deutsche Bestattungskultur, für die Erlaubnis, die Daten für dieses Buch verwenden zu dürfen.

Der Verfasser schuldet vielen Unterstützern Dank. Zuerst dem Springer VS-Verlag für das Interesse und Know-how, aus seinem Manuskript ein Buch zu machen und vor allem für die Geduld mit dem Autor und seinem Werk. Dank geht an meine Kolleginnen Jasmin Böcek-Schleking für ihre kurzfristige

Unterstützung bei der Korrektur und Julia Jäger, Dipl. rer. wiss. Julia hat das Entstehen dieses Textes über weite Strecken begleitet. Die Kapitel über den Suizid und die Sterbehilfe tragen weitgehend ihre Handschrift. Ein ganz besonderer Dank gebührt meiner Tochter Christiane Thieme, MA, die das Werden und Wachsen dieses Textes mit vielen kritischen Anmerkungen und Ratschlägen sowie einer unendlichen Geduld bei schreibtechnischen Arbeiten aktiv begleitet hat. Ohne ihre Hilfe wäre das Projekt gescheitert.

im Januar 2018

Frank Thieme
Ruhr Universität Bochum und Dortmund

Inhaltsverzeichnis

1 Einleitung 1
    1.1 Tod in der Gesellschaft 1
    1.2 Todesdeutungen und der Umgang mit dem Tod 2
    1.3 Zum Anliegen des Buches 8
    Literatur 11

2 Sterben und Tod 13
    2.1 Gegenwärtige Sterblichkeitsverhältnisse in Deutschland 15
        2.1.1 Entwicklung der Sterblichkeit 15
        2.1.2 Lebenserwartung 16
    2.2 Was ist der Tod? 19
        2.2.1 Todesarten 19
            2.2.1.1 Natürlicher Tod 21
            2.2.1.2 Nichtnatürlicher Tod 22
            2.2.1.3 Psychogener und sozialer Tod 25
            2.2.1.4 Zeitiger und unzeitiger Tod 27
            2.2.1.5 Unmittelbarer und mittelbarer (mediatisierter) Tod 27
            2.2.1.6 Privater und öffentlicher Tod 28
            2.2.1.7 Helden-/Ehren- und Märtyrertod 28
            2.2.1.8 Opfertod 29
            2.2.1.9 Ziviler Tod/Ziviltod (Bürgerlicher Tod) .. 29
    2.3 Feststellung des Todes 30
    2.4 Grenzfälle des Todes 32
        2.4.1 Totgeburten und Aborte 32
        2.4.2 Suizid 33

		2.4.3	Der halbierte Tod	41
		2.4.4	Der entmachtete Tod	41
	2.5	Todesursachen		42
		2.5.1	Determinanten der Sterblichkeit	42
		2.5.2	Todesursachenstatistik als „Zivilisationsbarometer"	43
		2.5.3	Häufigste Todesursachen	44
		2.5.4	Wandel der Todesursachen	44
		2.5.5	Differenzielle Sterblichkeit	46
		2.5.6	Künstlich bzw. gewaltsam herbeigeführter Tod	53
	2.6	Sterbeorte		60
	2.7	Wahrnehmung von Sterben und Tod		64
		2.7.1	Tabuisierung des Todes?	67
		2.7.2	Gründe für den Wandel der Todesbilder	69
		2.7.3	Folgen eines säkularisierten Verhältnisses zum Tod	72
		2.7.4	Vorbereitung auf den Tod	77
		2.7.5	Paradoxien in der Bewertung des Todes	78
	2.8	Was ist Sterben?		79
		2.8.1	Versorgung des Verstorbenen	82
		2.8.2	Warum sterben wir?	86
	2.9	Hilfen zum Sterben		92
		2.9.1	Diskussion über Hilfen beim bzw. zum Sterben	92
		2.9.2	Sterbehilfe vs. Sterbebegleitung	94
	Literatur			99
3	Zur Geschichte von Sterben und Tod			113
	3.1	Der lange Weg zum langen Leben		113
	3.2	Entwicklung der Sterblichkeit von der frühen Neuzeit bis heute		114
	3.3	Todesursachen früher		116
	3.4	Der frühe Tod: Säuglings- und Kindersterblichkeit; Totgeburten		121
	3.5	Folgen der hohen Sterblichkeit		124
	3.6	Schritte auf dem Weg zum „langen Leben"		126
	3.7	Der „Epidemiologische Übergang"		130
	3.8	Sterben in der Vergangenheit		132
	3.9	Schuld und Sühne. Die Todesstrafe in Vergangenheit und Gegenwart		133

	3.10 Etappensieg über den unzeitigen Tod.	138
	3.11 Folgen des langen Lebens	138
	Literatur.	140
4	**Trauer und Gedenken.**	**145**
	4.1 Trauer.	145
	4.2 Trauerverhalten und Trauernorm	148
	4.3 Individualisierung der Trauerkultur.	152
	4.4 Kollektive/Öffentliche Trauer	161
	4.5 Totengedenken (Memoria).	164
	Literatur.	166
5	**Bestattungs- und Friedhofskultur.**	**171**
	5.1 Rechtliche Regelungen	172
	5.2 Grabarten (-formen).	175
	5.3 Tierbestattungen.	181
	5.4 Geschichte der Bestattung im christlich geprägten Kulturraum.	182
	5.5 Bestattung heute.	191
	5.6 Mitgestalter des Friedhofs: Steinmetze und Friedhofsgärtner.	202
	5.7 Bestattung von Angehörigen nichtchristlicher Religionsgemeinschaften.	203
	5.7.1 Bestattungen im Einwanderungsland.	203
	Literatur.	210
6	**Fazit und Ausblick.**	**215**
	Literatur.	217
Sachverzeichnis		**219**

Abbildungsverzeichnis

Abb. 2.1	Jährliche Sterbefälle in Deutschland (1950–2015)	16
Abb. 2.2	Besetzung der Altersklassen nach Geschlecht (2010)	17
Abb. 2.3	Häufigste Todesursachen in Deutschland (2015)	45
Abb. 2.4	Todesfälle nach Unfallkategorien in Deutschland (2015)	45
Abb. 2.5	Entwicklung ausgewählter Todesursachen in Deutschland (1990 und 2014)	46
Abb. 2.6	Häufigste Todesursachen nach Geschlecht (2015)	48
Abb. 2.7	Vorzeitige Sterblichkeit nach Regionen in Deutschland (Lebenserwartung bei Geburt und mit 65 Jahren) (2004–2006)	52
Abb. 2.8	Schwangerschaftsabbrüche je 10.000 Frauen zwischen 15 und 45 Jahren in europäischen Ländern (2011–2014)	54
Abb. 2.9	Schwangerschaftsabbrüche je 10.000 Lebend- und Totgeborene nach Bundesländern (2014)	55
Abb. 2.10	Anzahl der Mordopfer in Deutschland (2000–2015)	56
Abb. 2.11	Anzahl der Mordopfer unter 18 Jahren in Deutschland (2000–2015)	57
Abb. 2.12	Anzahl der Sterbefälle durch Suizid (1980–2015)	58
Abb. 2.13	Altersverteilung der Suizidziffern in Deutschland (2010)	59
Abb. 2.14	Pro-Kopf-Ausgaben in der Gesetzlichen Krankenversicherung in Abhängigkeit vom Alter (2010)	98
Abb. 3.1	Entwicklung der Sterblichkeit (Sterbeziffer) (Sterbeziffer: Anzahl der Verstorbenen auf 1000 der Bevölkerung in einem Jahr.) in Europa/Deutschland zwischen 1750 und 2015	115
Abb. 3.2	Entwicklung der Säuglingssterblichkeit in Deutschland zwischen 1872 bis 2015	123

Abb. 5.1	Alternative Bestattung und Beruf (2012)	194
Abb. 5.2	Alternative Bestattung und Bildung (2012)	194
Abb. 5.3	Alternative Bestattung und Alter (2012)	195
Abb. 5.4	Kosten der Bestattung und zuletzt ausgeübter Beruf (2012)	197
Abb. 5.5	Kosten der Bestattung und Geschlecht (2012)	197
Abb. 5.6	Kosten der Bestattung und Familienstand (2012)	198
Abb. 5.7	Bestattungsvorsorge und Alter (2012)	198
Abb. 5.8	Bestattungsvorsorge und Familienstand (2012)	199
Abb. 5.9	Bestattungsvorsorge und Beruf (2012)	199
Abb. 5.10	Höhe der Bestattungsvorsorge nach Beruf (2012)	200

Tabellenverzeichnis

Tab. 2.1	Sterbeziffer (Todesfälle/1000 Einwohner in Deutschland 2000–2014)	17
Tab. 2.2	Lebenserwartung nach Einkommen (1984–1997)	49
Tab. 2.3	Die 25 gefährlichsten Berufe in Deutschland (2007–2009)	50
Tab. 2.4	Sterbeorte in Rheinland-Pfalz nach Altersgruppen (1995)	61
Tab. 2.5	Einschätzung einer schweren Krankheit. Frage: „Was ist für Sie das Allerschlimmste an einer schweren Krankheit?"	70
Tab. 2.6	Vorbereitungen auf den Tod?	77
Tab. 3.1	Mittelalterliche Sühnepraxis	136
Tab. 5.1	Gewählte Grabart (2012)	193

Einleitung 1

Der Tod ist groß.
Wir sind die Seinen
lachenden Munds.
Wenn wir uns mitten
im Leben meinen,
wagt er zu weinen
mitten in uns.
(Rainer Maria Rilke)

1.1 Tod in der Gesellschaft

Die *Soziologie des Todes* – fachlich korrekt *Thanatosoziologie*[1] genannt – ist eine in Deutschland wenig beachtete spezielle Soziologie.[2] Zu Unrecht, denn der *Tod* ist nach der Geburt *das* zentrale Ereignis für die menschliche Existenz. Beide Ereignisse betreffen das Individuum und geben zugleich Beispiel für dessen gesellschaftliche Einbindung und Bewältigung.[3] Denn der Tod ist – wie wir wissen – nicht nur ein Naturereignis, das menschlichem Einfluss und Handeln

---

[1] Abgeleitet von *Thanatos,* dem Todesgott aus der griechischen Mythologie (Der grosse Brockhaus 1984, S. 7).

[2] Auch die „Deutsche Gesellschaft für Soziologie (DGS)" als renommierte Fachgemeinschaft der Soziologie weist unter ihren 36 Sektionen keine aus, die der Thanatosoziologie gewidmet ist.

[3] In diesem Buch wird darauf verzichtet, eine sog. geschlechtsneutrale Sprache zu verwenden. Der Gebrauch der männlichen bzw. weiblichen Form ist selbstredend nicht diskriminierend gemeint.

© Springer Fachmedien Wiesbaden GmbH, ein Teil von Springer Nature 2019
F. Thieme, *Sterben und Tod in Deutschland,*
https://doi.org/10.1007/978-3-531-18873-7_1

entzogen wäre. Und ebenso wenig sind die Individuen auf sich allein gestellt oder dürfen sie soziale Normen ignorieren. Ein Beispiel für den gesellschaftlichen Umgang mit dem Sterben ist die erfolgreiche Bekämpfung des „frühen Todes" in den Gesellschaften der westlichen Zivilisation. Wissensfortschritte und deren gesellschaftliche Nutzung, haben den Tod zwar nicht beseitigt, aber sie haben ihn ein Stück weit kalkulierbar gemacht. Denn binnen gut hundert Jahren ist die *Durchschnittliche Lebenserwartung* um mehr als das Doppelte gestiegen und – vor allem – wir dürfen uns über weite Strecken unseres Lebens einigermaßen sicher vor ihm fühlen. In diesem Buch soll von „zivilisatorischen Errungenschaften"[4] die Rede sein, wenn es um das Herausarbeiten von Faktoren geht, die zur Verlängerung der menschlichen *Lebensspanne* beigetragen haben.

Aber die Durchschnittliche Lebenserwartung ist mitnichten das einzige Thema, mit dem sich eine Einführung in die Thanatosoziologie zu beschäftigen hat. Denn der Tod ist ein Ereignis, das viele Bereiche der Gesellschaft berührt. Fragen, wie *alt* Menschen im Durchschnitt werden, an welchen Krankheiten sie wo und unter welchen Umständen sterben, wie sie „unter die Erde kommen", die Formen des Trauerns, welche Todesbilder bestehen, sind ohne soziologische Einsichten nicht zu beantworten. Anders formuliert: die materielle und mentale Bewältigung des Todes ist weder beliebig noch „natürlich", sondern sie folgt kulturellen Normen und Mustern. Die Art und Weise, wie Menschen mit dem Tod umgehen bzw. wie er sie schlägt – ob sie ihn hinnehmen – leidend oder achselzuckend – oder bekämpfen; wie sie ihn wahrnehmen und bewerten – ist durch die Gesellschaft geprägt. Als die Menschen anfingen, so eine alte Überlieferung, ihre Toten zu bestatten und sie nicht einfach liegen ließen, da begann Kultur. Der Schweizer Dramatiker Friedrich Dürrenmatt hält die Bewusstwerdung des Todes für den Beginn der Wissenschaft (Imhof 1988, S. 35).

1.2 Todesdeutungen und der Umgang mit dem Tod

„Der Tod ist ein Problem der Lebenden", so der Soziologe Nobert Elias (2002, S. 11), denn tot sind immer die Anderen. Trauern und Handeln müssen bzw. können allein die Lebenden. Dabei ist der Tod im Leben der Lebenden die vielleicht

---

[4]Der Begriff „zivilisatorische Errungenschaften" soll „wertfrei" im Sinne Max Webers Forderung nach „Werturteilsenthaltsamkeit" von Wissenschaft (1988) verstanden werden. D. h. es geht nicht um Beurteilungen im Sinne von gut und schlecht, sondern um durch die Gesellschaft hervorgebrachte Instrumente, die ein bestimmtes Ziel – Zivilisierung – verfolgen (Elias 1991a, b).

1.2 Todesdeutungen und der Umgang mit dem Tod

größte Herausforderung (Thieme 2016, S. 11). Doch was und auch: wozu ist der Tod? Wie gehen die Menschen mit ihm um, eingedenk seiner ständigen (latenten) Präsens und Bedrohung?

Was ist der Tod?
Einer Deutung des Todes muss dessen Wahrnehmung vorausgehen. Das erscheint spitzfindig. Doch, erst als die Menschen erkannten, dass der Tod nicht eher zufällig daherkommt, etwa durch Hunger, Unfall, ein Verbrechen verursacht, sondern Lebewesen grundsätzlich irgendwann sterben müssen, also *sterblich* sind, begannen sie sich über ihn Gedanken zu machen (Condrau 1991, S. 133). Nüchtern betrachtet ist der Tod das Ende eines individuellen Lebens. In der Sprache des Philosophen Martin Heideggers: „Das zu Ende sein" des „Daseins".[5] Nach dem Stand heutigen Wissens ist der Tod eine unausweichliche, biologisch bedingte, durch die Gesellschaft und ihre Kultur beeinflusste und individuell sowie sozial zu bewältigende Tatsache. In der subjektiven Wahrnehmung ist der Tod des Anderen meist ein Feind, der nimmt, was geschätzt oder geliebt wird. Ist der eigene Tod auch nicht vorstellbar, so lehrt er uns doch das Eine: das Fürchten vor dem „Nichts". Seltener kommt er friedlich und sogar willkommen daher; so am Ende eines langen und erfüllten Lebens (Feldmann 2004, S. 43).

Wozu ist der Tod?
Der Tod bringt Leid, aber ist er nicht auch ein „Segen"? So bewegen sich die Deutungen des Todes entsprechend zwischen zwei Polen: Einerseits wird der Tod als das „ultimative Ende", der Beginn des „Nichts" verstanden. Andererseits ist die Vorstellung verbreitet, der Tod sei „Übergang", sei Brücke in eine andere, gar bessere Welt.

Der Philosoph Arthur Schopenhauer hält gleich beide Vorstellungen für verfehlt: „Die Auffassung des Todes als absolute Vernichtung und die Annahme, dass wir gleichsam mit Haut und Haar unsterblich seien, sind beide gleich falsch" (zit. n. Condrau 1991, S. 207). Denn der Tod ist mit dem „Dasein" auf eine fruchtbringende Weise verschmolzen. Er formt das Leben, indem er ihm Grenzen setzt und so den Menschen zur Handlung drängt (Simmel 1957, S. 30 ff.). Man stelle sich vor: Gäbe es nicht den Tod, so stieße schon aus purem Ressourcenmangel das Leben an Grenzen. Überbevölkerung, Vergreisung, Hunger und gegenseitige

---

[5]Diese simple Erkenntnis trifft bekanntlich für alle Lebewesen zu und sie lässt sich auch auf Pflanzen übertragen.

Vernichtung wären stärker noch als jetzt verbreitet. So gesehen ist der Tod eine Einheit mit zwei Seiten oder Funktionen: Vernichtung und Schöpfung. Weil der Tod alles Leben beende, folgert der Begründer der Psychoanalyse, Sigmund Freud – selbst ein Kritiker des Umgangs mit Sterben und Tod (Brandes 2011, S. 15) – muss er der Zweck des Lebens sein (1975, S. 259).[6] Oder noch einmal mit den Worten Heideggers (2006): „Das Dasein" ist „ein Sein zum Ende".[7] Fassen wir zusammen: Der Tod gehört zum Leben wie das Leben zum Tod.

Antagonistischer Tod
Wir fürchten den Tod, aber wir schätzen ihn auch. Zwar lieben wir das Leben, lassen uns aber nicht daran hindern, es anderen zu nehmen. Sei es jenes der Artgenossen im Krieg oder das der zu Zwecken der Nutzung gepeinigten nichtmenschlichen Kreatur.

Vertrauter Tod
Als der Tod den Menschen noch gegenwärtig war, weil ständig im Umfeld gestorben wurde, war er ihnen, trotz aller Furcht, die er auslöste, doch vertraut. Bildaffine Namen wie „Schnitter" oder „Sensenmann"[8], „Gevatter Tod", „Bruder Hein", flößten Respekt ein, lösten aber auch ein Augenzwinkern aus.

Vertrauen setzt Wissen und ein sicheres Gefühl voraus. Wer vertraut, weiß wie er zu handeln hat oder glaubt sich von anderen gut behandelt. Folgt man Ariès, so besaß der vormoderne Mensch ein Vertrauen in die Todesrituale. Fühlte er sein Ende nahen, wusste er sich vorzubereiten und das Richtige zu tun. Der Tod war „gezähmt" und konnte hingenommen werden. Anders jedoch, wenn der Tod plötzlich kam und keine Zeit der Vorbereitung ließ. Dann war er ein „häßlicher Tod" (2005, S. 16 ff.).

Faszinosum Tod
Noch immer geht vom Tod ein Geheimnis aus. Faszination und Furcht sind auch hier die beiden Seiten einer Einheit. Im Brauchtum, wie dem Totentanz (vgl. Abschn. 4.2) fand das in der Vergangenheit seine Form. In den Künsten, der Musik, der Dichtung, Literatur, Unterhaltung und im Film, zieht der Tod bis heute die Blicke magisch an (Condrau 1991, S. 225).

---

[6]Vgl. die Darlegung der Freud'schen Kritik bei Brandes (ebd.).
[7]Das „Dasein" ist für Heidegger (2006) die lebendige Existenz.
[8]Zur Allegorie Sensenmann vgl. https://www.vorsorgeweitblick.de/2016/09/15/woher-kommt-der-sensenmann-und-wieso-wird-er-so-dargestellt/.

1.2 Todesdeutungen und der Umgang mit dem Tod

Verdrängter Tod

Entfremdet und tabuisiert ist der Tod da, wo er aus dem Blick geraten ist. Das ist in der modernen arbeitsteiligen Gesellschaft oft der Fall, weil andere – das professionelle Gewerbe (Bestatter u. a.) und die kommunale Bürokratie – sich der Sterbenden und Toten annehmen und den Tod für die Hinterbliebenen unsichtbar machen. Religiöse Erlösungsversprechen sind entwertet, weil verzichtbar geworden.

Todessehnsucht

Wird der Tod zumeist gefürchtet, so kann er dennoch auch herbeigesehnt werden. Dazu können Gemütszustände, das Empfinden von Minderwertigkeit oder der Verlust von Menschen und lieb gewonnenen Gegenständen beitragen. Einen besonderen Stellenwert hat der Tod in der Dichtkunst der Romantik, sodass von einem regelrechten Totenkult gesprochen wird. Liebe und Tod sind hier verbunden, denn erst im Tod können Sehnsüchte sich erfüllen (Condrau 1991, S. 258 ff.).

Der Tod in den Religionen

Der Tod, so der Kulturanthropologe Bronislaw Malinowsky, ist der Ursprung religiösen Denkens (Feldmann 2004, S. 42). Den großen Religionen ist er ein Feind des Lebens. Der Tod, sagt die Bibel, ist: „Der letzte Feind, der vernichtet wird, [...]" (1. Kor, 15, 1985). Der Tod ist Strafe für die Sünde, die mit Adam und Eva in die Welt gekommen ist (Großes Lexikon der Bestattungs- und Friedhofskultur 2002, S. 297). Einige Religionen nehmen dem Tod seine Radikalität, indem sie ihn als „langen Schlaf"[9], als „Bruder des Schlafes" als „Übergang" in eine andere Welt oder Existenzform definieren. Nicht mehr die Schrecken des Todes zählen dann, sondern die Fragen nach dem Vorbereiten, dem „richtigen Sterben" oder der „Kunst des Sterbens" (Ars moriendi)[10] suchen nach einer Antwort (Großes Lexikon der Bestattungs- und Friedhofskultur 2010, S. 32).

Schon in vorchristlicher Zeit war der Glaube an die Trennung von Körper und Seele („Leib-Seele-Dualismus") verbreitet. Dabei galt der Leib als vergänglich, während die Seele für unsterblich gehalten wurde. Die beiden großen Weltreligionen Christentum und Islam gehen dagegen von einer Leib-Seele-Einheit und der ganzheitlichen Auferstehung aus. Die Überwindung des Todes ist in allen abrahamitischen Religionen (Judentum, Christentum, Islam) für den von Natur

---

[9]Der „(lange) Schlaf" ist in der Mythologie der Griechen und Römer eine Art Synonym für den Tod und wird als dessen „Bruder" bezeichnet (Großes Lexikon der Bestattungs- und Friedhofskultur 2005, S. 327).

[10]Die „Kunst des Sterbens" lehren „Totenbücher" (Vogel 2015).

aus als schlecht und sündhaft geltenden Menschen an Bedingungen geknüpft. Der Christ vertraut der Gnade Gottes, die allerdings an den Glauben gebunden ist, nämlich an den gekreuzigten und auferstandenen Christus, den fleischgewordenen Gottessohn (Condrau 1991, S. 139). Im Islam ist „der Tod nicht der Sünde Lohn, er ist keine Strafe", (ebd., S. 183), sondern Teil der Schöpfung. Dennoch kommt es nach dem Tod zur Bestrafung oder Belohnung für ein schlecht oder gut geführtes Leben.

Das alte jüdische Jerusalem kennt die Erwartung eines „ewigen Lebens" nicht. Es vertraut der Offenbarung durch den Gott Jahwe, demgegenüber absoluter Gehorsam gefordert ist.

Auch in den fernöstlichen Religionen, im Hinduismus (eine Einheit verschiedener Glaubensrichtungen) und im Buddhismus gibt es ein Erlösungskonzept und der Tod ist „Übergang". Kern beider Lehren sind Wiedergeburt (Reinkarnation) und Seelenwanderung. Diese sind abhängig vom Karma, einer guten oder schlechten Lebensführung. Die Erlösung findet für den Buddhismus im Nirwana, dem Ende der Reinkarnation statt (Condrau 1991, S. 178 ff.; Feldmann 2004, S. 42; Joachim-Meyer 2004, S. 39 ff.).[11]

Der Tod in der Philosophie[12]

Auch in der Philosophie ist der Tod Kernthema. Die Debatten verlaufen kontrovers. Den Lebenden, so Ludwig Wittgenstein (1921) in seinem „Tractatus logico-philosophicus", gehe der Tod nichts an, finde dieser doch außerhalb des Lebens statt (Gerhardt 2007, S. 129). Kritisch blickt Wittgenstein auf das religiöse Konstrukt der „Unsterblichkeit der Seele". Denn, „Die Lösung des Rätsels des Lebens […] liege außerhalb von Raum und Zeit" (ebd., S. 201). Schon in der Antike gab es ähnliche Einschätzungen. Epikur sah im Tod ein schreckliches Übel. Zugleich sei er aber auch ein „Nichts". Denn „solange wir da sind, ist er nicht da und wenn er da ist, sind wir nicht mehr". Der Tod müsse einen deshalb nicht kümmern, weil, so seine Logik, er nicht der eigene sei, sondern stets den anderen betreffe. Anders die Einsichten des römischen Philosophen und Politikers Cicero in seinen Gesprächen in Tusculum. Da nach dem Tod kein Übel sei, könne der Tod auch selber kein Übel sein.[13]

---

[11]Vgl. http://www.textlog.de/5246.html.
[12]Empfehlenswert zur Gewinnung eines Überblicks zu den philosophischen Positionen ist Condrau (1991).
[13]Vgl. https://www.uni-hildesheim.de/~stegmann/epikur.htm.

1.2 Todesdeutungen und der Umgang mit dem Tod

Seit jeher wird die Unmöglichkeit der Erfahrung des eigenen Todes als Ursache für das Nichtbegreifen genannt. Womit sich die (zeitlose) Frage stellt, wie denn dann überhaupt Wissen über den Tod zu erlangen ist? Eine zeitgemäße und zugleich zeitlose Antwort gibt die Erziehungswissenschaftlerin Andrea Gerhardt: „Erfahrungen mit dem Tod sind möglich – und zwar anhand der Teilnahme am Sterben Anderer" (2007, S. 130). Folgt man einer oft wahrgenommenen These, dann findet diese Teilnahme heute – das Fachpersonal in Krankenhäusern und Hospizen ausgenommen – eher selten statt.

Ein Wandel in der Einschätzung des Todes trat im 16. Jahrhundert ein. Hintergrund waren die Wirkungen der Lutherischen Reformation und später der Einfluss der philosophischen Aufklärung. Zweifel an der Unsterblichkeit werden u. a. Thomas Hobbes und später den Physiokraten[14], ebenso dem schottischen Philosophen David Hume nachgesagt. Dem philosophischen Räsonieren geht es fortan weniger um die physische Unvermeidlichkeit oder Aufhebbarkeit des Todes. Vielmehr wird die Realität des Todes – folgt man Georg Wilhelm Friedrich Hegel (1807) – in eine Abstraktion transformiert. So lässt sich, wenn schon nicht ein realer, so doch ein theoretischer Sieg über die Unbilden des Todes erzielen. Es geht, so Hegel, um die Einsicht in die Notwendigkeit der Vergänglichkeit. Der Tod sei das „Allgemeine" und somit – im Sinne des Prinzips des dialektischen „Aufhebens" – „das Höhere".[15] Das „Todesbewusstsein" ist danach nichts Geringeres als der Ausgangspunkt für das „Selbstbewusstsein" (Condrau 1991, S. 191). Gottfried Wilhelm Leibniz hatte den Tod etwa ein hundert Jahre zuvor dagegen als eine Involution bezeichnet (Rückbildung) und Gottfried Herder hatte schlicht von einer Verwandlung gesprochen. Rätselhaft erscheint zunächst der Vorwurf Schopenhauers, wenn er sagt, dass der Mensch sich zwar um „sein Sein nach dem Tod ängstige", sich aber um „sein Sein vor der Geburt" (sic) keine Gedanken mache (ebd., S. 207). Hier hat Schopenhauer wohl die fernöstlichen Religionen im Blick (s. o.). Ein Beispiel für die in intellektuellen Kreisen sich ausbreitende Wissenschaftsgläubigkeit des 17. Jahrhunderts, liefert René Descartes, einer der Begründer des philosophischen Rationalismus. Seine These ist, dass der Tod eines Tages durch die Wissenschaft zu bezwingen sei (ebd., S. 199).

Der *Existenzialphilosophie* des 20. Jahrhunderts geht es nicht um die Frage, ob mit dem Tod das absolute Ende einer individuellen Existenz eintritt.

---

[14]Die Physiokraten waren eine Gruppe von Ökonomen im Frankreich des 18. Jahrhunderts.
[15]Hegel sieht in seiner Dialektik im „Allgemeinen" den Aufstieg gegenüber dem Besonderen.

Stattdessen wird ein ebenso simpler, wie schlüssiger Zusammenhang von Leben und Tod postuliert: das Leben geht dem Tod voraus (ebd., S. 209 ff.).

Der Tod im Marxismus und Atheismus
Für den Marxismus ist der Tod kein besonderes Thema. Berühmt ist Marx' Satz: „Der Tod erscheint als ein harter Sieg der Gattung über das bestimmte Individuum […]; aber das bestimmte Individuum ist nur ein bestimmtes Gattungswesen, als solches sterblich" (ebd., S. 202). Und Ludwig Feuerbach ergänzt, dass durch ein neues Bewusstsein und veränderte gesellschaftliche Bedingungen auch das Verhältnis zum Tod sich ändern könne. Womit der Jenseitsglaube überflüssig werde (ebd.). Im 20. Jahrhundert hat Herbert Marcuse, ein Vertreter der *Kritischen Theorie,* hinzugefügt, dass in einer „repressiven" Kultur der Tod immer auch ein Instrument der Unterdrückung sei (ebd., S. 205).

Der Tod in der Psychoanalyse
Der „aufgeklärte" Mensch der Gegenwart weiß um die Unvermeidlichkeit und Endgültigkeit des *Todes.* Freud behauptet einen *Todestrieb (Thanatos)* als – notwendiges – Gegengewicht zum *Sexualtrieb (Eros).* Freud: „Auf Grund theoretischer, durch die Biologie gestützter Überlegungen, supponierten wir einen *Todestrieb* (Hervorh. im Original), dem die Aufgabe gestellt ist, in den leblosen Zustand zurückzuführen, während der Eros das Ziel verfolgt, das Leben […] zu erhalten" (1975, S. 307). Denn, so harmonisch eine Welt ohne Tod auch erscheine, so absurd sei die Vorstellung einer nicht limitierten leiblichen Existenz auf einer doch stets begrenzten Erde. Leben bedeute neben Werden und Wachsen auch Wandel und Vergehen. Ein limitiertes Leben sei zugleich Stimulus. Denn, wie schon bei Simmel (s. o.), fördert und formt die Bewusstheit der Endlichkeit unseres Daseins den menschlichen Erfindergeist und beschleunigt das Schaffen.[16]

1.3 Zum Anliegen des Buches

Anliegen dieses Buches ist, eine Einführung in das komplexe Thema *Tod* und *Gesellschaft* zu liefern. Deutschland als Datenbasis ist u. a. deshalb ein geeignetes Beispiel, weil es einen Mikrokosmos des derzeitigen gesellschaftlichen Wandels

---

[16]Ähnlich bereits Auguste Comte, der erste Soziologe. Die Kürze der Lebensdauer erfordere eine rasche Wiederbesetzung frei gewordener Positionen. Damit erneuere sich auch der soziale Organismus zu Gunsten von Innovationen (Kiss 1977, S. 251).

1.3 Zum Anliegen des Buches

in der westlichen Zivilisation repräsentiert. Es handelt sich um eine funktional differenzierte, in Schichten und Milieus gegliederte Gesellschaft, die dem demografischen Altern unterliegt und beträchtliche Anteile von Bevölkerungsgruppen nichtdeutscher Herkunft aufweist.

In den entsprechenden Kapiteln erfolgt eine Einführung der Fachbegriffe. Was ist der Tod, wie wird er festgestellt und welche Tode lassen sich unterscheiden? Entwicklungen auf der Basis aktueller empirischer Daten werden dargestellt und interpretiert. Ergänzt wird dies durch historische Rückblicke, z. B. zum Anstieg der Durchschnittlichen Lebenserwartung oder zum Wandel der Einstellungen zur Sterbehilfe oder zur Todesstrafe. Die Interpretation der Daten und Entwicklungen ist eine soziologische, der Erklärungsansatz im guten Sinne des Wortes ein eklektizistischer.[17] D. h. die Auswahl von Theorien und Thesen ist breit und geleitet von pragmatischen Erwägungen. Um die einzelnen Kapitel auch „für sich" verständlich zu machen – also ohne Lektüre des Ganzen – wurden an einigen Stellen Redundanzen in Kauf genommen.

Zu den Kapiteln
Kap. 2. spannt nach einer ausführlichen Einleitung, die sich der Auseinandersetzung mit dem Tod und dessen Einbettung in die Gesellschaft widmet, einen weiten Bogen. Nach der Einführung von Fachbegriffen und einem Blick auf aktuelle Daten zur Entwicklung der Sterblichkeit und einen noch andauernden Anstieg der Durchschnittlichen Lebenserwartung, wird der Tod aus verschiedenen Blickwinkeln definiert und eine umfangreiche Typologie, bis hin zu Aborten, Mord, Märtyrertod und Suizid entworfen. Rätsel geben Beobachtern oft der psychogene und der soziale Tod auf, weil im Umfeld nicht erkennbar ist, was die Ursachen des Todes sind. Häufig wirken Einsamkeit und Isolation in der Folge fehlender bzw. zerbrochener sozialer Beziehungen. Oder es geht um das Versagen in sozialen Rollen.

Im Unterkapitel 2.5 wird Datenmaterial über Todesursachen diskutiert. Dabei zeigen sich Veränderungen, aber auch der Einfluss sozialer Faktoren (Beruf, Wohnregion, Herkunft) auf Gesundheit und Durchschnittliche Lebenserwartung. Überraschend zunächst, dass diese von „Ausländern" über jener der eingeborenen Bevölkerung rangiert.

---

[17] Eklektizismus ist eigentlich ein kritisch konnotierter Begriff, der mit einer unschöpferischen, bloß zusammentragenden Arbeitsweise verbunden wird (Duden Fremdwörterbuch 1974). Der Verfasser dieses Buches wertet den Begriff für seine Zwecke um und versteht das „Zusammentragen" positiv als ein prüfendes und auswählendes Verfahren.

Dem Tod geht das Sterben voraus. Unterkapitel 2.7 liefert eine Analyse der sich wandelnden Wahrnehmung von Sterben und Tod und der gebliebenen oder sich verschärfenden Ambivalenzen. Das führt zu dem Ergebnis, das nicht einzelne Ursachen, sondern Verknüpfungen von Einflussfaktoren zu finden sind. Folgend wird der Begriff Sterben definiert und erläutert. Blicke in die Geschichtsbücher zeigen, dass die Versorgung Strebender bzw. Verstorbener in vergangener Zeit oft frei von jeglicher, heute gern unterstellter Romantik war. Teilkapitel 2.8.2 informiert in knapper Form über den Stand der naturwissenschaftlichen Forschung: Warum sterben wir? Ist, insbesondere durch die Erfolge der Genforschung, zu erwarten, dass der Tod „abgeschafft" oder weiter aufgeschoben wird?

Abschn. 2.9 beschäftigt sich mit dem komplexen und kontrovers diskutierten Thema Sterbehilfe. Die Diskussion ist in Deutschland wegen der Euthanasiemorde im Nationalsozialismus besonders belastet.

Die wechselvolle Geschichte des Verhältnisses der Menschen zum Tod im west- und mitteleuropäischen Europa ist Thema von Kap. 3. Das Verhältnis der Menschen zum Tod war vor Beginn der modernen Zivilisation schon deshalb ein anderes als heute, weil das Sterben eine ständige Bedrohung war. Hohe Kindersterblichkeit und Seuchen bewirkten, dass es kaum zu einem Bevölkerungswachstum kam. Erst die Erfolge der Forschung und deren praktische Umsetzung (Seuchenbekämpfung, Nahrungsmittelproduktion u. a.) im Kontext der Modernisierung von Staat und Gesellschaft sorgten für eine Wende.

Einen besonderen Blick auf das mehrdeutige Verhältnis des Menschen zum Tod wirft das Unterkapitel 3.9. Dort geht es um die Geschichte und Gegenwart der Todesstrafe und es mag überraschen, dass diese durchaus kein Relikt aus archaischen Zeiten ist. Den Abschluss des Kapitels bildet die Beschäftigung mit den gesellschaftlichen Folgen eines „langen Lebens". Dazu gehören Bevölkerungswachstum und dadurch ausgelöste Wanderungen, schließlich die seit einigen Jahrzehnten beobachtete Alterung der Bevölkerung. Mittelfristig wird mit einem Rückgang der Bevölkerung und einem sinkenden Erwerbspersonenpotenzial gerechnet, was den Ruf der Wirtschaft nach Arbeitsmigranten verstärken wird. Doch das „lange Leben" hat auch die Wahrnehmung des Todes und den Prozess des Sterbens verändert. Die Gesellschaft hat das Leben verlängert und sie ist selber dadurch eine andere geworden.

Kap. 4 informiert über die Formen privaten und öffentlichen Trauerns, Abschiednehmens und Gedenkens. Es wird gezeigt, dass Rituale, Bräuche und Sitten „gesellschaftliche Tatbestände", oder – anders ausgedrückt – Teil der „Lebenswelt" sind.

Gegenwärtig werden im Kontext rasch verlaufender gesellschaftlicher Wandlungsprozesse Veränderungen der Trauerkultur und Bestattungskultur wahrgenommen. Ein interessantes Phänomen ist, dass parallel zur Privatisierung der Trauer, es auch eine ausgeprägte kollektive und öffentliche Bekundung von Trauer gibt.

Kap. 5 ist der Bestattung der Toten gewidmet. Hierzu sind zunächst die Fachtermini und rechtlichen Bestimmungen – z. B. der „Bestattungszwang" – einzuführen. Es folgt ein Abriss über die Geschichte des Friedhofs, der früher ein „Kirchhof" war. Im Anschluss werden die Bestattungsformen und die gegenwärtige Bestattungspraxis dargestellt. Auch hier ist die Entwicklung vom Wandel geprägt. Neben dem traditionellen Friedhof gibt es private Betreiber von Bestattungsanlagen. Kritiker behaupten, die Bestattung sei den Bedingungen des Marktes unterworfen. Unterkapitel 5.7 beschäftigt sich schließlich mit einer Darstellung der Bestattung ausgewählter Religionsgruppen.

Literatur

Ariès, Philippe (2005) (zuerst 1980): Geschichte des Todes. München: dtv Verlagsgesellschaft.
Brandes, Marina (2011): Wie wir sterben. Chancen und Grenzen einer Versöhnung mit dem Tod. Wiesbaden. VS Springer Verlag für Sozialwissenschaften.
Condrau, Gion (1991): Der Mensch und sein Tod. Certa Moriendi condicio. Zürich: Kreuzverlag.
Der große Brockhaus (1984): Thailändische Kunst bis Vegio. Kompaktausgabe. 22. Bd. 18. Aufl. Wiesbaden: F. A. Brockhaus.
Die Bibel nach der Übersetzung Martin Luthers (1985). Stuttgart: Deutsche Bibelgesellschaft.
Duden. Fremdwörterbuch (1974): Bd. 5. Mannheim/Wien/Zürich: Dudenverlag.
Elias, Norbert (2002) (zuerst 1982): Über die Einsamkeit der Sterbenden in unseren Tagen. Humana conditio. Frankfurt am Main: Suhrkamp.
Elias, Norbert (1991a) (zuerst 1976): Über den Prozess der Zivilisation. Soziogenetische und psychogenetische Untersuchungen. Erster Band: Wandlungen des Verhaltens in den weltlichen Oberschichten des Abendlandes. Suhrkamp Taschenbuch Wissenschaft. 16. Aufl. Frankfurt am Main: Suhrkamp.
Elias, Norbert (1991b) (zuerst 1976): Über den Prozess der Zivilisation. Soziogenetische und psychogenetische Untersuchungen. Zweiter Band.: Wandlungen der Gesellschaft. Entwurf zu einer Theorie der Zivilisation. Suhrkamp Taschenbuch Wissenschaft. 16. Aufl. Frankfurt am Main: Suhrkamp.
Feldmann, Klaus (2004): Tod und Gesellschaft. Sozialwissenschaftliche Thanatologie im Überblick. Wiesbaden: VS Verlag für Sozialwissenschaften.

Freud, Sigmund (1975): Psychologie des Unbewußten. Conditio humana. Ergebnisse aus den Wissenschaften vom Menschen. Studienausgabe. Bd. 3. Frankfurt am Main: S. Fischer.

Gerhardt, Andrea (2007): Ex-klusive Orte und normale Räume. Versuch einer soziotopologischen Studie am Beispiel des öffentlichen Friedhofs. Norderstedt: Books on Demand.

Großes Lexikon der Bestattungs- und Friedhofskultur (2010): Wörterbuch zur Sepulkralkultur. Zentralinstitut für Sepulkralkultur Kassel. Bd. 3. Frankfurt am Main: Fachhochschulverlag.

Großes Lexikon der Bestattungs- und Friedhofskultur (2005): Wörterbuch zur Sepulkralkultur. Zentralinstitut für Sepulkralkultur Kassel. Bd. 2. Frankfurt am Main: Fachhochschulverlag.

Großes Lexikon der Bestattungs- und Friedhofskultur (2002): Wörterbuch zur Sepulkralkultur. Zentralinstitut für Sepulkralkultur Kassel. Bd. 1. Frankfurt am Main: Fachhochschulverlag.

Heidegger, Martin (2006) (zuerst 1927): Sein und Zeit. 19. Aufl. Berlin: De Gruyter.

Imhof, Arthur E. (1988): Die Lebenszeit – vom aufgeschobenen Tod und von der Kunst des Lebens. München: Beck.

Joachim-Meyer, Sandra (2004): Sinnbilder von Leben und Tod. Die Verdrängung des Todes in der modernen Gesellschaft. Marburg: Tectum.

Kiss, Gabor (1977): Einführung in die soziologischen Theorien I. 3. Aufl. Opladen: Westdeutscher Verlag.

Simmel, Georg (Hrsg.) (1957): Brücke und Tür. Essays des Philosophen zur Geschichte, Religion, Kunst und Gesellschaft. Im Verein mit Margarete Susman herausgegeben von Michael Landmann. Stuttgart: K. F. Koehler Verlag.

Thieme, Frank (2016): Bestattung zwischen Wunsch und Wirklichkeit. Eine soziologische Studie zum Wandel des Bestattungsverhaltens in Deutschland. Düsseldorf: Fachverlag des deutschen Bestattungsgewerbes.

Vogel, Ralf T. (2015): Der Tod ist groß, wir sind die Seinen. Mit dem Sterben leben lernen. Ostfildern: Patmos Verlag.

Weber, Max (1988) (zuerst 1922): Gesammelte Aufsätze zur Wissenschaftslehre. Stuttgart: UTB.

Internetrecherche

http://www.textlog.de/5246.html, 27.12.17
https://www.uni-hildesheim.de/~stegmann/epikur.htm, 27.12.17
https://www.vorsorgeweitblick.de/2016/09/15/woher-kommt-der-sensenmann-und-wieso-wird-er-so-dargestellt/, 17.01.18

Sterben und Tod 2

> *Die Unvermeidlichkeit des Todes ist*
> *vor dem Hintergrund der langen Zeit,*
> *in der bereits Menschen auf der Welt leben,*
> *eine relativ junge Erfahrung.*
> (von Barloewen 1996, S. 15)

Niemals zuvor erreichten die Menschen im Durchschnitt ein so hohes Lebensalter wie in der Gegenwart. „Alt"[1] zu werden – und nicht schon „jung" im Kindes- oder Jugendalter zu sterben – ist heute in den Ländern der „westlichen Zivilisation"[2] zur Normalität geworden. Inzwischen können auch viele Menschen in den Ländern außerhalb dieses Kulturbereichs ein Lebensalter jenseits der 60 erreichen.[3] Was führte zu dieser Entwicklung? Woran, an welchen Krankheiten bzw. anderen Ursachen oder in der Folge welcher Ereignisse und wo, also an welchen Orten, starb man früher und wo heute?

---

[1]Das Merkmal „alt" hat zwei Seiten. Es bezeichnet einerseits den biologischen Zustand, der irreversibel, wenn auch individuell unterschiedliche Reduktionen und Verfall bewirkt. Andererseits ist der Zustand „Alt sein" auch gesellschaftlich konstruiert und definiert. D. h. „alt" ist der, die oder das, als „alt" im Sinne einer spezifischen Kultur eingeschätzt und bezeichnet wird.

[2]Unter der „westlichen Zivilisation" soll hier jene Kulturform verstanden werden, die sich in der Folge von Reformation, Renaissance, Aufklärung und Utilitarismus/Liberalismus u. a. in Mittel-, West- und Nordeuropa, in Nordamerika und später weiteren Ländern ausgebreitet hat.

[3]Als Land mit dem weltweit höchsten Anteil an Hochbetagten gilt Japan. 80+ waren 2010 in Japan 6,5 %, in Italien 5,9 % und in Deutschland 5,1 % der Bevölkerung. Vgl. http://www.oepia.at/sites/default/files/OEPIA_INfografikFebruarvs1a.pdf.

Institutionalisierung von Sterben und Tod
Sterben und *Tod* sind nicht nur biologisch bedingte Prozesse oder Zustände. Sie finden vielmehr unter Bedingungen statt, die (geplant oder nicht) Folgen des Handelns von Menschen sind. Das gilt auch für den Umgang und die Praktiken der materiellen und mentalen Todesbewältigung. Es handelt sich dabei um von Menschen geschaffene Mittel, die hier „zivilisatorische Errungenschaften" genannt werden sollen. Der Umgang mit dem Tod ist verbindlich geregelt: durch Gesetze, *Rituale, Sitten* und *Bräuche*. Sterben und Tod sind aus der Sicht der Soziologie *institutionalisiert*. D. h., die Formen der Bewältigung des Todes im praktisch/technischen sowie im rituellen und mentalen Sinne, sind nicht der Beliebigkeit überlassen.

Zu den ältesten *Institutionen,* zählen, so der Philosoph und Soziologe Arnold Gehlen, Bestattungs- und Erinnerungsrituale. Diese holen den Verstorbenen symbolisch zurück in die Gemeinschaft der Lebenden. Es findet eine Art Reintegration statt.[4]

Mit der Erfüllung der institutionellen Regeln wird nicht nur eine praktische Notwendigkeit, sondern auch eine ethische Pflicht erfüllt. So wird vollzogen, was Heidegger in Anlehnung an Hegel mit dem Begriff der „ehrenden Fürsorge gegenüber dem Toten" benennt (Hügli und Han 2007, S. 136). Im Sinne der christlichen Religion gehört diese Fürsorge zu den „sieben Werke[n] der Barmherzigkeit".[5] Im rechtlichen Sinn wird heute von der *Totenfürsorge,* oder in der administrativen Formulierung, von *Bestattungspflicht* (auch *Bestattungszwang*) gesprochen (Gaedke 1992, S. 116 f.).

Verwaltung, Professionalisierung und Privatisierung des Todes
Gegenwärtig erfährt der Umgang mit dem *Tod* starke Veränderungen. So ist von der *Verwaltung* und *Professionalisierung,* aber auch von einer „Privatisierung", die Rede. Die Anfänge für das Erstgenannte reichen bis zu den Anfängen des bürgerlichen Verwaltungsstaates im 19. Jahrhundert zurück. Sterben und Tod wurden aus der *unmittelbaren* Verantwortung von Familie, Nachbarschaft, beruflichen Organisationen (z. B. Handwerkerzünfte) und Kirche gelöst und dem verwaltenden Staat und spezialisierten Berufen übertragen *(Professionalisierung)* (Benkel 2012; Gaedke 1992; vgl. Abschn. 2.7.3). Der Tod wird nicht mehr unmittelbar, sondern mittelbar bewältigt (vgl. Abschn. 2.2.1.5). Die „Privatisierung" ist dagegen ein

---

[4]Zu Übergangsritualen vgl. Joachim-Meyer (2004); Fuchs-Heinritz (1973); Nassehi und Weber (1989) sowie die Kap. 4 und 5 dieser Arbeit.
[5]Die biblische Grundlage steht in Matthäus 25, 34–46 und handelt vom Weltgericht (Die Bibel 1985).

junges Phänomen. Sie bedeutet für die Trauernden Rückzug aus der Öffentlichkeit. Der Tod ist zur Privatangelegenheit geworden. Dennoch bleiben „Tod und Sterben […] auch soziale Phänomene" (Hahn 1979, S. 74). Eine These, welche mit Blick auf den Wandel der Sterblichkeit und der Wahrnehmung des Todes belegt werde soll.[6]

2.1 Gegenwärtige Sterblichkeitsverhältnisse in Deutschland

> Ein jegliches hat seine Zeit […],
> geboren werden hat seine Zeit,
> sterben hat seine Zeit
> (Prediger 2.3; 2, Die Bibel 1985).

2.1.1 Entwicklung der Sterblichkeit

„Auf gesellschaftlicher Ebene kommt der Tod auch als Todesfall vor" (Gerhardt 2007, S. 133). Dieser wird statistisch erfasst und die ermittelten Daten dienen der Darstellung von Bevölkerungsvorgängen mit dem Zweck, die politische Planung zu unterstützen. Mit *Sterblichkeit (Mortalität)* wird die Gesamtheit der *Todesfälle* in einer Gesellschaft zu einem bestimmten Zeitpunkt oder für einen Zeitraum bezeichnet *(Absolute Sterbefälle)*. 2015 verstarben in Deutschland 925.200 Personen.[7] Davon waren 449.512 Männer und 475.688 Frauen (vgl. Abb. 2.1). Das ist eine Steigerung gegenüber dem Vorjahr um 6,5 %.[8] Die Anzahl der verstorbenen Frauen ist deshalb größer, weil sie in den oberen, von Sterblichkeit höher betroffenen Altersklassen häufiger als Männer vertreten sind. So weist die Altersgruppe 85+ einen Frauenanteil von 72 % aus (vgl. Abb. 2.2).

Seit etwa einhundert Jahren steigt die Zahl der jährlichen Todesfälle, obwohl die *Durchschnittliche Lebenserwartung* (vgl. Abschn. 2.1.2; Kap. 3) zunimmt. Die Gründe: das Bevölkerungsvolumen ist gewachsen und seit einigen Jahren wächst auch die Besetzungszahl der Altersgruppen mit hoher

---

[6]Vgl. Feldmann (2004, S. 42 ff.); Hahn (2000, S. 119 ff.); Robertson-von Trotha (2008).
[7]Vgl. https://de.statista.com/statistik/daten/studie/156902/umfrage/sterbefaelle-in-deutschland/.
[8]Vgl. https://de.statista.com/statistik/daten/studie/182907/umfrage/anzahl-der-todesfaelle-in-deutschland-nach-geschlecht-seit-1950/. Eigene Berechnung.

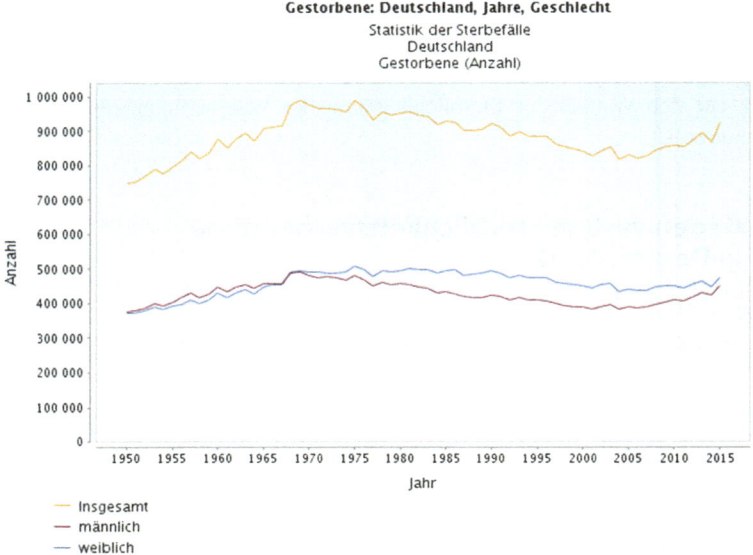

Abb. 2.1 Jährliche Sterbefälle in Deutschland (1950–2015). (Quelle: Statistisches Bundesamt 2017 [Vgl. https://www.genesis.destatis.de/genesis/online/data;jsessionid=2 74D2049B71B78F44CD617D7D4B4120D.tomcat_GO_2_1?operation=ergebnistabelleDiagramm&option=diagramm&levelindex=2&levelid=1489164893409&downloadname=12613-0002])

Sterbewahrscheinlichkeit. Wenn mehr Menschen ein hohes Lebensalter erreichen, sterben auch mehr Menschen.

Aussagefähiger für die Darstellung der Entwicklung der *Sterblichkeit* ist die *standardisierte Sterbeziffer* (auch *Sterberate* oder *Mortalitätsrate* genannt). Diese Verhältniszahl gibt die Anzahl der Toten eines bestimmten geografisch/nationalen Raumes (z. B. eines Landes) zu einem bestimmten Zeitpunkt (oder Zeitraum) bezogen auf 1000 Einwohner an. Seit Beginn des 20. Jahrhunderts ist ein kontinuierlicher leichter Anstieg der *Sterberate* zu beobachten (vgl. Tab. 2.1), der seine Ursache im steigenden Durchschnittsalter der Bevölkerung – also ihrer Alterung – hat.

2.1.2 Lebenserwartung

Unser Leben währet 70 Jahre, und wenn's hoch kommt, so sind's achtzig... (Psalm 90;10, Die Bibel 1985).

2.1 Gegenwärtige Sterblichkeitsverhältnisse in Deutschland

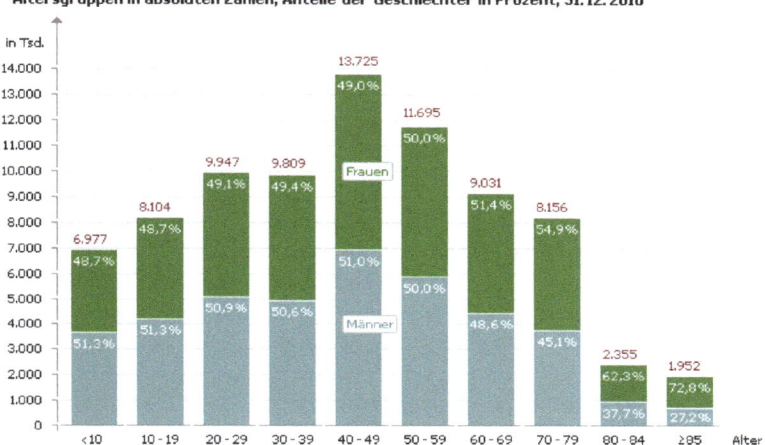

Abb. 2.2 Besetzung der Altersklassen nach Geschlecht (2010). (Quelle: Bundeszentrale für politische Bildung 2012 [Vgl. http://www.bpb.de/wissen/X39RH6,0,0,Bev%C3%B6lkerung_nach_Altersgruppen_und_Geschlecht.html])

Tab. 2.1 Sterbeziffer (Todesfälle/1000 Einwohner in Deutschland 2000–2014). (Quelle: indexmundi 2015 [Vgl. http://www.indexmundi.com/g/g.aspx?c=gm&v=26&l=de])

Jahr	2000	2005	2010	2014
Sterbeziffer	10,49	10,55	11	11,29

2013/2015 betrug die *Durchschnittliche Lebenserwartung*[9] in Deutschland 80,61 Jahre. Betrachtet man die Geschlechter, so erreichten Frauen 83,06 Jahre, Männer 78,18 Jahre.[10] Damit wird eine Zunahme gegenüber 1998/2000 von 1,58 Jahren für Frauen und 2,39 Jahren für Männer ausgewiesen (Robert-Koch-Institut

---

[9]Die Durchschnittliche Lebenserwartung wird mithilfe sog. Sterbetafeln, die auf der Basis aktueller Sterbeverhältnisse erstellt werden, errechnet. Neben der Durchschnittlichen Lebenserwartung bei Geburt (entsprechende Zahlen sind oben genannt), wird diese auch für höhere Lebensalter, z. B. die 70 jährigen, errechnet.
Vgl. http://www.bib-demografie.de/SharedDocs/Glossareintraege/DE/L/lebenserwartung.html.

[10]Vgl. https://www.destatis.de/DE/ZahlenFakten/GesellschaftStaat/Bevoelkerung/Sterbefaelle/Tabellen/LebenserwartungDeutschland.html.

und Statistisches Bundesamt 2011).[11] Die höhere Lebenserwartung der Frauen wird parallel zur Entwicklung der modernen westlichen Zivilisation seit etwa zwei Jahrhunderten beobachtet und zu einem wesentlichen Teil mit den unterschiedlichen Lebens- und Verhaltensweisen sowie sozialen Rollen erklärt. Zu den Ursachen zählen aber auch immunbiologische und hormonale Besonderheiten, deren Wirksamkeit allerdings eine gute Ernährung voraussetzt (Höpflinger 1997, S. 171). Nicht zu unterschätzen ist für die vorindustrielle Zeit die hohe Schwangerschaftshäufigkeit und das damit verbundene Infektionsrisiko.[12] In Deutschland schrumpft seit einigen Jahren der Abstand zwischen den Geschlechtern, was mit einer Angleichung der Lebensweisen erklärt wird (vgl. Kap. 3). Die *Übersterblichkeit* der Männer[13] ist der Grund für den höheren Frauenanteil in den älteren Altersklassen. Salopp formuliert: Alter ist weiblich (vgl. Abb. 2.2).

Lebenserwartung weltweit
Die höchste Durchschnittliche Lebenserwartung weltweit wurde im Zeitraum 2005 bis 2010 von Frauen in Japan (86,02 Jahre) erreicht. Die höchste Durchschnittliche Lebenserwartung für Männer wies im genannten Zeitraum Island aus (79,57 Jahre). Die niedrigste Durchschnittliche Lebenserwartung dagegen hatten Frauen (44,12 Jahre) und Männer (43,82 Jahre) in Sierra Leone (Westafrika). Im mittleren Bereich lagen Länder wie China, Rumänien, Jamaica, Peru, Bulgarien und Belize (Zentralamerika) mit Werten zwischen 75,60 Jahren (Frauen) und 69,42 Jahren (Männer).[14]

Seit den 1970er Jahren ist auch ein Zugewinn an Jahren im höheren Lebensalter – der *Ferneren Lebenserwartung* jenseits der 60 – zu beobachten. Diese Entwicklung fand zunächst ausschließlich in den wohlhabenden Ländern und zumeist in Abhängigkeit vom sozialen Status statt. So erhöhte sich z. B. zwischen 2006 und 2015 für 60jährige Männer die Fernere Lebenserwartung – also die

---

[11]Zu den Ursachen der unterschiedlichen geschlechtsspezifischen Lebenserwartung vgl. Kap. 3.
[12]Bis in das 19. Jahrhundert ging vom „Kindbettfieber" eine lebensbedrohliche Gefahr aus. Es trat während der Schwangerschaft, aber auch nach der Entbindung oder einer Fehlgeburt auf (Metz-Becker 1997).
[13]Bereits die *prä-* als auch die *postnatale* Sterblichkeit ist beim männlichen Geschlecht höher (Luy 2004).
[14]Vgl. http://www.lebenserwartung.info/index-Dateien/intvgl.htm.

noch zu erwartenden Lebensjahre – von 20,93 Jahre auf 21,52 Jahre.[15] Damit findet eine weitere Annäherung an eine offenbar genetisch bestimmte Lebensspanne statt. Diese liegt nach heutiger Kenntnis bei ca. 120 Jahren (vgl. Abschn. 2.8.2).

2.2 Was ist der Tod?

Das Ziel allen Lebens ist der Tod (Freud 1975, S. 248).

Der Begriff *Tod* bezeichnet nicht nur den objektiven Zustand eines zuvor lebendigen, nunmehr leblosen Körpers. Der Tod erzeugt Bilder und Bewertungen auf der Grundlage kulturell und lebensgeschichtlich geprägter Wahrnehmungen und Erfahrungen. Ob er gefürchtet wird oder nicht, ob man ihn erwartet oder herbeiwünscht, ob man vor ihm flieht, oder ob man ihn für einen Feind oder Freund des Lebens hält – die Möglichkeiten der Einschätzung sind vielfältig. Sachlich-nüchtern dazu Sigmund Freud: „Der Tod ist vielmehr eine Zweckmäßigkeitseinrichtung, eine Erscheinung der Anpassung an die äußeren Lebensbedingungen […]" (1975, S. 255).

2.2.1 Todesarten

Zunächst soll hier der Begriff *Tod* aus naturwissenschaftlicher und praktisch-medizinischer Sicht definiert und erläutert werden. Danach werden Unterscheidungen der *Todesarten* aus kultureller Perspektive getroffen.

Medizinisch-biologischer (physischer) Tod
Wann ist man eigentlich tot? Die Antwort ist keineswegs eindeutig, obwohl wir wissen, dass der *Tod* das Ende eines individuellen Lebens ist.[16] Er ist jene „schmale Linie", schreibt der französische Philosoph Michel Foucault, die „das lebendig sein vom körperlichen Verfall trennt" (zit. n. Benkel 2013, S. 8). Aus naturwissenschaftlich-medizinischer Sicht ist der Tod jener Zustand eines Körpers, dessen Lebensfunktionen irreversibel erloschen sind.

---

[15]Vgl. https://www.destatis.de/DE/ZahlenFakten/GesellschaftStaat/Bevoelkerung/Sterbefaelle/Tabellen/LebenserwartungDeutschland.html.

[16]Das Wort Tod wird auch in einem über den individuellen Tod hinausgehenden Sinne verwendet, z. B. um das Verlöschen einer Art, einer Ethnie, eines Stammes, einer Familie oder das Ende allen (biologischen) Lebens zu bezeichnen.

Herz- und Hirntod

Die traditionell und auch gegenwärtig am häufigsten zugrunde gelegte Störung der organischen Abläufe, die zum *Tod* führt, ist der *Herz-Kreislaufstillstand*. Der Ausfall dieser Funktionen markiert den *Todeszeitpunkt* (Großes Lexikon der Bestattungs- und Friedhofskultur 2010, S. 215). Der Stillstand von Herz und Kreislauf wird auch als *Klinischer Tod* bezeichnet, weil es sich hierbei um ein in Kliniken gebräuchliches Feststellungsverfahren handelt. Unter Umständen ist unter diesen Gegebenheiten eine erfolgreiche Wiederbelebung *(Reanimation)* möglich (ebd., S. 257).

Im Unterschied dazu ist vom *Hirntod* die Rede, wenn es zu einer Funktionslosigkeit von Hirnrinde, Großhirn und Stammhirn sowie des Rückenmarks kommt (ebd., S. 217). Dieser Zustand ist Folge einer fünf- bis zehnminütigen Unterbrechung von Herztätigkeit und Atmung. Es kommt dann zu einem Absterben der Nervenzellen des Gehirns infolge mangelnder Blut- und Sauerstoffzufuhr.[17]

Die Feststellung des Hirntodes ist seit den späten 1960er Jahren durch die Entwicklung der *Transplantationsmedizin* notwendig geworden. Wegen des aufwendigen Feststellungsverfahrens wird heute indes von der einfacher diagnostizierbaren *Teilhirn-Tod-Definition* ausgegangen.

Unsicherheiten in der Todesfeststellung führten inzwischen zu der Konsequenz, dass aus juristischer Sicht ausschließlich die *Hirntoddiagnose* als eindeutig für das Ableben eines Menschen anerkannt ist.

Der Tod ist aber nicht nur ein Zustand. Er ist auch ein voranschreitender Prozess. Denn mit dem Eintritt des Todes setzt ein beschleunigter, nicht jedoch gleichmäßiger, Verfall des Körpers ein. Bis zum Absterben des letzten körperlichen Gewebes vergehen mehrere Tage (Brinkmann 1986, S. 123 ff.). Der Organismus beginnt nach und nach sich zu zersetzen, zu „verwesen", um so langsam „Eins" zu werden mit der Natur. Man kann auch sagen, in sie zurückzukehren.[18]

---

[17]Vgl. http://www.apotheken-umschau.de/Medizin/Wie-wird-ein-Hirntod-festgestellt-205207.html.
[18]Wohl bei keiner kirchlichen Bestattung fehlen die Worte, gesprochen durch den Geistlichen: „Aus der Erde sind wir genommen, zur Erde sollen wir wieder werden, Asche zu Asche, Staub zu Staub..." In Anlehnung an 1, Mose 3, 19 (Die Bibel 1985).

2.2 Was ist der Tod?

2.2.1.1 Natürlicher Tod

Natürlich ist jeder *Tod* ein *natürlicher Tod*.[19] Der Tod ist auch dann natürlich, wenn er auf *nichtnatürliche* Weise, etwa durch Unfall, durch Gewalt, eine List, Gift, Kriegshandlungen oder *Selbsttötung* verursacht wird. Natürlich ist der Tod deshalb, weil er stets eintritt durch die Einstellung wichtiger Organfunktionen. Er ist auch deshalb natürlich, weil er der unvermeidliche und notwendige Abschluss eines individuellen Daseins innerhalb eines Kreislaufes des Werdens und Vergehens ist.

Im engeren Sinn des Wortes soll hier unter dem natürlichen Tod der alters- oder krankheitsbedingte Tod verstanden werden. Ursachen sind der Abbau von Organsubstanz (*Atrophie des Gehirns, Osteoporose,* Abwehrschwäche) und (seltener) Ablagerungen von Stoffwechselprodukten *(Lipofuszin)*. Infektionen können zu Veränderungen von Organen führen, ebenso wie eine ungesunde Lebensweise, bedingt durch Missbrauch von Genussgiften, Mangel- und Fehlernährung sowie Umweltgifte (Wittwer et al. 2010, S. 112). Neben persönlichem Fehlverhalten sind es äußere, oft gesellschaftlich geschaffene Bedingungen, die Gesundheit und Leben gefährden.

Die Unterscheidung zwischen dem natürlichen und dem nichtnatürlichen Tod ist aus mehreren Gründen von Belang. Zunächst wird aus juristischen und versicherungsrechtlichen Gründen unterschieden. Als nichtnatürlich gilt der durch äußere Einwirkungen bewirkte Tod. Bei entsprechendem Verdacht ist kriminalistisch zu prüfen, ob der Tod durch Unfall, Tötung oder Selbsttötung hervorgerufen wurde (Großes Lexikon der Bestattungs- und Friedhofskultur 2010, S. 489).

Plötzlicher Tod

Die Ursachen des *plötzlichen natürlichen Todes* sind Herzversagen (durch Thrombose einer Herzkranzschlagader, Herzinfarkt, Herzmuskelentzündung) oder der sog. *Schlaganfall* (Gehirnschlag, zerebraler Insult u. a.). Bei Ersterem kommt es durch Erkrankung des Herzens zu einem irreversiblen Absterben von Teilen des Herzmuskels. Bei Letzterem entsteht in der Folge u. a. von arteriellen Embolien – oder durch Gefäßverengungen ebenso bei Spontanblutungen durch gestörte Blutgerinnung – ein plötzlicher Mangel der Sauerstoffversorgung der Nervenzellen des Gehirns. Daraufhin sterben Teile des Gehirns ab, was weitere

---

[19]Freud weist darauf hin, dass der Tod in prähistorischen Zeiten den Angehörigen „primitiver Völker" als „nichtnatürlich" erschienen sein muss, da sie ihn als Folge äußerer Einwirkungen von Kampfhandlungen oder Unglücken erlebten. Der Tod wurde auf das Wirken böser Geister zurückgeführt (1975, S. 254).

organische Funktionseinbußen bewirkt.[20] Eine Klärung der genauen Todesumstände ist erst durch eine Nachobduktion möglich (Wittwer et al. 2010, S. 112). Auch wenn die Mehrheit der Menschen heute erst am Ende eines unterschiedlich langen körperlichen Degenerationsprozesses stirbt, also allmählich aus dem Leben scheidet, ist der plötzliche Tod noch immer verbreitet.

Nah-Tod
Der Begriff *Nahtoderfahrung* oder auch *Nahtoderlebnis* bezeichnet einen Vorgang, bei dem ein Mensch im Zeitraum zwischen Feststellung des klinischen Todes und einer erfolgreichen Reanimation Grenzerfahrungen macht, über die er später Auskunft geben kann.

Berichte über den *Nah-Tod* haben Spekulationen befördert, die an alte Vorstellungen vom Tod als „Übergang" innerhalb eines das „irdische Leben" überdauernden Prozesses anknüpfen (von Barloewen 1996; Kübler-Ross 2004; Joachim-Meyer 2004). Aus medizinischer Sicht wird das Nahtoderlebnis dagegen nüchtern als Fehlfunktion des Gehirns in der Folge von Sauerstoffmangel interpretiert (Geowissen 2013, S. 137).

2.2.1.2 Nichtnatürlicher Tod

Mord und Totschlag
Mord und *Totschlag* sind *nichtnatürliche Todesarten*, die aus juristischer Perspektive zu den *Tötungsdelikten* gehören. Zuwiderhandlung gegen das in allen Kulturen und Religionen verankerte – grundsätzliche aber nicht absolute – Tötungsverbot wird mit Höchststrafen geahndet. Ausnahmen sind allerdings vorgesehen. So gibt es in einer Reihe von Ländern noch heute die *Todesstrafe* (vgl. Abschn. 3.9), das Recht auf Notwehr oder den sog. *finalen Rettungsschuss*.[21]

Der Tatbestand des Totschlags ist erfüllt, wenn jemand einen Menschen vorsätzlich tötet. Kommt zum Vorsatz Mordlust oder Habgier hinzu, oder sind im Fall des Totschlags Heimtücke, Grausamkeit oder gemeingefährliche Mittel oder Verdeckung einer Straftat nachzuweisen, so wird die Tat als Mord gewertet (Großes Lexikon der Bestattungs- und Friedhofskultur 2010, S. 461).

---

[20]Vgl. https://www.organspende-info.de/organ-und-gewebespende/verlauf/hirntod.

[21]Vom finalen Rettungsschuss dürfen, wenn andere Möglichkeiten zur Rettung von Menschenleben nicht bestehen, Angehörige der Polizei Gebrauch machen (Großes Lexikon der Bestattungs- und Friedhofskultur 2010, S. 136).

2.2 Was ist der Tod?

Eine differenzierte Betrachtung erfordert der Fall einer Herbeiführung des *Todes durch Unterlassung*, z. B. dann, wenn ärztlicherseits lebensverlängernde Maßnahmen unterbleiben, weil dies durch eine *Patientenverfügung* veranlasst ist (ebd., S. 454 ff.). *Töten auf Verlangen* fokussiert die Beihilfe zur Selbsttötung durch einen Arzt *(Sterbehilfe)*. In Deutschland besteht dafür keine Erlaubnis (ebd., S. 454). Die Sterbehilfe ist eine Form der *Suizidbegleitung*, welche in Deutschland ebenfalls verboten ist (ebd., S. 47; vgl. Abschn. 2.9.2).

Eine besondere Form des Mordes ist der *Ritualmord*, wobei der Mord einen „höheren" Zweck erfüllt und Inhalt eines Rituals ist. Verbreitet war diese Form in religiösen Kontexten in prähistorischen Kulturen (ebd., S. 364).

Massentod

Vom *Massentod* wird gesprochen, wenn durch ganz unterschiedliche Ereignisse, wie z. B. ein Naturereignis, ein Großunglück, Terrorakte oder Krieg, eine große Zahl von Menschen das Leben meist innerhalb kurzer Zeit verliert. Allein im Jahr 2004 starben 250.000 Menschen weltweit in der Folge von Naturkatastrophen (Robertson-von Trotha 2008, S. 10). Zu den Hauptursachen des Massentods zählen Hungerkatastrophen. So sind nach Schätzungen infolge einer Hungerkrise 2004 in Somalia über eine Viertelmillion Menschen ums Leben gekommen. Mehr als die Hälfte davon waren Kinder unter fünf Jahren.[22]

Doch vor allem anderen ist der Krieg der „Vater" des Massentods. Zu den Paradoxien der modernen Zivilisation gehört, dass mit dem wissenschaftlichen und technischen Voranschreiten die Verlängerung des Lebens einhergeht, aber zugleich auch die Instrumente der Massenvernichtung immer weiter perfektioniert und eingesetzt werden. Im Rückblick ist das 20. Jahrhundert zum „Synonym eines hochtechnisierten Tötens und Vernichtens" (Fischer 2001, S. 69) geworden. Den größten Schaden erfährt heute in Kriegen das zivile Leben. Vor dem Ersten Weltkrieg war die größere Zahl der Opfer noch auf den „Schlachtfeldern" zu beklagen.[23] Ein prominentes Beispiel ist die Völkerschlacht bei Leipzig (1813) (Fesser 2013). Heute überwiegt, in der Folge der eigentlichen Kriegsereignisse, durch Krankheiten, Hungersnöte und wirtschaftlichen Niedergang verursacht,

---

[22]Vgl. http://www.welt.de/politik/ausland/article115798281/Mehr-als-eine-Viertelmillion-Hungertote-in-Somalia.html.
[23]Zur Materialisierung und Industrialisierung der Kriegstechnik vgl. Fischer (2001, S. 70 ff.).

zumeist die Masse der Zivilopfer. Die Zahl der Ziviltoten des Zweiten Weltkriegs wird auf 27,3 Mio. geschätzt.[24]

Nach dem Ende des 20. Jahrhunderts sind es heute regionale Kriege und Bürgerkriege, die massenhaft Opfer eines nichtnatürlichen Todes fordern.[25] So kamen im afrikanischen Darfur zu Anfang des 21. Jahrhunderts durch einen Bürgerkrieg innerhalb von drei Jahren 200.000 Menschen ums Leben (Robertson-von Trotha 2008, S. 10).

Ebenso sind noch immer Seuchen Auslöser des Massentodes. So starben 2004 2,3 Mio. Aids-Kranke in Afrika (ebd.). Und 2014 bedrohte die Ebola-Seuche die Menschen in Westafrika. Schätzungsweise 2400 Menschen sind ihr zum Opfer gefallen, weitere 4800 haben sich infiziert.[26]

Massenmord

Unter *Massenmord* ist das vorsätzliche, häufig organisierte Töten einer großen Zahl von Menschen durch eine Einzelperson oder durch Gruppen, auch (staatliche) Institutionen zu verstehen. Motive sind z. B. Glaubensabweichungen (Ketzertum) und Rassismus. Auch Terrorhandlungen von Gruppen oder Einzelpersonen, z. B. von religiös inspirierten Tätern können einen Massenmord auslösen (Großes Lexikon der Bestattungs- und Friedhofskultur 2010, S. 293).

Genozid (Völkermord)

Der Begriff *Genozid* wurde infolge der Erfahrungen mit dem Holocaust 1944 geprägt. Er ist Kern internationaler Initiativen unter Führung der UNO zur Ächtung des Völkermords als internationales Verbrechen. Als Völkermord bezeichnet wird ein Vorgehen, das auf die Zerstörung einer nationalen, ethnischen, rassischen oder religiösen Gruppe zielt. Schätzungen zufolge sind im 20. Jahrhundert etwa 170 Mio. Menschen Opfer eines Genozids geworden. Dazu gehören vor allem Juden, Sinti und Roma sowie Armenier und Tutsi (ebd., S. 180 ff.).

---

[24]Vgl. http://www.friedenskooperative.de/ff/ff05/2-73.htm.
[25]Für die Zahl der Kriegstoten zwischen 1955 und 2002 in 13 Ländern gibt es eine Schätzung von 5,4 Mio. Vgl. http://www.zeit.de/online/2008/26/Zahl-Kriegstote-korrigiert.
Zu den Kriegen zwischen 1945 und 1992 vgl. Gantzel und Schwinghammer (1995).
[26]Vgl. http://www.zeit.de/politik/2014-09/obama-ebola-westafrika.

2.2.1.3 Psychogener und sozialer Tod

Psychogener Tod

Jenseits des Körpertods wird vom *psychogenen Tod* (Seelentod) und vom *sozialen Tod* gesprochen (Feldmann 2007, S. 105 ff.). Beide Formen beschleunigen den Eintritt des körperlichen Todes.

Der psychogene Tod erscheint dem Beobachter rätselhaft, weil rational nicht erklärbar. Er tritt plötzlich, unerwartet und ohne erkennbare physiologische Ursachen ein. Von der Diagnose her ist er ein ganz „normaler" Tod, der durch die Einstellung der Herz-Kreislauffunktionen ausgelöst wird. Verursacher sind vermutlich psychologische Faktoren in Gestalt von übersteigerten Ängsten, Verlusten, Versagen und daraus abgeleiteter Hoffnungs- und Ausweglosigkeit, die der Betroffene ohne wirksame Kommunikation mit anderen Menschen nicht aufarbeiten kann. Bekannt ist der sog. *Voodoo-Tod* infolge der magischen Beeinflussung einer Person. Vom *Tabu-Tod* ist die Rede, wenn eine Person aufgrund unbewältigter Schuldgefühle wegen eines Tabubruchs stirbt. Ein verbreitetes Phänomen ist der *Heimweh-Tod* (Großes Lexikon der Bestattungs- und Friedhofskultur 2010, S. 350 f.).

Sozialer Tod

Der *soziale Tod* droht, wenn ein Mensch seine sozialen Bindungen verloren hat. „Jemand ist dann tot […], wenn sozial relevante Attribute dauerhaft aufhören, eine Rolle […] zu spielen" (Hoffmann 2011, S. 186). Mit anderen Worten, der soziale Tod kann eintreten, wenn ein Individuum sich aus sozialen Beziehungen und Rollen zurückgezogen hat oder sich aus diesen verdrängt und verstoßen fühlt. Diese Menschen gelten als bereits zu Lebzeiten „gestorben" (Feldmann 2004, S. 147), weil sie „vergessen" sind, oder aus der Gemeinschaft ausgeschlossen wurden. Die Auslöser bzw. Gründe sind zahlreich: z. B. ein hohes Lebensalter, Krankheiten und Behinderungen, fehlende materielle Mittel, was Mobilität und Kontaktpflege ausschließt. Eine weitere Ursache für den sozialen Tod ist das persönliche Versagen, bzw. das Abweichen von sozialen Rollen (in Beruf, Familie, Politik u. a.). Das Fehlen sozialer Kontakte bedeutet für den Menschen eine Deprivation, die zur Vereinsamung mit dramatischen psychischen Folgen führen kann, bis zum physischen Tod.

Die Gefahr des sozialen Todes geht von der zunehmenden Bindungslosigkeit und Brüchigkeit sozialer Beziehungen aus. Seit Jahrzehnten sinkt der Anteil von Menschen, die in dauerhaften Paarbeziehungen mit Kindern leben, also jener Gemeinschaftsform, die wir „Familie" nennen. So stieg z. B. in Deutschland der Anteil von „Alleinstehenden", gemessen an der Gesamtbevölkerung zwischen 1996 und 2012 von 38 % auf 44 %.[27] Der Anteil von Paaren ohne Kinder wächst weiter, nämlich im selben Zeitraum von 28 % auf 29 % (Statistisches Bundesamt 2013, S. 51). Auch wenn diese Zahlen nicht dramatisch wirken, sind sie doch ein Indiz für die wachsende Gefahr der Vereinsamung.

Oder es ist die oppositionelle Haltung gegenüber der Mehrheitsmeinung im Rahmen eines politischen oder wissenschaftlichen Diskurses.[28] Für gesellschaftliche Gruppen ist das oft Grund, Menschen aus ihrer Gemeinschaft auszuschließen, sie zu diskreditieren, zu denunzieren und sie zu meiden.[29] Das Schicksal des sozialen Todes droht im Besonderen prominenten Personen. Wer im Blick der Öffentlichkeit steht und sich eine Abweichung vom herrschenden mehrheitsbildenden Diskurs erlaubt, verliert schnell Freunde und Reputation.[30]

Wenig wahrscheinlich ist dann die „Wiedererweckung" aus dem sozialen Tod.[31] Tragisch für Betroffene und Angehörige, wenn es dazu erst nach dem physischen Ableben des Ausgestoßenen kommt (Feldmann 2004, S. 149).

---

[27]Das hat zweierlei Gründe. Einerseits geht eine wachsende Zahl von Menschen keine oder nur sporadisch eine Zweierbeziehung ein. Andererseits kann Alleinsein dadurch verursacht werden, dass ein Lebenspartner den anderen nach dessen Tod um Jahre überlebt.

[28]Zur Diskursanalyse vgl. Foucault (2012).

[29]Hierzu das Beispiel der „Amish", eine in den USA lebende Minderheit täuferisch-protestantischen Ursprungs, die im 17. Jahrhundert einwanderte. Sie schließt Menschen dann aus ihrer Gemeinschaft aus, wenn sie sich ihrer Ordnung nicht fügen. Dafür wird der Begriff „Meidung" gebraucht. Vgl. http://www.amishreader.com/2011/06/13/discipline-in-amish-culture/.

[30]Hierzu als weiteres Beispiel der Fall des SPD-Abgeordneten Sebastian Edathy. Er wurde 2014 wegen der Lautbarwerdung seiner abweichenden sexuellen Neigungen Opfer einer skandalisierenden Berichterstattung der Massenmedien, wodurch Ruf und Karriere ruiniert waren. Vgl. http://www.spiegel.de/panorama/justiz/kinderporno-affaere-die-legenden-des-sebastian-edathy-a-1094562.html.

[31]Ein berühmtes historisches Beispiel ist das Schicksal von Alfred Dreyfus, Hauptmann im französischen Generalstab in der Zeit der Dritten Republik. Dreyfus war jüdischer Herkunft und 1894 unter dem Vorwurf des Landesverrats verhaftet worden. Er wurde degradiert und verurteilt zu lebenslanger Haft und Verbannung. 1906–1912 Jahre später – kam es zur Wiederaufnahme des Verfahrens, an dessen Ende Dreyfus freigesprochen und rehabilitiert wurde. Vgl. http://www.zeit.de/1962/52/die-affaere-dreyfus#.

2.2.1.4 Zeitiger und unzeitiger Tod

Von jeher hat der Tod ein Nachdenken über das Verhältnis von Sein und Zeit inspiriert.[32] Der Tod wird wahrgenommen als absolutes Ende einer leiblich-geistigen Existenz. Oder der Tod ist „Übergang" in eine andere Zeit, oder „zeitlose Zeit", ist Brücke innerhalb eines Prozesses aufeinander folgender Seins-Stufen, die mit dem Vergehen der irdischen Existenz nicht verschwinden.

Im ersten Fall haben materielle und geistige Existenz letztlich nur ein „Ziel", nämlich den Tod als das Ende individueller Zeit. Heidegger spricht – ähnlich – vom „in der Welt Sein" als dem „Sein zum Sterben" (2007, S. 236) und – ähnlich aus der Sicht Kants – liegt die Notwendigkeit zur Verinnerlichung der individuellen Todeserfahrung im „Endzweck der Natur" (zit. n. Nassehi 2007, S. 125). Der Tod hat damit stets und immer „seine" Zeit.

Die moderne Zivilisation dagegen hat die Todesmythologien „entzaubert"[33]. Zeitgenössische Erfahrungen lehren, der Zeitpunkt des Todes ist (in Grenzen) „verhandelbar". Mit dem säkularen, seit mehr als hundert Jahre währenden Anstieg der Lebenserwartung, hat sich die Vorstellung verbreitet, ein an Jahren reiches Leben sei „natürlich" und zur Selbstverständlichkeit geworden. Entsprechend ist der Tod den Menschen – oft noch in den mittleren bis späteren Lebensjahren – entrückt. Tritt er dennoch früher ein – stirbt etwa ein Kind, oder „reißt" der Tod einen Menschen „mitten aus dem Leben" – so löst dieses Ereignis Fassungslosigkeit und Bestürzung aus. Dann ist vom „unzeitigen" oder „unzeitgemäßen" Tod die Rede (Benkel und Meitzler 2014b). Beendet der Tod indes ganz sanft ein langes Leben, oder anders, beschließt er qualvolles Siechtum, so wird er oft erleichtert wahrgenommen. Dann kam der Tod zur „rechten Zeit". „Erlöst nach langem Leiden"; „Nach einem erfüllten Leben sanft entschlafen". So oder ähnlich ist dann in den Todesanzeigen der Tageszeitungen zu lesen.

2.2.1.5 Unmittelbarer und mittelbarer (mediatisierter) Tod

Der Tod ist dann *unmittelbar*, wenn er sich im eigenen Erlebenshorizont ereignet. Wo Sterben und Tod unter den Augen der Familie, der Nachbarschaft und Freunden sich ereignen, da ist der Tod sichtbar, wird erlebt und erfahren. Der unmittelbare Tod war der „normale Tod" in der vormodernen, noch wenig arbeitsteiligen Gesellschaft. Heute dagegen wird zumeist außerhalb der alltäglichen Umgebung,

---

[32] Vgl. Heideggers frühes Hauptwerk „Sein und Zeit" (1927).
[33] Hier und an anderen Stellen dieses Buches wird auf den von Max Weber verwendeten Begriff „Entzauberung" als Teil des gesellschaftlichen Rationalisierungsprozesses zurückgegriffen (Weber 1995; vgl. Abschn. 2.7.2).

nämlich in Institutionen gestorben, umgeben von sachkundigen Dienstleistern und Fachpersonal: den Pflegern, Ärzten und Gesundheitsexperten. Selten geworden, wie Bestattungsunternehmen beobachten, ist die Verabschiedung vom Verstorbenen am Totenbett oder im noch offenen Sarg. Der Tod ist dem Leben entzogen. Er ist allen, die nicht berufsbedingt mit ihm zu tun haben, dadurch fremd, weil *mittelbar (mediatisiert),* geworden (vgl. Abschn. 2.7.2).[34]

2.2.1.6 Privater und öffentlicher Tod

Privat ist der Tod dann, wenn er sich unbeachtet und abgeschlossen von der *Öffentlichkeit* im Familien-, Freundes- und Bekanntenkreis ereignet. Öffentlichkeit ist ein Strukturprinzip der modernen bürgerlichen Gesellschaft. Es verschafft allgemeinen Zugang, stellt Publizität her, definiert das *öffentliche Interesse* und trägt bei zur Bildung der *öffentlichen Meinung* (Kopp und Steinbach 2016, S. 262 f.).

Öffentlich wird der Tod in der Regel dann, wenn in der Öffentlichkeit zu Lebzeiten bekannte Menschen („Prominente") sterben. Durch den eigenen Tod können aber auch der Öffentlichkeit zuvor unbekannte Menschen zu Personen des öffentlichen Interesses werden. Als Medium wirkt hier die Berichterstattung der *Massenmedien* über (meist spektakuläre) Todesfälle. Dies geschieht z. B. nach einem Aufsehen erregenden Mord, Massensterben, einem spektakulären Unglück, einer Naturkatastrophe, einem Terrorakt, Amoklauf u. a.

2.2.1.7 Helden-/Ehren- und Märtyrertod

Keineswegs ist ein Massentod in der Wahrnehmung immer ein „schlechter" Tod (vgl. Abschn. 2.2.1.2). Dies gilt für den *Soldatentod,* der seit den „Materialschlachten" und dem massenhaften Sterben im Ersten Weltkrieg als *Helden- oder Ehrentod* mystifiziert wird. Symbole in Gestalt von Mahnmalen, Gedenkstätten und Soldatenfriedhöfen, öffentliche Feiern und Gedenktage repräsentieren den herausragenden Status der „Gefallenen". Während tote Soldaten früher häufig in Massengräbern unwürdig verscharrt wurden, erfolgt inzwischen möglichst eine Bestattung in Einzelgräbern. Noch während des Ersten Weltkriegs erließ Frankreich ein Gesetz, dass „gefallenen" Soldaten die „ewige Ruhe" sichern sollte. Deutschland und andere europäische Staaten folgten (Fischer 2001, S. 71). Die Verklärung des

---

[34]Das lateinische Wort *Mediatisierung* ist aus der Deutschen Geschichte des 19. Jahrhunderts im Zusammenhang mit dem Reichsdeputationshauptschluss (1803) bekannt und findet heute in den Sozial und Kommunikationswissenschaften Anwendung. An dieser Stelle wird es im ursprünglichen Wortsinn von „mittelbar machen" verwandt.
Vgl. http://www.lexexakt.de/glossar/reichsdeputationshauptschluss.php.

2.2 Was ist der Tod?

Kriegstodes hat bis heute für Völker und Nationen identitätsstiftende Bedeutung. Dabei werden Kampf und Tod als uneigennützige Heldentaten verehrt. Das findet schon in der Wortwahl Ausdruck.[35] Ein Heldentod wird nicht (banal) gestorben. Ein Soldat „fällt", er gibt sein Leben hin. Er opfert es auf dem „Altar des Volkes", dem „Schlachtfeld", wird zum „Märtyrer", zum mutigen und selbstlosen Verteidiger seines religiösen Bekenntnisses, im festen Glauben an die „gerechte Sache", für „Volk und Vaterland" in einem „heilig" erklärten Krieg.[36]

2.2.1.8 Opfertod

Der Opfertod ist die Hingabe eines Tiers oder Menschen zur Huldigung eines Gottes bzw. der Götter. Ziel ist, die Götter gnädig zu stimmen, also von Strafen abzusehen. Auch Pflanzen, Speisen etc. werden als Symbol des Dankes (für eine gute Ernte oder den Sieg über einen Feind) geopfert. Oft sind es Brandopfer. In der christlichen Religion werden die Seiten getauscht. Hiernach opfert Gott selber seinen einzigen Sohn, um die Sünde (Schuld) von den Menschen zu nehmen. Während im alten Judentum das Menschenopfer noch einen Stellenwert hat, wird es von der christlichen Kirche abgelehnt (Großes Lexikon der Bestattungs- und Friedhofskultur 2002, S. 235).[37] Auch der Märtyrertod und u. U. der Tod des Soldaten werden als Opfertod bezeichnet.

2.2.1.9 Ziviler Tod/Ziviltod (Bürgerlicher Tod)

Der *Ziviltod* war bis ins 19. Jahrhundert hinein ein Rechtsmittel zur Strafverschärfung. Dabei wurden einem Verurteilten sämtliche Rechte genommen. Während der Zeit der NS-Herrschaft verhängte man diese Strafform gegen Menschen jüdischer Herkunft. Deutschland schaffte die Strafe des Ziviltods 1848 ab. In abgeschwächter Form gibt es sie noch heute und zwar in Gestalt der Einschränkung bürgerlicher Ehrenrechte und dem Verlust der Amtsfähigkeit (ebd., S. 528).

---

[35]Die Mystifizierung des Kriegsgeschehens im Ersten Weltkrieg hat in Ernst Jüngers autobiografischen Kriegserlebnisbericht „In Stahlgewittern" (1920) beredten Ausdruck gefunden.

[36]„Heilige Kriege" sind keine „Erfindung" unserer Tage. Die Geschichte liefert Beispiele, dass für den Sieg auch der Gott der Christen angerufen wurde; z. B. im Wilhelminischen Deutschland zu Beginn des Ersten Weltkriegs. Vgl. http://www.deutschlandfunk.de/erster-weltkrieg-patriotischer-aufruf-der-kirchen-zum-krieg.886.de.html?dram:article_id=278280.

[37]Vgl. dazu die alttestamentliche Geschichte von der „Beinaheopferung" Isaaks durch seinen Vater Abraham Genesis, 22 (Die Bibel 1985).

2.3 Feststellung des Todes

Die Feststellung des *Herztodes* erfolgt üblicherweise durch einen Arzt. Als sicheres Anzeichen für den Eintritt gelten Todesstarre und Totenflecken. Die Diagnose „Tod" erfordert Expertise. In vormodernen Gesellschaften war sie dagegen meist Sache medizinischer Laien. Und dies, obwohl es schon in der Antike und im Mittelalter Sachkundige, nämlich Ärzte, gab. Diese hatten allerdings eher den Tod von Angehörigen der höheren sozialen Stände zu beurkunden. Da das Berufsethos der Ärzte das Heilen beinhaltet, wurde ihnen bis in die Gegenwart hinein nachgesagt, auf die Begleitung bzw. Versorgung Sterbender und Toter nicht adäquat vorbereitet zu sein. Die *Todesfeststellung* verblieb deshalb im Mittelalter und der frühen Neuzeit bei den Mitgliedern von christlichen Orden. Diese kirchlichen Institutionen waren oft Träger von Hospitälern. Dort verfügte man über entsprechende Erfahrung mit dem Tod. Priester wurden zur letzten Beichte eines Sterbenden gerufen, um nach dessen Ableben den Tod festzustellen. Auch die Begleitung des Sterbenden war Aufgabe eines Priesters. Erst seit dem 18. Jahrhundert wechselte die Zuständigkeit auf den Arzt, zunächst noch neben dem Geistlichen (Wittwer et al. 2010, S. 76).

Mit der Feststellung des Todes sind mehrere Erfordernisse verbunden. Wegen der Gefahren, die mit der Verwesung des Körpers einhergehen, ist aus hygienischen Gründen (Seuchengefahr) sachgerechtes und rasches Handeln notwendig. Zudem bestand früher Sorge – manchmal wohl auch die Absicht – einen „Scheintoten" lebendig zu begraben. Die Angst davor war noch im 18. und 19. Jahrhundert weit verbreitet. Um einem fatalen Irrtum zu begegnen, nämlich „Untote" lebendig zu begraben, wurden von Ärzten Kriterien für *Leichenbeschauer* und Techniken zur „Wiedererweckung" entwickelt (ebd., S. 76 f.).

In der Gegenwart ist u. a. wegen des Einsatzes der modernen Transplantationsmedizin und damit verbundenen Missbrauchsgefahren[38], eine zweifelsfreie Feststellung des Todes unabdingbar. Sollten sichere Todeszeichen (Todesflecken, -starre) fehlen, so beginnt man mit Anrufen, Rütteln des Körpers, Prüfen der Pupillen, des Pulses und der Atmung (ebd., S. 114).

---

[38] 2012 kam es in Deutschland zu einem Organspendenskandal. Mehrere Kliniken wurden verdächtigt, in Unregelmäßigkeiten bei der Vergabe von Organen zu Transplantationszwecken verwickelt zu sein. Vgl. http://www.rp-online.de/leben/gesundheit/news/die-chronik-des-organspendeskandals-bid-1.2968763.

2.3 Feststellung des Todes

Ein Arzt stellt die *Todesbescheinigung*/den *Totenschein* aus (Großes Lexikon der Bestattungs- und Friedhofskultur 2010, S. 446). Mit dem Totenschein wird nach Untersuchung des Verstorbenen *(Leichenschau)* der Tod urkundlich bezeugt. Ebenso werden Todesart, Todesursache und Todeszeitpunkt vermerkt. Die amtliche Urkunde wird bei der unteren Behörde für Gesundheit, Veterinärwesen, Ernährung und Verbraucherschutz aufbewahrt (Deinert et al. 2010, S. 372). Die Todesfeststellung ist rechtlich geregelt in §3 (1.2) des *Transplantationsgesetzes (TPG)*. Gefolgt wird „den Regeln, die dem Stand der Erkenntnisse der menschlichen Wissenschaft entsprechen" (ebd.).

Jeder, der Zeuge eines Todes wird, oder eine Person findet, die dem Anschein nach tot ist, muss dieses melden. Heute wird in der Regel der Notarzt gerufen (Wittwer et al. 2010, S. 113). Sind die Gründe des Todes durch den Arzt nicht zu klären, so kommt es zu polizeilichen Ermittlungen. Das kann, sollte sich der Tod in der eigenen Wohnung ereignet haben, von den Angehörigen als unangenehm empfunden werden. Zumal der Tote dann im Zinksarg – wohlmöglich vorbei an den Blicken der Nachbarn – zur *Sektion* in die Gerichtsmedizin verbracht wird. Sollte eine äußere Leichenschau keinen Aufschluss über die Todesursache erlauben, erfolgt die *Obduktion/Autopsie*, bei der Körperproben zu einer feingeweblichen Untersuchung entnommen werden. Aus den Ergebnissen lässt sich auf eine natürliche oder nichtnatürliche Todesursache schließen (ebd., S. 112).[39] Folgenreich kann die Entscheidung des Notarztes für oder gegen eine Reanimation sein, wenn ein Organspende-Ausweis vorliegt (Großes Lexikon der Bestattungs- und Friedhofskultur 2010, S. 446).

Mit der Todesbescheinigung wird der Tod „amtlich" und der erste Schritt zur „Aktenkundigkeit" ist hergestellt. Die Bescheinigung ist dem örtlichen Standesbeamten durch eine Person mit entsprechender Kenntnis – heute meist der Bestattungsunternehmer – spätestens am dritten Tag nach Todeseintritt anzuzeigen (Bestattung in Deutschland 2008, S. 47).

Auf der Grundlage des *Personenstandsgesetzes* ist einheitlich für Deutschland die Ausstellung einer *Sterbeurkunde* geregelt (Großes Lexikon der Bestattungs- und Friedhofskultur 2010, S. 418). Der Verstorbene wird nach Vorlage aus dem Melderegister der kommunalen Verwaltung gestrichen und in der Bevölkerungsstatistik den jährlichen Sterbefällen hinzugefügt. Erst nach Ausstellung der Todesbescheinigung darf bestattet werden (Bestattung in Deutschland 2008, S. 51). Tote zu bestatten, ist eine durch den Gesetzgeber auferlegte Pflicht.

---

[39]In die behördliche Todesstatistik geben die *Sektionsergebnisse* in der Regel nicht ein (Wittwer et al. 2010, S. 112).

In Deutschland bestehen *Bestattungspflicht* und *Bestattungszwang* (vgl. Kap. 5). Unter dem Erstgenannten wird die Fürsorge für die menschliche Leiche vom Todeseintritt bis zum Abschluss der Bestattung verstanden (Großes Lexikon der Bestattungs- und Friedhofskultur 2010, S. 62). Mit dem Zweiten ist der durch Gesetzgeber und Verordnungen auferlegte Zwang gemeint, menschliche Leichen und *Totgeburten*[40] zu bestatten. Die Verwahrung von Sarg und Urne in privaten Räumen oder auf Grundstücken ist nicht erlaubt. Die sterblichen Überreste müssen auf einem Friedhof oder in anderen vom Gesetzgeber legalisierten Einrichtungen beigesetzt oder verwahrt werden (ebd., S. 66 ff.).[41]

2.4 Grenzfälle des Todes

2.4.1 Totgeburten und Aborte

Von *Totgeburten* ist die Rede, wenn der Tod einer Leibesfrucht nach der 28. Schwangerschaftswoche eintritt und das Gewicht unter 500 g liegt (bis 1994: unter 1000 g). Vor diesem Zeitpunkt wird von *Abort (Fehlgeburt)* gesprochen. Unterhalb der genannten Gewichte werden die sterblichen Überreste als „ethischer Klinikabfall" „entsorgt" (Großes Lexikon der Bestattungs- und Friedhofskultur 2010, S. 459 f.).

Ein künstlich eingeleiteter Abort, der *Schwangerschaftsabbruch*, ist in Deutschland und vielen anderen Ländern straffrei nur unter Beachtung einer Zwölf-Wochenfrist, oder bei Vorliegen einer Vergewaltigung bzw. Gefahr für Leib und Leben der Mutter möglich. Der *künstliche Abort* ist ein kontrovers diskutiertes politisches und ethisch-religiöses Thema (ebd., S. 381 f.; vgl. Abschn. 2.5.6).[42]

---

[40]Seit 1994 besteht die gesetzliche Regelung, Totgeburten oberhalb von 500 g Gewicht zu bestatten (Großes Lexikon der Bestattungs- und Friedhofskultur 2010, S. 459).

[41]Seit Januar 2015 erlaubt das Land Bremen in begründeten Ausnahmefällen eine Umgehung des Friedhofzwangs.
Vgl. http://www.sueddeutsche.de/panorama/abschaffung-des-friedhofszwangs-in-bremen-zu-hause-ists-am-schoensten-1.2231461.

[42]Zu den Positionen der evangelischen und der katholischen Kirche vgl. http://www.reiner-jungnitsch.de/abtreibung.ev-kath.pdf.

2.4.2 Suizid

Die Tabuisierung des Themas Suizid hat eine lange Geschichte (Rübenach 2007, S. 960).

Am 3. November 2014 berichteten die Massenmedien über den Tod einer erst wenige Wochen zuvor weltweit bekannt gewordenen jungen Frau. Zwei Tage zuvor hatte sich die 29 jährige angehende Lehrerin Brittany Maynard aus Kalifornien im Beisein ihres Mannes, ihrer Eltern und ihrer beiden Hunde mit der hohen Dosis eines Barbiturates getötet. Dieses war ihr durch eine *Sterbehilfeorganisation* zugänglich gemacht worden. Maynard litt an einem höchst aggressiven Gehirntumor. Seit Bekanntwerden der Diagnose und in der Erwartung großer Schmerzen und Bewusstseinseinbußen hatte sie ihre Absicht über die Massenmedien der Öffentlichkeit mitgeteilt. Sterbehilfeorganisationen sind in den USA in fünf Bundesstaaten erlaubt. Dazu gehört Oregon, wohin Maynard zu ihrem selbstbestimmten Ableben reiste.[43]

Verbreitung des Suizids
„Der erfolgreiche Suizid ist im Vergleich zu nicht-gewaltsamen Todesfällen ein seltenes Ereignis […]. Es gibt sehr große Unterschiede der Suizidraten zwischen Staaten, Regionen und Gruppen" (Feldmann 2013, S. 1). In Deutschland ist in den vergangenen 40 Jahren ein Rückgang der „Todesfälle durch Selbstbeschädigung" um fast die Hälfte festzustellen (vgl. Abschn. 2.5.6). Dennoch ist in Kommentaren der Massenmedien regelmäßig von einem Anstieg die Rede. Allerdings liegt die Zahl tödlicher Verkehrsunfälle, mit der gern verglichen wird, in Deutschland um mehr als die Hälfte darunter. Die Zahl der durch Alkoholkrankheiten zu Tode gekommenen Menschen ist jedoch erheblich höher (Rübenach 2007, S. 967). Ein Dunkelbereich ist der verdeckte Suizid (Vortäuschung eines Unfalls).

Selbstmord, Selbsttötung, Freitod oder Suizid?
Ablehnung und Unverständnis gegenüber der *Selbsttötung* finden nach wie vor in der Bezeichnung *Selbstmord* einen beredten Ausdruck (vgl. Abschn. 2.9). Wegen der impliziten Bewertung hält der Verfasser dieses Buches den Begriff für wissenschaftlich unbrauchbar. Im allgemeinen Sprachgebrauch weniger üblich ist die

---

[43]Vgl. Frankfurter Allgemeine Zeitung, 03.11.2014, S. 7. Christiane Heil: *„Für die Würde ein Barbiturat."*

Bezeichnung *Freitod,* die auf den Philosophen Schopenhauer (1998) zurückgeht. Dort wird der Akt der Selbsttötung eher „heroisierend" überhöht (Holderegger 1979, S. 35). Auch die Satzsequenz: „freiwillig aus dem Leben scheiden" ist, wenn es sich um Angehörige gehobener sozialer Schichten handelt, gebräuchlich. Selbsttötung dagegen, auch von Medizinethikern benutzt, erscheint als ein am ehesten wertneutraler Begriff (Vollmann 2011). Zugleich wird damit eine Abgrenzung zum Begriff Suizid vorgenommen, der weiterhin im klinischen Umfeld benutzt wird. *Suizidenten* generell als geisteskrank zu bezeichnen, geht auf den Beginn des psychiatrischen Denkens im 17. Jahrhundert zurück. Die eigentliche wissenschaftliche Untersuchung der Selbsttötung begann erst 1938 durch den französischen Arzt Esquirol (Rübenach 2007, S. 960).

In diesem Buch soll im Folgenden trotz der vorgetragenen Bedenken von *Suizid* gesprochen und so dem Pionier der sozialwissenschaftlichen Erforschung der Selbsttötung, dem französischen Soziologen Emile Durkheim, gefolgt werden.[44] Suizid bedeutet – aus dem Lateinischen übersetzt – soviel wie: „sich selbst töten" oder „sich selbst totschlagen"; womit immerhin das Wort Mord, als mit Heimtücke und Niedertracht verbunden, vermieden wird. Durkheim definiert Suizid mit Worten, die auch heute Bestand haben: Kerninhalt ist die vorsätzliche Selbstbeschädigung.

> Man nennt Selbstmord[45] jenen Todesfall, der direkt oder indirekt auf eine Handlung oder Unterlassung zurückzuführen ist, die vom Opfer selbst begangen wurde, wobei es das Ergebnis seines Verhaltens im Voraus kannte (1983, S. 9).

Motivation, Ursachen

Der Suizid wird noch immer verbreitet als Folge einer Krankheit gesehen. Aus dem wissenschaftlichen Diskurs über den Tod wird das Phänomen gemeinhin ausgeschlossen.[46] Dabei bleibt außen vor, aus welchen Gründen Menschen den Suizid als ihren persönlichen „Problemlöser" ansehen.

Bei der Motiv- bzw. Ursachenforschung ist zwischen individuellen und strukturellen Faktoren zu unterscheiden. Zu den ersten zählen prädisponierte

---

[44]Anthony Giddens zeigt, dass es eine intensive Suiziddebatte im 19. Jahrhundert in Frankreich gab, insbesondere auch nach Durkheims Veröffentlichung (1971, S. 36 ff.).
[45]Die deutsche Übersetzung von Durkheims Werk benutzt hier bezeichnender Weise das hergebrachte Wort Selbstmord.
[46]Einen älteren Überblick zur *Suizidtheorie* mit einem eigenen Kapitel über den Suizid in nicht-westlichen Gesellschaften bietet Giddens (1971).

Eigenheiten, psychische Erkrankungen, Drogenabhängigkeit, Alkoholismus und die Neigung zur Selbstzerstörung. Relevante strukturelle Faktoren sind Rollenerwartungen, die familiäre sowie die schulische, die wirtschaftliche und die Arbeitsplatzsituation. Das sog. „broken-home" ist für Jugendliche ein Gefährdungsverstärker (Feldmann 2017, S. 44 ff.). Aus soziologischer Sicht interessiert die Einbettung des *Suizidgefährdeten* in die gesellschaftlichen Rahmenbedingungen. Aber: „Nicht die Gesellschaft liefert wesentliche Erkenntnisse über den Suizid, sondern der Suizid ,beleuchtet' die Gesellschaft" (Baudelot/ Establet zit. n. Feldmann 2013, S. 1). D. h.: *Suiziddaten* „verraten" etwas über die Zustände jenes sozialen Umfelds, in denen Suizide sich ereignen. Gemeint sind: Folgen sozialen Wandels durch Säkularisierung, Individualisierung, den medizinischen Fortschritt und die Verlängerung der Pflegebedürftigkeit; oder die Entwertung ganzer Berufsgruppen in der Folge von Marktentwicklungen (ebd., S. 1 f.), und die Belastungen am Arbeitsplatz. Zu den Risikogruppen gehören junge und alte Männer, Arbeitslose und Migranten (Deutscher Ethikrat 2012).

Die gesellschaftlichen Rahmungen für Suizide sind verschieden. Durkheim hat in seiner berühmten Studie hierzu vier Typen gebildet.[47]

Egoistischer Suizid

Ist das Individuum schwach in die Gesellschaft integriert – das trifft für Durkheim zum Beispiel für Geschiedene, Protestanten (im Gegensatz zu Katholiken) und Angehörige moderner Berufe (zum Beispiel Anwälte, Kaufleute) zu – so besteht die Gefahr einer Desorientierung, die zum Suizid führen kann (1983, S. 162 ff.).

Altruistischer Suizid

Ist das Individuum übermäßig stark in ein Kollektiv integriert, so wird es sich unter Umständen dafür opfern (ebd., S. 242). Das ist vor allem in „primitiven" Gesellschaften zu beobachten (vgl. das Cheos-Beispiel, s. u.). Die Alten fallen der jungen Generation zur Last, oder der Diener sieht nach dem Tod seines Herrn kein Recht mehr zu leben. Ein anderes Beispiel für zum Suizid bereite Menschen ist der Soldat, der wegen einer verlorenen Schlacht sich seiner Ehre verlustig glaubt und deshalb lebensmüde ist.[48]

---

[47]Die Brauchbarkeit von Durkheims Konzept für die Gegenwart ist umstritten.
[48]Durkheim unterteilt hier entsprechend in den „obligatorischen" und den „fakultativen altruistischen" Suizid (1983, S. 255).

Anomischer Suizid
In arbeitsteiligen (modernen) und durch individualisierte Lebensverhältnisse gekennzeichneten Gesellschaften perforiert das Band kollektiver Überzeugungen, die aus Gemeinsamkeiten (Abstammung, Geschichte, Werte) abgeleitet werden. Durkheim stellt ein schwindendes *Kollektivbewusstsein* und das Eintreten von *Anomie* (Regellosigkeit) fest. Das Individuum verliert seine geistige Orientierung. Die Neigung zum Suizid als Problemlöser steigt. Diese Tendenz ist auch in Zeiten wirtschaftlicher Krisen und ebenso bei plötzlicher Prosperität möglich (ebd., S. 273 ff.).

Fatalistischer Suizid
Vom *fatalistischen Suizid* schreibt Durkheim nur in einer kurzen Fußnote. Es handelt sich um das Gegenteil des *anomischen Suizids*. Die Betroffenen sind überreglementiert, haben keinen Einfluss auf die Geschehnisse – z. B. in Gefängnissen – und entziehen sich den auferlegten Zwängen durch Suizid (ebd., S. 318).

Suicid pact
Eine besondere Form des Suizids – über den Durkheim allerdings nicht berichtet – ist der *Suicid pact*[49], ein verabredeter und gemeinschaftlicher Suizid von mindestens zwei Personen oder einer Gruppe. Vorbild dazu war der gemeinsame Suizid des zu Lebzeiten sehr bekannten Dichters Heinrich von Kleist und seiner Geliebten Henriette Vogel. Die Öffentlichkeit wurde durch die spektakuläre Tat des gemeinsamen Suizids (1811) auf die Tragik der Schicksale der Suizidenten aufmerksam gemacht (Großes Lexikon der Bestattungs- und Friedhofskultur 2010, S. 419).

Doppelsuizid
Der *Doppelsuizid* wird von Durkheim ebenfalls nicht behandelt. Es geht um eine von zwei Menschen gemeinsam durchgeführte Selbsttötung. Diese ist heute bei Jugendlichen in Japan relativ häufig und wird in einen Zusammenhang mit hohem Leistungsdruck in Schule, Sport und Beruf gebracht. Das klassische Motiv ist die „verbotene", z. B. durch ständische oder kirchliche Regeln oder Gruppennormen unterbundene Liebe zweier Menschen. Ein berühmtes historisches Beispiel ist der Doppelsuizid des österreichischen Kronprinzen Rudolph von

---

[49]Der Begriff wurde durch die angloamerikanische Forschung eingeführt. Der gemeinsame Liebestod wird als *Love pact suicide* bezeichnet (Großes Lexikon der Bestattungs- und Friedhofskultur 2010, S. 419).

Habsburg und seiner Geliebten Maria Vetsera.[50] Das Problem, dass in beiden Fällen zu einem tragischen Ende führte, war die Unvereinbarkeit gesellschaftlicher Normen mit individuellen Glücksvorstellungen (Großes Lexikon der Bestattungs- und Friedhofskultur 2010, S. 102).

Massensuizid
Vom *Massensuizid* oder *kollektivem Suizid* wird gesprochen, wenn eine größere Gruppe von Menschen sich gleichzeitig aus demselben Motiv heraus tötet. Das bekannteste historische Beispiel ist die Selbsttötung einer Gruppe von Juden, die sich im Jahre 73 n. Chr. auf der Festung Massada im Toten Meer vor den römischen Besatzungstruppen verschanzt hatte. Nach 16tägiger Belagerung in aussichtsloser Lage nahm man sich gemeinschaftlich das Leben. In der deutschen Geschichte ist der Massensuizid der 900 Einwohner des Dorfes Demmin in Ostpreußen während der letzten Tage des Zweiten Weltkriegs als erschütterndes Ereignis in Erinnerung geblieben. In der jüngeren Geschichte sind es oft Sektenmitglieder, die gemeinsam in den Tod gehen, so z. B. die sog. Sonnentempler 1994, 1995 und 1997 in Frankreich, Kanada und der Schweiz. Die Motive unterscheiden sich. Bei den letzten Beispielen ist auf Glaubensfanatismus zu schließen (Großes Lexikon der Bestattungs- und Friedhofskultur 2010, S. 294.)

Institutionalisierung des Suizids
Durkheim berichtet darüber, wie gesellschaftliche Zwänge Mitglieder oder Gruppen der Gesellschaft zum Suizid veranlassen können. Auf der Insel Cheo kamen einst Männer zusammen, welche ein bestimmtes höheres Alter überschritten hatten. Nach einem Festmahl, auf dem sich die Alten mit blumenbekränzten Köpfen zeigten, hatten sie den tödlich wirkenden „Schierlingsbecher" zu trinken. Offenbar wollten die Bewohner von Cheos nicht auf den natürlichen Tod warten, bzw. ihren jüngeren Stammesangehörigen dieses nicht zumuten. So schufen sie eine Institution, um den Suizid der Alten und Nutzlosen moralisch zu erzwingen (Baumann 2001; Durkheim 1983, S. 243 f.).

Suizidmethoden
Es gibt verschiedene Klassifikationen zur Differenzierung der *Suizidmethoden*. Darin wird zwischen „weichen" und „harten" unterschieden. Der ersten Gruppe werden Tabletten und Drogen zugeordnet, weiterhin Vergiftungen jeglicher Art.

---

[50]Das Ereignis von 1889 ist als „Legende von Mayerling" in die Geschichtsbücher eingegangen. Vgl. http://www.mayerling.de/.

Harte Methoden sind: Erhängen, Erschießen, Ertrinken, Zufügen tiefer Schnitte, Sturz aus der Höhe oder einem in Bewegung befindlichen Gegenstand. Die Anwendung einer dieser Methoden führt meist zu körperlicher Versehrtheit.

Suizid in Korrelation mit Alter und Geschlecht
Der Suizid ist ein männlich dominiertes Phänomen. 75 % aller Suizidenten sind Männer.[51] Bei den Suizidversuchen (also fehlgeschlagenen Suiziden) sind Frauen in der Mehrzahl. Hinreichende Erklärungen dafür sind nicht bekannt. Vermutlich wirken durch lebenslange Sozialisation vermittelte geschlechtsspezifische Rollenerwartungen. Ebenso wenig ist geklärt, warum verheiratete Männer sich häufiger das Leben nehmen als ledige. Weiterhin ungeklärt ist, warum seit 2006 die Zahl der männlichen *Suizidtoten* steigt, die der weiblichen dagegen sinkt.[52] Anzunehmen ist, dass bestimmte Phasen im Lebenslauf[53] unterschiedliche Affinitäten zum Suizid bedingen (Kohli 1985).[54] In der Altersgruppe der 15–45 jährigen gibt es eine relativ hohe durch Suizide verursachte Sterblichkeit (Rübenach 2007, S. 966).[55] Im hohen Alter steigt die Suizidsterblichkeit nach vorherigem Rückgang wieder an. Dies vorrangig bei Männern. Das Motiv entsteht im Alter vermutlich aus erlittener Multimorbidität und/oder dem Empfinden von Einsamkeit (vgl. Abschn. 2.5.6).[56]

Der Suiziddiskurs im Einflussbereich der Kirche
Der Suizid wird noch immer nicht vorurteilsfrei diskutiert. (Feldmann 2013, S. 17). Anteil daran haben die Kirchen. Bis heute gilt das „Hand-an-sich-legen" als sündige Tat, da sie die „Ehrfurcht vor dem von Gott geschenkten Leben" verletze.[57] Bis ins 19. Jahrhundert hinein war der *Selbstmordversuch* in den christlich geprägten Zivilisationen eine Straftat und noch im 20. Jahrhundert folgte dem Suizid eine diskriminierende Form der Bestattung. Dazu wurden die sterblichen

---

[51]Vgl. https://sciencefiles.org/2011/09/13/suizid-ist-mannlich-ursachen-sind-strukturell/.

[52]Vgl. ebd.

[53]Lebensphasen sind nicht nur biologisch determiniert, sondern auch soziokulturell (vgl. Kohli 1985).

[54]Vgl. Goethes legendären Roman „Die Leiden des jungen Werther" (1774).

[55]Die Suizidrate von Jugendlichen im „Werther-Alter" ist rückläufig (vgl. Abschn. 2.5.6).

[56]Einen „Baustein" für eine umfassende Suizidtheorie hat Feldmann (2017) vorgelegt.

[57]Die Ablehnung des Suizids, nach wie vor auch seitens der Kirchen, ist im Herbst 2014 durch eine öffentlich gemachte Debatte um die Frage der Legalisierung *der aktiven Sterbehilfe* bzw. der Hilfe zur Selbsttötung durch ärztliche Assistenz (z. B. durch Übergabe eines Barbiturats) abermals deutlich geworden (vgl. Abschn. 2.9).

2.4 Grenzfälle des Todes

Überreste des Suizidenten im Rahmen eines „Eselsbegräbnisses" jenseits der Friedhofsmauern beigesetzt (Bestattungskultur 2014, S. 33).[58] Ein christliches Begräbnis und damit die Aussicht auf das „Himmelreich" waren dem Delinquenten verwehrt.

Dabei gilt der Suizid „erst" seit dem frühen Mittelalter aus Sicht der Kirche als Sünde. Eine klare Ablehnung lässt sich in der Bibel nicht finden. Neben den beiden inhaltlich voneinander abweichenden Berichten im Neuen Testament über den Tod des Christus-Verräters Judas, der sich suizidierte (Matthäus 27,5; Apostelgeschichte 1,18, Die Bibel 1985), sind es ausschließlich Märtyrer, die für ihren Glauben in den selbst gewählten „altruistischen Opfertod" (Sörries 2007, S. 97) gehen. Maßgeblich für die spätere negative Konnotation des Suizids ist die Doktrin des Kirchenvaters Augustinus (354–430 n. Chr.) (Minois 1996, S. 48). Er begründet die Ablehnung des Suizids mit dem fünften Gebot der Bibel, also dem allgemeinen Tötungsverbot:

> Für den Christen gibt es keine Lage, die ihn zum Selbstmord ermächtigt [...]. Das Gebot gilt immer dem Menschen – dem anderen und sich selbst [...] denn wer sich selbst tötet, tötet immer einen Menschen [...]! (Civ. I, 2007, S. 20).

Suizid in anderen Religionen

Alle abrahamitischen Religionen verbieten den Suizid. Das gilt heute grundsätzlich auch für Hinduismus und Buddhismus. In der Vergangenheit wurden in hinduistisch geprägten Kulturen Witwen verbrannt. Dafür gibt es den indischen Begriff *Sati*. Zumindest zeitweilig sollen sie freiwillig ihren Männern in den Tod gefolgt sein. 1829 wurden die Verbrennungen durch die britischen Kolonialherren verboten.[59]

Gegenwärtig spielt der *Märtyrertod* im Umfeld eines religiös sich legitimierenden Terrorismus eine wichtige und für die Bevölkerung bedrohliche Rolle. So berufen sich Attentäter zur Rechtfertigung ihrer Gewalttaten auf ihren Glauben. Aus Sicht der westlich-säkularisierten Kultur als „Selbstmordattentäter" bezeichnete Terroristen verstehen sich selbst als Märtyrer und erwarten als

---

[58]Ein unehrenhaftes Begräbnis widerfuhr auch Verbrechern und Gotteslästerern auf Geheiß der Kirchenordnungen im 16. Jahrhundert. Ihnen war das Seelenheil verwehrt. Allerdings gab es nach Prüfung auch Ausnahmen (Düsseler 2007, S. 256).
[59]Vgl. http://www.spiegel.de/einestages/witwen-in-indien-xavier-zimbardo-dokumentiert-revolution-a-1086504.html.

"Lohn" für ihre Tat, die ja den eigenen Tod oft zur Folge hat, im „Jenseits" „paradiesische Freuden" (Sörries 2007, S. 97).

Der Suizid in der Literatur
Zu Beginn des bürgerlichen Zeitalters war es der junge Goethe, der Autor des „Sturm und Drang", der mit seinem berühmten 1774 erschienenen Roman „Die Leiden des jungen Werther" (2001) eine bis heute polarisierende Grundlage für die Auseinandersetzung mit dem Suizid schuf. Es gab eine Reihe von Nachahmungstaten (Fischer 2001, S. 27) und der Roman löste eine Auseinandersetzung mit dem Suizid aus, die zu einer differenzierteren Bewertung führte. Sogleich entstand allerdings eine Überhöhung in Gestalt einer „Ästhetisierung und Psychologisierung" des Phänomens (Baumann 2001, S. 43). 1972 griff der DDR-Schriftsteller Ulrich Plenzdorf mit seinem Roman „Die neuen Leiden des jungen W." das Thema unter großer öffentlicher Beachtung (1976 verfilmt) auf.[60]

Ansätze eines Wandels in der Bewertung des Suizids
Inzwischen gibt es Ansätze zu einer Versachlichung des *Suiziddiskurses* (Feldmann 2008, S. 171 ff.). Grund sind u. a. die Konsequenzen, die durch moderne Medizin und Medizintechnik für das menschliche Leben eröffnet werden. Der Tod lässt sich heute im Fall einer unheilbaren Krankheit oder nach einem schweren Unfall u. U. über Jahre hinauszögern (vgl. Abschn. 2.9.1). Der Patient wird häufig zum Pflegefall, ist angewiesen auf ständige Betreuung, unfähig zu eigenen Entscheidungen, Willensäußerungen und körperlicher Mobilität. Die weiter voranschreitende *Demografische Alterung*, d. h. die starke Zunahme von *Hochaltrigkeit*[61] und damit verbunden der Pflegebedürftigkeit, haben zu Fragen nach der Würde des Menschen und dem Recht auf ein selbstbestimmtes Sterben geführt. Verständnis wird inzwischen häufiger Suizidenten entgegengebracht, die sich in einer ausweglos erscheinenden sozialen Situation befanden, z. B. in der Folge von Mobbing, Depression, Überschuldung, Krankheit usw. (Sörries 2007, S. 97 ff.).

Umstritten sind in Deutschland die Thesen des australischen Moralphilosophen Peter Singer. Er holt den Euthanasiebegriff in die Debatte zurück und hält

---

[60]Das Phänomen der Nachahmung war erneut in den 1980er Jahren zu beobachten, als im westdeutschen Fernsehen eine dokumentarische Serie mit dem Titel: „Tod eines Schülers" ausgestrahlt wurde. Vgl. http://www.psychosoziale-gesundheit.net/pdf/werther_faust.pdf.

[61]Der Anteil von Menschen, die 80 Jahre und älter sind, betrug 1950 1 % der Bevölkerung, 2010 5 % und wird 2050 auf 13 % angewachsen sein. Vgl. https://www.demografie-portal. de/SharedDocs/Informieren/DE/ZahlenFakten/Bevoelkerung_ueber65_ueber80.html.

das schmerzlose Töten u. U. für ethisch geboten. Dazu unterscheidet er zwischen *freiwilliger Euthanasie* (Töten auf Verlangen) und der *unfreiwilligen Euthanasie*. Letztere ist geboten, wenn die Betroffenen selbst nicht in der Lage sind, die eigene Situation zu begreifen bzw. sich deren Zustimmung vermuten lässt (Singer 2013).

2.4.3 Der halbierte Tod

Viele Kulturen und Religionen teilen in Körper, Leib und Seele. Während das Tier über einen materiellen Körper verfügt, hat der Mensch einen Leib, die Hülle für die Seele ist. Dem Leib werden die Merkmale des Verwerflichen und Vergänglichen zugeschrieben, der Seele dagegen das „Reine" und „Unsterbliche" unterstellt.[62] Diese Konstellation wird auch als „Leib-Seele-Dualismus"[63] bezeichnet. Der Tod schlägt nur den Leib, nicht aber die Seele. Letzterer ist ein unendliches Leben beschieden. Nennen wir diesen Tod deshalb den „halbierten Tod".

2.4.4 Der entmachtete Tod

Der „Sieg über den Tod" ist zentraler Inhalt in den monotheistischen Religionen. Die abrahamitischen Religionen versprechen dem gläubigen und – wegen seiner Sündhaftigkeit – notwendig reumütigen Menschen, die Wiedergeburt oder Auferstehung am „Jüngsten Tag" (auch: „Jüngstes Gericht"). Im Islam geht es um die Auferstehung der Seele, im Christentum um die Wiedervereinigung von Leib und Seele (Reintjens-Anwari 1996, S. 169 ff.).[64] Damit ist dem Tod der „Stachel gezogen". Für den „reumütigen Sünder" ist er nur mehr ein „Übergang", eine „Reise", oder „Verwandlung" hin zum „ewigen Leben". Dem Todesereignis wird damit der Grund zur Traurigkeit genommen. Es markiert keine Endgültigkeit. Der Tod ist entmachtet. In den fernöstlichen Religionen (Buddhismus und

---

[62]Die Vorstellung von der Unsterblichkeit des Menschen ist in vielen Religionen verbreitet. Im Judentum spielte sie zunächst keine Rolle (von Barloewen 1996).
[63]Vgl. http://www.philosophie-woerterbuch.de/online-woerterbuch/?tx_gbwbphilosophie_main%5Bentry%5D=250&tx_gbwbphilosophie_main%5Baction%5D=show&tx_gbwbphilosophie_main%5Bcontroller%5D=Lexicon&cHash=a00cbb4677a4b4de5dc955a9d8cbf123.
[64]Im Judentum kam der Unsterblichkeit zunächst keine Bedeutung zu.

Hinduismus) ist die *Reinkarnation (Wiederverleiblichung)* das Äquivalent. Der tote Körper wechselt seine Seinsform und nimmt erneut Körperlichkeit in Form eines anderen Wesens an (vgl. Kap. 1).

2.5 Todesursachen

2.5.1 Determinanten der Sterblichkeit

Der Tod hat viele Ursachen. Doch, so natürlich der Tod auch ist, stets ist er gerahmt von gesellschaftlichen Bedingungen. Das zeigt sich z. B. an der Verdoppelung der Durchschnittlichen Lebenserwartung in kaum mehr als einem Jahrhundert (vgl. Abschn. 2.1.2; ausführlich: Kap. 3). Auch die Differenz der Durchschnittlichen Lebenswartung zwischen Frauen und Männern ist zum Teil durch kulturelle Faktoren bedingt (vgl. Abschn. 3.1). Ein Beispiel ist der Anstieg der Durchschnittlichen Lebenserwartung in den neuen Bundesländern nach 1990, also einhergehend mit der Transformation der ehemals sozialistischen Gesellschaft in demokratisch-partizipative Strukturen (Diehl 2008, S. 89 ff.). Die Durchschnittliche Lebenserwartung differiert abhängig von Familienstand, Bildung, Beruf, ethnischer Herkunft, Wohnregion u. a. Die Ausübung des Berufs des Dachdeckers oder des Gerüstbauers beispielsweise wirkt sich im Vergleich mit dem des Lehrers oder Verwaltungsangestellten wegen der höheren Gefahrenpotenziale negativ auf die Durchschnittliche Lebenserwartung aus. Weitere Einflussfaktoren sind Bildung, Einkommen und die Nutzung bzw. Nichtnutzung von Gesundheitsdienstleistungen (Gärtner 2002, S. 185 ff.; Robert-Koch-Institut 2014, S. 2).

Natürliche und nichtnatürliche Todesursachen
Die Todesursachenstatistik unterscheidet zwischen *natürlichen* und *nichtnatürlichen Todesursachen*. Bei der ersten Gruppe sind Krankheiten der Grund zu sterben, bei der zweiten sind es Verletzungen und Vergiftungen. Vielleicht überraschend: lediglich 3,9 % aller Todesfälle in Deutschland wurden 2015 durch nichtnatürliche Faktoren verursacht (Statistisches Bundesamt 2015, S. 3). Hierin sind Unfälle, Suizide und Gewaltverbrechen mit tödlichem Ausgang enthalten.

Validität der Daten
Woran sterben heute die Menschen in Deutschland? Die Daten der Sterbestatistik spiegeln nur scheinbar Genauigkeit wider. Die Basis des Materials ist der *Totenschein*, der von einem Arzt ausgefüllt wird. Da in den meisten Fällen keine

Obduktion des Toten vorgenommen wird, kann nur von einer mit hoher Wahrscheinlichkeit angenommen Todesursache ausgegangen werden. Aber auch dann, wenn obduziert wird, geraten die präziseren Daten nicht immer in die Statistik. Außerdem liegt bei hochbetagt Verstorbenen oft *Multimorbidität* vor, sodass der Eintritt des Todes durch das Zusammenwirken mehrerer Faktoren verursacht wird. Letztlich variieren in der Fachliteratur die Einschätzungen der Verlässlichkeit der Daten (Wittwer-Backofen 1999, S. 207).

2.5.2 Todesursachenstatistik als „Zivilisationsbarometer"

Eine *Todesursachenstatistik* ist aus vielerlei Gründen nützlich. Neben medizinischer sowie rechtlicher und versicherungstechnischer Bedeutung gibt sie Auskunft über die Lebensbedingungen und -chancen, also den Entwicklungsstand einer Gesellschaft.[65] Bis ins 18./19. Jahrhundert hinein starben Menschen zumeist an ansteckenden Krankheiten, wobei besonders Kinder und Alte, die über weniger Immunkräfte verfügten, gefährdet waren. Erst 1980 wurde das Verschwinden der Grippe als einstmals relevante Todesursache in Deutschland wahrgenommen (Luy 2004, S. 5). Viele Frauen ereilte oft während der Schwangerschaft im sog. „Wochenbett" durch das „Kindbettfieber" der Tod. Sie hatten damals eine niedrigere Durchschnittliche Lebenserwartung als Männer. Einen wichtigen Beitrag für den Zuwachs an Jahren lieferten die Fortschritte der Forschung und deren praktische Auswirkungen auf das Alltagsleben.

Um alt, gar sehr alt zu werden, muss man heute nicht „gesund" sein. Die Bevölkerungen der Länder der westlichen Zivilisation und Teilen anderer Kontinente lebten von 1945 bis heute zumeist friedvoll. Sie verfügen – wenn auch ungleich verteilt – über eine zumindest ausreichende Versorgung mit Nahrung und Trinkwasser; die Einhaltung von hygienischen Standards und Normen ist in der Regel gesichert und es besteht ein System gesundheitlicher Versorgung und Vorsorge. In vielen Ländern besteht eine auch für Angehörige unterer Einkommensgruppen bzw. Einkommenslose Möglichkeit Krankheitsrisiken abzusichern. Nicht zu unterschätzen ist ein ausgeprägtes Gesundheitsbewusstsein, zumeist allerdings bei den Angehörigen der sog. höheren und gebildeten Schichten verbreitet, welches sensibilisiert für eine gesündere und Risiken meidende Lebensweise. Zu beachten sind die Gewinninteressen in der

---

[65]Das gilt beispielsweise für Arbeitsunfälle mit tödlichem Ausgang.

Marktgesellschaft. Gesundheitsdienstleistungen erfreuen sich – auch wegen der Demografischen Alterung – wachsender Nachfrage und sind ein wichtiger und rasch expandierender Wirtschaftssektor geworden.[66]

2.5.3 Häufigste Todesursachen

Todesursache Alter
Haupttodesursache ist heute das Alter, genauer: das hohe Lebensalter. Von den 925.200 in Deutschland im Jahre 2015[67] Verstorbenen war annähernd die Hälfte der verstorbenen Frauen und ein Viertel der verstorbenen Männer 85 Jahre alt und älter.[68] Das war nicht immer so. Noch bis in das 19. Jahrhundert hinein verstarb die Hälfte der Menschen ohne erwachsen geworden zu sein (vgl. Abschn. 3.4).

Häufigste Todesursache in Deutschland war 2015, wie schon in den Vorjahren, für 39 % der Verstorbenen ein Versagen des Kreislaufsystems. 92 % der Betroffenen waren mindestens 65 Jahre alt. Ein Viertel erlag bösartigen Neubildungen (volkstümlich: Krebs). An Krankheiten des Atmungssystems verstarben 7,4 %, an Erkrankungen des Verdauungssystems 4,3 %. Infolge von psychischen Erkrankungen und Verhaltensstörungen kamen 4,8 % zu Tode. Für nichtnatürliche Todesursachen, wie Verletzungen, Vergiftungen u. a. lag der Anteil nur bei 3,9 % aller Verstorbenen (Statistisches Bundesamt 2015, S. 3). Absolute Zahlen zu den häufigsten Todesursachen liefert Abb. 2.3. Abb. 2.4 zeigt eine Differenzierung nach Unfallart.

2.5.4 Wandel der Todesursachen

1950 starb ein Fünftel (20,9 %) an Kreislauferkrankungen. Von Neubildungen mit tödlichem Ausgang waren im selben Jahr 17,8 % betroffen (Luy 2004, S. 19). Danach gab es jeweils einen beträchtlichen Anstieg.

---

[66]Die „Gesundheitswirtschaft" gilt inzwischen als „Jobmotor" des Arbeitsmarktes. Unterschiedlichen Schätzungen zu Folge ist derzeit jeder achte Erwerbstätige in diesem Bereich tätig. Vgl. https://www.bundesgesundheitsministerium.de/themen/gesundheitswesen/gesundheitswirtschaft/gesundheitswirtschaft-als-jobmotor.html.
[67]Vgl. https://de.statista.com/statistik/daten/studie/156902/umfrage/sterbefaelle-in-deutschland/.
[68]https://www.destatis.de/DE/PresseService/Presse/Pressemitteilungen/2017/01/PD17_022_232.html.

2.5 Todesursachen

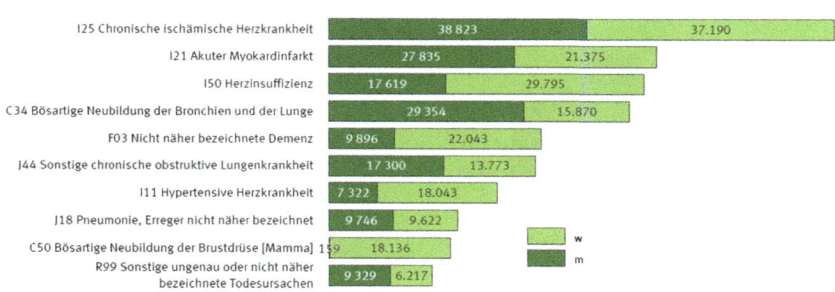

Abb. 2.3 Häufigste Todesursachen in Deutschland (2015). (Quelle: Statistisches Bundesamt 2015, S. 4)

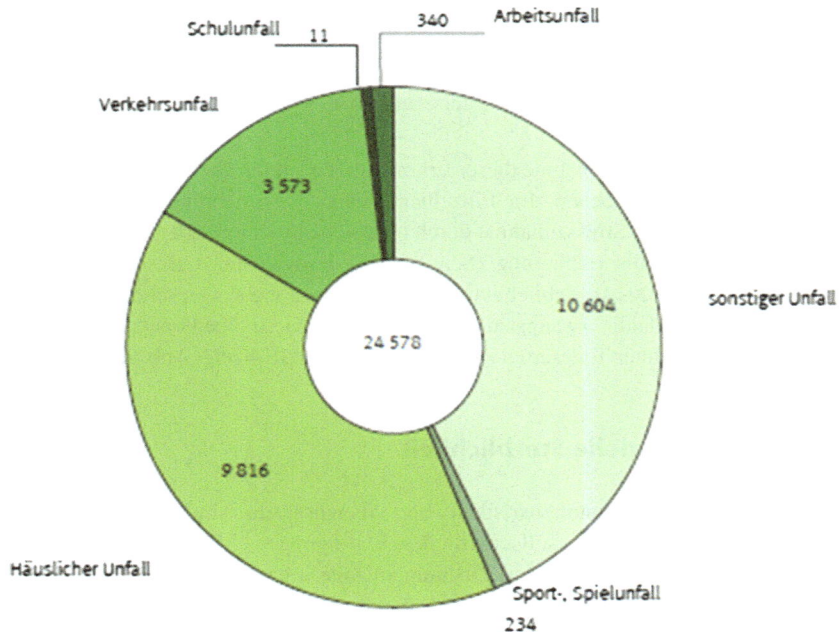

Abb. 2.4 Todesfälle nach Unfallkategorien in Deutschland (2015). (Quelle: Statistisches Bundesamt 2015, S. 4)

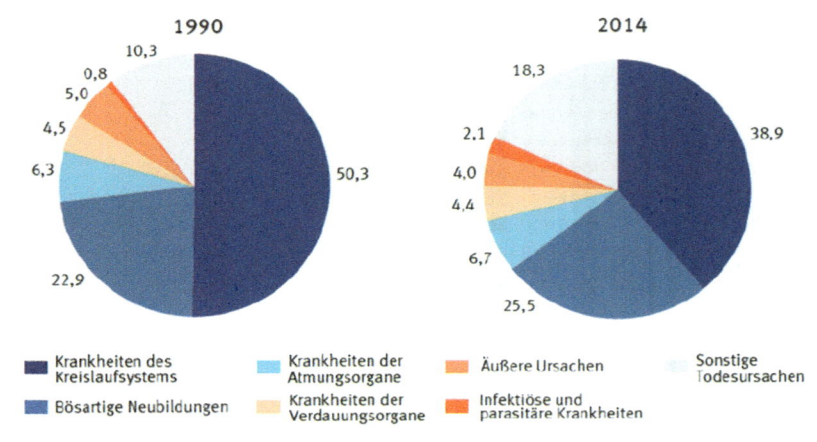

Abb. 2.5 Entwicklung ausgewählter Todesursachen in Deutschland (1990 und 2014). (Quelle: Bundesinstitut für Bevölkerungsforschung 2016, S. 36)

Die Gründe für die Zunahme dieser Erkrankungen sind in sozialen Bedingungen und der Umwelt zu suchen. Im Einzelnen: geänderte Ernährungsgewohnheiten, gesteigerte Mobilität, Stresszunahme durch berufliche Situation, aber auch intensive Freizeit- und Erlebnisorientierung (Schulze 2000) sowie eine „Beschleunigung" des Lebens (Rosa 2014). Schließlich erreichen immer mehr Menschen ein hohes Lebensalter und damit zwangsläufig ein erhöhtes Gesundheitsrisiko. Die Veränderung ausgewählter Todesarten zwischen 1990 und 2014 zeigt Abb. 2.5.

2.5.5 Differenzielle Sterblichkeit

Lebenserwartung, Gesundheitsrisiken und -bewusstsein sind abhängig, wie mehrfach dargelegt, von gesellschaftlichen Bedingungen. Mit dem Begriff *Differentielle Sterblichkeit* werden Zusammenhänge zwischen sozial relevanten Merkmalen – z. B. einer körperlich belastenden Arbeit, und/oder dem Wohnen in einem verkehrsbelasteten Stadtgebiet – und dem Todesalter bzw. der Todesursache dargestellt (Wittwer-Backofen 1999, S. 46 ff.).

Geschlecht und Sterblichkeit

Verknüpfungen bestehen nicht allein, wie oben gezeigt wurde, zwischen Geschlecht und Lebenserwartung, sondern auch hinsichtlich bestimmter todbringender

Erkrankungen. Geschlecht ist aber keine eindeutig biologisch determinierte Kategorie. Vielmehr handelt es sich bei zahlreichen Merkmalen um kulturell bedingte Zuschreibungen. Rollenerwartungen – und nicht die biologische Konstitution eines Menschen – können ein Grund sein, dass Frauen andere Berufe ausüben als Männer. So sind Frauen häufiger in Pflege- und in Erziehungsberufen tätig, Männer mehr in technischen.[69] Abb. 2.6 zeigt den Zusammenhang zwischen Geschlecht und Todesursachen. Die Häufigkeit einiger Krankheiten mit Todesfolge differiert zwischen den Geschlechtern. Bei der Interpretation ist zu bedenken, dass die Ursachen oft dem sozialen und nicht dem biologischen Geschlecht zuzuordnen sind. Man beachte z. B. die deutlich höhere Häufigkeit bei Lungen- und Bronchialkrebs aufseiten der Männer vor dem Hintergrund, dass Nikotinkonsum aufgrund von Rollenzuschreibungen bis vor wenigen Jahrzehnten eine Domäne der Männer war.

Lebensalter und Unfallrisiko
Auch im jüngeren Lebensalter sind spezifische Todesursachen zu beobachten. So sind in tödlich verlaufende Verkehrsunfälle überproportional viele Jugendliche und junge Erwachsene verwickelt. Während bis zum Alter von 15 Jahren als langfristiger Trend eine Reduktion des Sterberisikos zu beobachten ist, die fast auf den Wert Null zugeht, erhöht sich bis 18 die Sterblichkeit durch Verkehrsunfälle deutlich.

Bereits in der zweiten Hälfte der 1960er Jahre war es zu einer zeitweiligen Erhöhung der Sterblichkeit bei den 15–19 jährigen gekommen. Inzwischen weist die Altersgruppe der 15–25 jährigen ein nochmals erhöhtes Unfalltodesrisiko auf (Luy 2004, S. 9 f.). Das Todesrisiko Unfall wird durch die Altersgruppe der über 85 jährigen jedoch noch übertroffen. Der Unfalltod bedroht die Alten allerdings stärker im Haushalt, während die Jungen auf der Straße sterben (Statistisches Bundesamt 2015, S. 38).

Geschlecht und Unfallrisiko
Deutlich differiert die Zahl der *Verkehrstoten* zwischen den Geschlechtern. 2010 starben 2651 Männer in der Folge von Verkehrsunfällen gegenüber 997 Frauen (Deutscher Ethikrat 2012).

---

[69]Der Begriff soziale Rolle kann definiert werden als Bündel von Erwartungen der Gesellschaft an das Individuum. Soziale Rollen werden während der lebenslänglichen Sozialisation erlernt (Kopp und Steinbach 2016, S. 290 ff.).

Häufigste Todesursachen 2015
in Tsd.

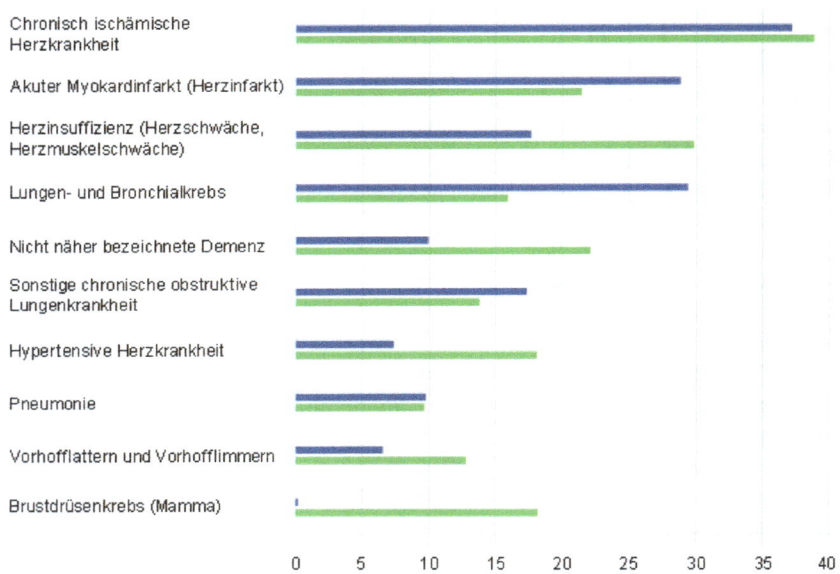

Abb. 2.6 Häufigste Todesursachen nach Geschlecht (2015). (Quelle:https://www.destatis. de/DE/ZahlenFakten/GesellschaftStaat/Gesundheit/Todesursachen/Todesursachen.html)

Todesursache Armut: „Reiche" leben länger
Hunger und Mangelernährung gehören weltweit noch heute zu den Haupttodesursachen. Und das, obwohl die Menschen in den Ländern der westlichen Zivilisation gegenwärtig nicht mehr von Missernten oder den Folgen fehlender Anbauflächen aufgrund ungerechter Landverteilung und Umweltzerstörung betroffen sind. Nach wie vor sind es kriegerische Konflikte, die zahlreiche Folgen – z. B. fehlendes Obdach oder schlechte Hygiene und mangelhafte

2.5 Todesursachen

Tab. 2.2 Lebenserwartung nach Einkommen (1984–1997). (Quelle: Reil-Held 2000, S. 24)

Relative Einkommensposition im Beobachtungszeitraum (Quartil der Einkommensverteilung)	Lebenserwartung Männer	Lebenserwartung Frauen
1. Quartil	77	82
2. Quartil	82	85
3. Quartil	81	84
4. Quartil	83	86

ärztliche Versorgung – vor allem für die arme Bevölkerung nach sich ziehen (vgl. Abschn. 2.2).

Zwischen Armen und Reichen[70] gibt es deutliche Mortalitätsdifferenzen. Forschungsergebnisse aus Deutschland zeigen, dass das Mortalitätsrisiko bei Menschen, deren Einkommen unterhalb der Armutsrisikogrenze liegt, um das 2,4-Fache (Frauen) bzw. 2,7-Fache (Männer) höher ist als bei der höchsten Einkommensgruppe. Nur ein deutlich kleinerer Anteil der Einkommensarmen, im Vergleich mit den von Armut nicht Betroffenen, erlangt das 65. Lebensjahr (Robert-Koch-Institut 2014, S. 2). Menschen, die ein höheres Lebensalter als die Durchschnittliche Lebensdauer erreichen, verfügen über ein etwa 10 bis 15 % höheres Einkommen (Reil-Held 2000, S. 15). Die Durchschnittliche Lebenserwartung von Männern im unteren Einkommensquartil liegt um sechs Jahre unter jenen, die sich im obersten Quartil[71] befinden. Bei Frauen beträgt die Differenz sogar acht Jahre (ebd., S. 24). Die Abhängigkeit der Lebenserwartung von der Einkommenshöhe für den Zeitraum 1984–1997 zeigt Tab. 2.2.

Todesursache Beruf

Die Ausübung eines Berufs ist mit unterschiedlichen Gefahren verbunden. Dies hat Auswirkungen auf die Durchschnittliche Lebenserwartung. Zu unterscheiden ist zwischen direkten und indirekten Faktoren. Unter dem ersten Aspekt sollen die Gefährdungen im Arbeitsleben verstanden werden, z. B. bei der Bedienung einer Maschine oder durch Geräusch- und Schadstoffemissionen oder psychische

---

[70] Armut und Reichtum werden hier an der Einkommenshöhe bzw. der Armutsgrenze festgemacht (Geißler 2014, S. 229 ff.).
[71] Ein Quartil bezeichnet das Viertel einer Gesamtheit. Das erste Quartil verfügt in der Tabelle über das geringste Einkommen, das vierte Quartil über das höchste.

Belastungen (Tempo, Konzentration). Der zweite Aspekt fokussiert das unterschiedliche Vorhandensein von Bildung und Einkommen und damit einhergehend differenzierte Lebensweisen, wovon Einfluss auf Gesundheit und Lebenserwartung ausgeht. Tab. 2.3 zeigt eine Liste der 25 gefährlichsten Berufe auf der Datenbasis von Versicherungsunterlagen. Der Prozentsatz gibt den Anteil der Versicherten an, die nicht regulär in den Genuss der *Altersrente* kommen werden, sondern *Erwerbsminderungsrente* beziehen.

Todesursache Wohnregion
Zu den *Sterblichkeitsdeterminanten* zählen Wohnregion und Wohnsituation. Dies betrifft sowohl den aktuellen Lebensraum als auch die Herkunftsregion. So weisen Regionen mit starker Verkehrs- und/oder Umweltbelastung eine höhere allgemeine Sterblichkeit auf. Ein Vergleich zwischen der Bundesrepublik Deutschland und der DDR zeigt für die 1970/1980er Jahre eine höhere Mortalität in Letzterer. Dieser Unterschied ist weitgehend abgeschmolzen. Eine herabgesetzte Durchschnittliche Lebenserwartung gibt es gegenwärtig in den

Tab. 2.3 Die 25 gefährlichsten Berufe in Deutschland (2007–2009). (Quelle: Die Welt, 2011. [Vgl. http://www.welt.de/gesundheit/article13340680/Die-Rangliste-der-50-gefaehrlichsten-Berufe.html. Die Tab. wurde gegenüber der Vorlage gekürzt.])

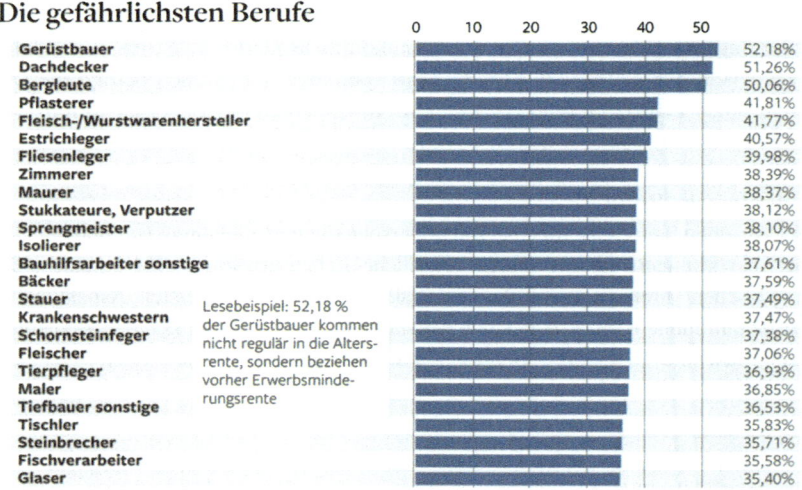

2.5 Todesursachen

altindustriellen Verdichtungsregionen (Berlin, Ruhrgebiet, Saarland). Die Differenzen zu den begünstigten Regionen, vor allem im Süden Deutschlands gelegen, betrugen in den 1970/1980er Jahren bis zu 30 % und streuten für Männer um 4, für Frauen um 2,5 Jahre. Damit korrespondiert, dass der Umfang der *vorzeitigen Sterblichkeit*[72] im Süden Deutschlands niedriger ist (Robert-Koch-Institut und Statistisches Bundesamt 2011, S. 17). Auch innerhalb großer Städte gibt es erhebliche Abweichungen (Robert-Koch-Institut 2014, S. 5).

Zu beachten ist, dass ein bloßer Vergleich von *Sterbefallzahlen* oder *Sterbeziffern* zwischen einzelnen Regionen in diesem Zusammenhang nicht aussagefähig ist, da der jeweilige Altersaufbau abweichen kann. Einfluss auf die Durchschnittliche Lebenserwartung haben außerdem Lebensstilmuster, Ernährungsgewohnheiten, Bildung und Einkommen (Robert-Koch-Institut und Statistisches Bundesamt 2011, S. 20).[73] Diese Einflussgrößen verteilen sich aber regional verschieden. Die vorzeitige Sterblichkeit nach Regionen ist in Abb. 2.7 dargestellt.

Regionale Herkunft und Sterblichkeit am Beispiel von Migranten in Deutschland
Die Einwanderung nach Deutschland erfordert im Zusammenhang von Sterblichkeit und Versorgung der Toten besondere Aufmerksamkeit. Diese Entwicklung ist bisher jedoch wenig erforscht worden, was u. a. mit der problematischen Datenverfügbarkeit begründet ist. Ein Problem ist, dass alle Sterblichkeitsanalysen für Deutschland die Todesfälle von Migranten, ungeachtet ihrer Staatsangehörigkeit und Herkunft, darstellen. Damit werden Besonderheiten, die mit dem Auswanderungsland und dortigen kulturellen und religiösen Faktoren, aber auch möglichen biologisch bedingten Ursachen zusammenhängen, nicht entdeckt.

Unter den 844.439 Sterbefällen in Deutschland des Jahres 2008 (Statistisches Bundesamt 2015, S. 5) waren laut amtlicher Statistik – Männer und Frauen zusammengerechnet – 19.664 Personen ohne deutschen Pass (Bundesamt für Migration und Flüchtlinge 2011, S. 228). Das ist ein Anteil von 2,3 % an allen Sterbefällen. Der Anteil von Ausländern an der Gesamtbevölkerung betrug im selben Jahr 8,3 % (ebd., S. 44).

---

[72]Der Begriff *vorzeitige Sterblichkeit* wird unterschiedlich definiert. Einerseits bezeichnet er ein Sterbealter unterhalb von 65 oder 70; andererseits unterhalb der Durchschnittlichen Lebenserwartung bei Geburt.
[73]Vgl. hierzu Hradil (2005, S. 65); Gärtner (2002, S. 185).

| | Lebenserwartung | | | | verlorene Lebensjahre (PYLL) von 1 – unter 65 Jahren pro 100.00 der Bevölkerung | |
| | bei Geburt | | mit 65 Jahren | | | |
	weiblich	männlich	weiblich	männlich	weiblich	männlich
Deutschland	82,40	77,17	20,41	17,11	1.590	3.066
Alte Bundesländer (einschl. Berlin-Ost)					1.587	2.934
Neue Bundesländer (ohne Berlin-Ost)					1.618	3.710
Abweichung der Länder zu Deutschland	in Jahren				in Prozent	
Schleswig-Holstein	-0,3	-0,1	-0,2	-0,1	5,0 %	1,1 %
Hamburg	-0,2	0,1	0,0	0,1	1,1 %	-8,1 %
Niedersachsen	-0,3	-0,4	-0,1	-0,1	7,4 %	2,5 %
Bremen	-0,5	-1,2	0,2	-0,1	29,5 %	20,2 %
Nordrhein-Westfalen	-0,6	-0,5	-0,3	-0,4	5,4 %	-1,9 %
Hessen	0,1	0,5	0,1	0,3	-6,1 %	-9,1 %
Rheinland-Pfalz	-0,4	-0,1	-0,2	-0,2	1,6 %	-5,6 %
Baden-Württemberg	0,9	1,4	0,6	0,8	-13,3 %	-15,3 %
Bayern	0,3	0,5	0,1	0,3	-4,4 %	-5,1 %
Saarland	-1,3	-1,4	-0,8	-1,0	10,9 %	10,4 %
Berlin	-0,4	-0,3	-0,2	0,1	4,2 %	4,4 %
Brandenburg	-0,4	-1,1	-0,6	-0,6	1,6 %	19,2 %
Mecklenburg-Vorpommern	-0,7	-2,0	-0,6	-0,8	7,6 %	33,6 %
Sachsen	0,3	-0,4	0,1	0,0	-4,1 %	13,1 %
Sachsen-Anhalt	-1,0	-2,1	-0,8	-1,1	8,9 %	30,5 %
Thüringen	-0,5	-1,3	-0,7	-0,8	0,4 %	18,3 %

Lebenserwartung mindestens 0,5 Jahre geringer	PYLL mindestens 5 % höher
Lebenserwartung mindestens 0,5 Jahre mehr	PYLL mindestens 5 % geringer

Abb. 2.7 Vorzeitige Sterblichkeit nach Regionen in Deutschland (Lebenserwartung bei Geburt und mit 65 Jahren) (2004–2006). (Quelle: Robert-Koch-Institut/Statistisches Bundesamt 2011, S. 17. Eigene Bearbeitung)

Migranten verfügen im Vergleich zur deutschstämmigen Bevölkerung über eine abweichende Sterblichkeit. Diese gleicht sich allerdings mit der wachsenden Verweildauer an die Aufnahmegesellschaft an. Anders als man aufgrund der durchschnittlich schlechteren sozialen Lage und einem weniger entwickelten Gesundheitsbewusstsein und -verhalten der Migranten erwarten könnte, ist die Durchschnittliche Lebenserwartung im Vergleich zur einheimischen Bevölkerung höher. Grund dafür ist entsprechend der *Healthy-Migrant-Hypothese* das niedrigere Lebensalter und die damit verbundene bessere Gesundheit der Migranten (ebd., S. 69, 78 ff.). Da diese zumeist aus weniger entwickelten Ländern nach Deutschland kommen, weisen sie auch eine geringere Disposition für sog. Zivilisationskrankheiten auf. Die Haupttodesursache für „Ausländer" war 2008

2.5 Todesursachen

auf Neubildungen zurückzuführen (ebd., S. 13).[74] Dabei wird als Grund eine häufige Identifizierung mit dem Bakterium „Helicobacter pylori" im Herkunftsland angenommen. Zu den hinsichtlich der Zahl der Betroffenen abweichenden Todesursachen gehört die Tuberkulose. Bei den über 65 jährigen „Ausländern" liegt sie um 100 % höher als bei Nichtmigranten (ebd., S. 62). Signifikant hinsichtlich ihrer Wirkung sind die Lebensgewohnheiten, die Migranten aus den unterschiedlichen Herkunftsgebieten mitbringen und die sie im Ankunftsland zunächst weiter praktizieren. Dazu gehören auch die Gesundheit benachteiligende Verhaltensweisen wie erhöhte Raucherquoten und ein forcierter Alkoholkonsum von Zuwanderern, etwa aus dem ehemaligen Jugoslawien, dem Ostblock und den arabischen Ländern (ebd., S. 64). Im Vergleich der Herkunftsgruppen gibt es erhebliche Unterschiede hinsichtlich der Todesursachen. Die Sterblichkeit von „Ausländern" zwischen 20 und 60 Jahren ist niedriger als jene von Deutschen derselben Altersgruppe. Die Durchschnittliche Lebenserwartung von männlichen „Ausländern" lag 2008 um 3,9 Jahre über jener der Deutschen. Bei den Frauen betrug die Differenz 2,2 Jahre. Bei älteren „Ausländern" (über 65) ist die Sterblichkeit höher als bei der einheimischen Bevölkerung. Der Abstand hat sich aber seit Anfang der 1980er Jahre kontinuierlich verringert (ebd., S. 146).

2.5.6 Künstlich bzw. gewaltsam herbeigeführter Tod

Schwangerschaftsabbrüche
Der frühzeitige Abbruch von Schwangerschaften führt i. d. R. zum pränatalen Tod. Unter einem *Schwangerschaftsabbruch* wird die medikamentös oder instrumentell eingeleitete bzw. durchgeführte Beendigung einer Schwangerschaft verstanden.[75] In der Bundesrepublik Deutschland kam es nach längeren Debatten 1976 zu einer Neufassung des sog. Abtreibungsparagrafen, dem §218 (StGB) *(Indikationsregelung)*. In der DDR wurde 1972 eine Legalisierung der *Fristenlösung* vorgenommen. Diese Reformen waren Teil eines Liberalisierungsprozesses, in dessen Folge es zu einem Anstieg der Schwangerschaftsabbrüche kam.[76]

---

[74]Untersuchungen zur Sterblichkeit von „Ausländern" sind mit vielen Problemen, u. a. hinsichtlich der Validität der Daten behaftet. Vgl. Bundesamt für Migration und Flüchtlinge 2011, S. 35, 103. Zu bedenken ist auch, dass sich Mortalitätsuntersuchungen von Migranten in der Regel auf die unter 65-jährigen wegen der z. Z. noch jüngeren Altersstruktur beschränken müssen (ebd., S. 73).
[75]Vgl. http://flexikon.doccheck.com/de/Schwangerschaftsabbruch.
[76]Vgl. http://uni-protokolle.de/Lexikon/Abtreibung.html#Rechtslage_in_Deutschland.

Die getroffenen Regelungen und die dazu geführte Debatte gehören zu dem kulturellen Rahmen, in den Tod und Sterben eingebettet sind. Die Liberalisierung des *Abtreibungsgesetzes* ist u. a. ein Beleg für den Rückgang des Einflusses der Kirche und traditioneller Normen und Standardisierungen.

Inzwischen ist die Zahl der Schwangerschaftsabbrüche rückläufig. 2014 wurden in Deutschland 98.500 Schwangerschaften abgebrochen. Das entspricht im Vergleich zu 1996 einem Rückgang um 24 % (Bundesinstitut für Bevölkerungsforschung 2016, S. 30). Das ist ein im internationalen Vergleich niedriger Wert. In Irland sind Abbrüche verboten, in Polen nur in medizinischen und kriminologischen Fällen erlaubt (ebd., S. 33). Den Vergleich einzelner Länder zeigt Abb. 2.8.

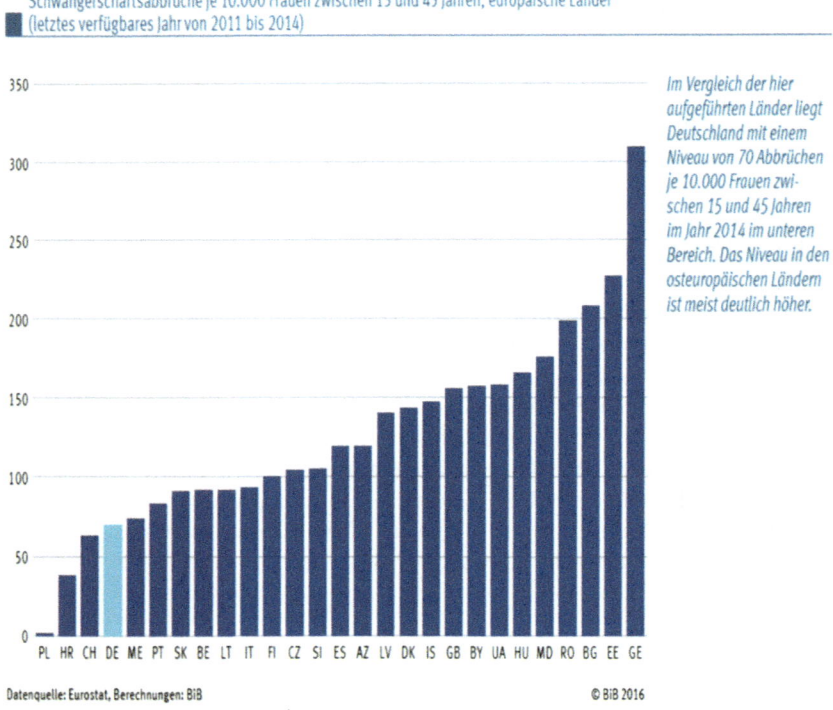

Abb. 2.8 Schwangerschaftsabbrüche je 10.000 Frauen zwischen 15 und 45 Jahren in europäischen Ländern (2011–2014). (Quelle: Bundesinstitut für Bevölkerungsforschung 2016, S. 33)

2.5 Todesursachen

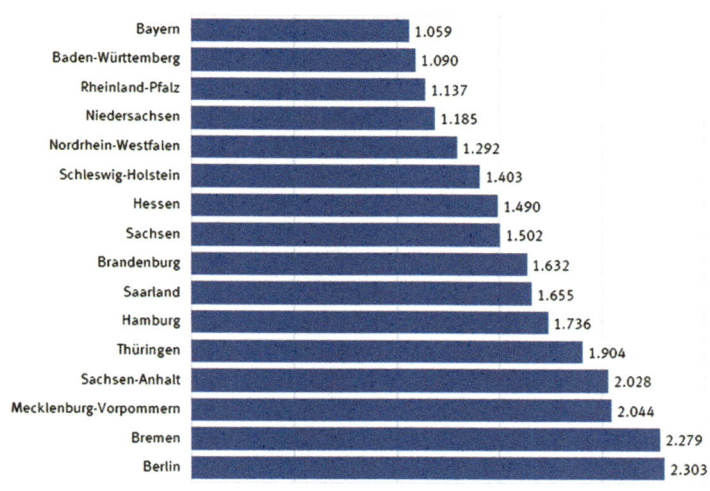

Datenquelle: Statistisches Bundesamt © BiB 2016

Abb. 2.9 Schwangerschaftsabbrüche je 10.000 Lebend- und Totgeborene nach Bundesländern (2014). (Quelle: Bundesinstitut für Bevölkerungsforschung 2016, S. 32)

Die Gründe, warum Frauen sich für einen Schwangerschaftsabbruch entscheiden, sind vielfältig und abhängig vom Alter und den Lebensbedingungen. Heute sind es in Deutschland im Wesentlichen zwei Gruppen von Frauen, die einen Abbruch vornehmen lassen, nämlich ledige junge und verheiratete ältere Frauen. Erhebliche Unterschiede gibt es im Vergleich verschiedener Regionen (vgl. Abb. 2.9).

Tötung künstlich erzeugten ungeborenen Lebens
Im Fall einer künstlichen Befruchtung *(In-vitro-Fertilisation, IVF)* dürfen in Deutschland nur soviele Eizellen befruchtet werden, wie auch in den Mutterleib implantiert werden können. Es dürfen keine überzähligen Embryonen entstehen.

Wenn die Gefahr von genetischen Schäden (Erbkrankheiten) besteht, kann unter Umständen die *Präimplantationsdiagnostik (PID)* durchgeführt werden. Embyonen mit unerwünschten Eigenschaften fallen dann der Vernichtung anheim. Einzelheiten bestimmt in Deutschland das E*mbryonenschutzgesetz*.[77]

---

[77] Vgl. http://www.drze.de/im-blickpunkt/pid/rechtliche-aspekte.

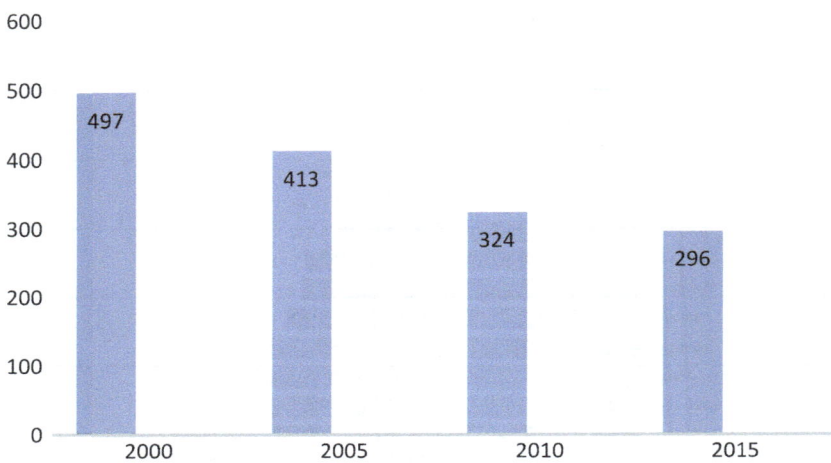

Abb. 2.10 Anzahl der Mordopfer in Deutschland (2000–2015). (Quelle:https://de.statista.com/statistik/daten/studie/2229/umfrage/mordopfer-in-deutschland-entwicklung-seit-1987/. Eigene Bearbeitung)

Tod durch Gewaltverbrechen
In Deutschland kommen jährlich einige hundert Menschen durch *Mord- und Totschlagdelikte* ums Leben (vgl. Abschn. 2.2.1.2). An dieser Stelle sollen Mordfälle näher betrachtet werden. Unter *Mord* wird das vorsätzliche Töten auf der Grundlage eines Motivs, wie z. B. Befriedigung des Geschlechtstriebs, der Habgier oder aus sonstigen niedrigen Beweggründen verstanden (§ 211 StGB). Die Anzahl der Morddelikte hat sich von 497 Fällen im Jahr 2000 auf 296 im Jahr 2015 erheblich verringert (vgl. Abb. 2.10).[78] Mit Blick auf die Altersgruppen der Mordopfer zeigt sich, dass die unter 14 jährigen deutlich stärker betroffen sind als die Personen der darüber liegenden Altersklasse der 14- bis unter 18 jährigen (vgl. Abb. 2.11). Es wird eine hohe Dunkelziffer vermutet.

Tod durch Suizid
Die Zahl der durch Suizid zu Tode gekommenen Menschen ist in Deutschland seit mehreren Jahrzehnten rückläufig. 1980 nahmen sich bundesweit 18.451 Menschen

---

[78]Vgl. https://de.statista.com/statistik/daten/studie/2229/umfrage/mordopfer-in-deutschland-entwicklung-seit-1987/.

2.5 Todesursachen

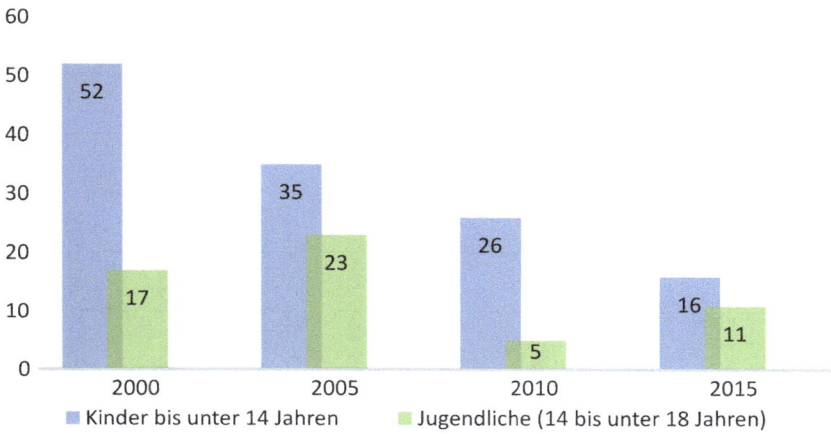

Abb. 2.11 Anzahl der Mordopfer unter 18 Jahren in Deutschland (2000–2015). (Quelle: https://de.statista.com/statistik/daten/studie/167208/umfrage/kinder-und-jugendliche-mordopfer-unter-18-jahren-in-deutschland/. Eigene Bearbeitung)

das Leben. 2015 waren es 10.080 (Rübenach 2007, S. 966 f.).[79] Etwa Dreiviertel waren Männer (Deutscher Ethikrat 2012). Damit wurden 2006 1,9 % aller Todesfälle der Männer und 0,6 % der Frauen durch einen Suizid verursacht (ebd.). Mit steigendem Lebensalter reduziert sich der Anteil von Suiziden an allen Todesursachen. Die absolute Zahl der Sterbefälle in der Folge von Suizid und ebenso die altersspezifischen Sterberaten auf 100.000 Einwohner steigen dagegen.

Auch bei der Bevölkerung nichtdeutscher Herkunft ist unter den Männern die Anzahl der Suizide deutlich höher als bei den Frauen. 2010 suizidierten sich 309 Männer und 98 Frauen (Deutscher Ethikrat 2012).

Der Rückgang der Gesamtzahl hat vornehmlich seinen Grund in der sinkenden Zahl weiblicher Suizide. Der Rückgang beträgt dort 47,2 %, bei den Männern hingegen 35,3 % (ebd., S. 968).

Allerdings ist die Zahl der Frauen, die einen *Suizidversuch* unternehmen, deutlich höher als die der Männer. 2010 kamen auf 100.000 Einwohner 62 Versuche bei Männern und 89,1 bei Frauen (Deutscher Ethikrat 2012).

---

[79]Die Zahlen beziehen sich auf „das Ergebnis der Volkszählung (Stand: 25.05.1987) für die alten und aus dem Bevölkerungsstand laut Einwohnerzentralregister der ehemaligen DDR zum Stichtag 30.06.1987 für die neuen Bundesländer" (Rübenach 2007, S. 964).

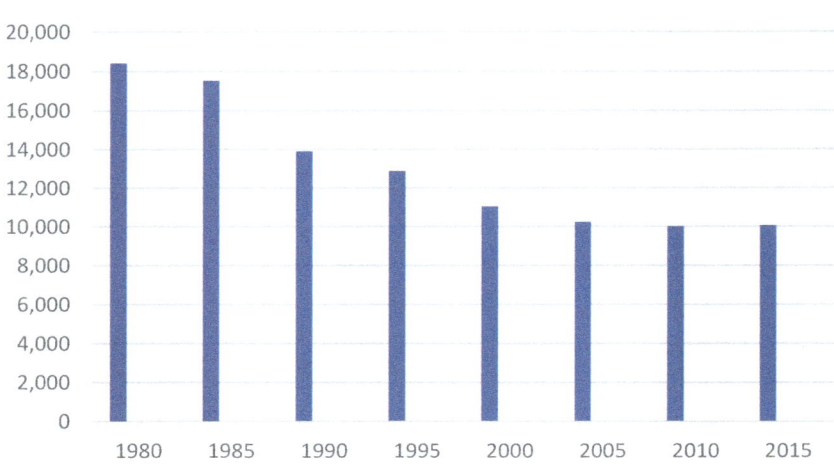

Abb. 2.12 Anzahl der Sterbefälle durch Suizid (1980–2015). (Quelle: https://de.statista.com/statistik/daten/studie/583/umfrage/sterbefaelle-durch-vorsaetzliche-selbstbeschaedigung/. Eigene Bearbeitung)

In der Öffentlichkeit ist der Rückgang der Suizidzahlen kaum wahrgenommen worden. Ursache könnte die skandalisierende mediale Berichterstattung über Suizide Prominenter oder über Amokläufe und Terrorangriffe mit anschließender Suizidierung sein. Seit 2013 gibt es eine leichte Zunahme der Suizide (vgl. Abb. 2.12).

Regionale- und Ländervergleiche der Suizidzahlen
Im Vergleich der Bundesländer ist die Entwicklung der Suizidzahlen stark streuend. Das stützt die These von der Bedeutung gesellschaftlicher Rahmungen und Strukturen für die Suizidgefährdung. Das wäre im Einzelnen noch zu untersuchen. Im Jahr 2006 zeigt ein Vergleich der Bundesländer, dass Sachsen-Anhalt die niedrigste standardisierte Sterbeziffer (6,6) aufweist, dagegen Bayern die höchste (13,3) (Rübenach 2007, S. 968; vgl. Abschn. 2.1.1). Im internationalen Rahmen hat Litauen weltweit die höchste standardisierte Sterbeziffer bei Suiziden mit einem statistischen Wert von 37 (2005). Den niedrigsten Wert wies Griechenland mit 3,2 auf; in Deutschland betrug er (2006) 10,9 (ebd., S. 969 f.).[80]

---

[80]Für statistische Daten über den Suizid sind generell Probleme mit der Validität zu konstatieren.

Differenzierungen nach Alter und Geschlecht

Die Betroffenheit in Abhängigkeit von Alter und Geschlecht zeigt, dass Männer der Altersgruppe von 25 bis unter 35 Jahre mit 19 % die am stärksten betroffene Gruppe innerhalb der Gesamtheit der Männer sind. Bei Frauen in dieser Altersgruppe beträgt der Anteil 10,7 % (ebd., S. 966). Mit höherem Lebensalter, insbesondere in der Phase der Hochaltrigkeit, steigt die Suizidhäufigkeit an (Deutscher Ethikrat 2012).

Zunahme des Alterssuizids

60 % der durch Suizid Verstorbenen waren mindestens 50 Jahre alt (Rübenach 2007, S. 966). Generell steigt das *Durchschnittliche Sterbealter* bei Suizidenten. Frauen waren 2006 im Durchschnitt 59 Jahre alt; Männer 54,7 (ebd., S. 966 ff.). Bis 2010 ist auch der Anteil alter Menschen, insbesondere jener der Männer, an den Suizidenten angestiegen (Deutscher Ethikrat 2012; vgl. Abb. 2.13).

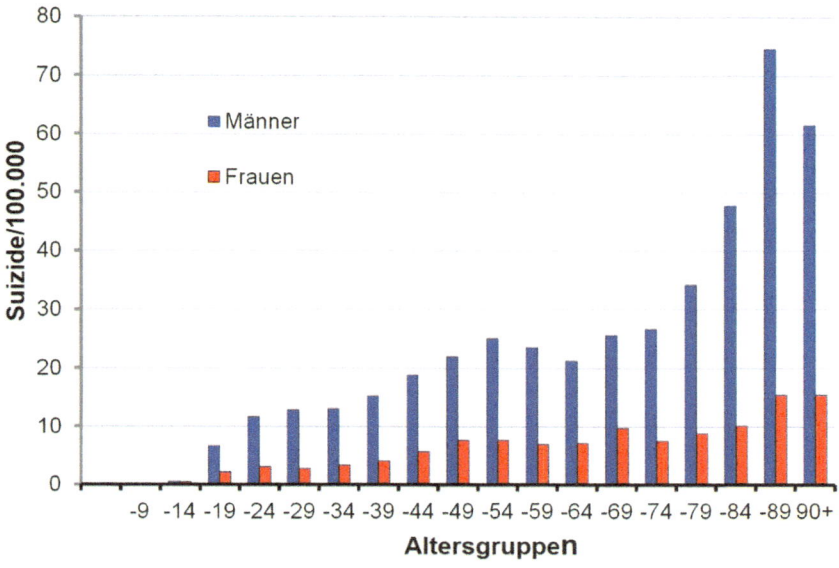

Abb. 2.13 Altersverteilung der Suizidziffern in Deutschland (2010). (Quelle: Deutscher Ethikrat 2012)

Suizidmethoden
Die Methoden, das eigene Leben zu beenden sind vielfältig und ihre Anwendung ist stark streuend. Die von Männern und Frauen am häufigsten benutzte Vorgehensweise war 2006 eine „harte Methode", nämlich das Erhängen/Erdrosseln/Ersticken; allerdings mit erheblicher Abweichung zwischen den Geschlechtern. Je 100.000 Einwohner erhängten/erdrosselten sich 8,4 Männer aber nur 1,9 Frauen. Durch Feuerwaffen kamen rechnerisch 0,5 Personen, fast ausschließlich Männer, zu Tode. Vorsätzliche Selbstvergiftung hatte einen Anteil von 0,4 (Männer und Frauen); der Sturz in die Tiefe von 1,4 (Männer) und 0,8 (Frauen). Drogen und Arzneimittel führen bei einem Anteil von 0,4 (Männer) bzw. 0,5 (Frauen) zum Tod (Rübenach 2007, S. 964 f.).[81]

2.6 Sterbeorte

Noch bis weit in das 20. Jahrhundert hinein starb man meist dort, wo man gelebt hatte, nämlich zu Hause, im eigenen Bett, während der Arbeit, beim Sport oder „unterwegs", auf der Straße, in einem havarierenden Verkehrsmittel, in der Todeszelle oder auf dem „Schlachtfeld".

Sterben in Institutionen
Das Bild hat sich gründlich gewandelt. 1986 starben nur noch 28 % „zu Hause" (Hoffmann 2011, S. 28). Im Rahmen einer Befragung (2017) antworteten 66 % jener Befragten, die sich über ihr eigenes Sterben bereits Gedanken gemacht hatten, dass sie zuhause sterben möchten.[82] Die Mehrheit der Menschen stirbt dagegen tatsächlich weiterhin in Institutionen. Der Thanatologe Klaus Feldmann kommentiert: „Das Krankenhaus ist also die gesellschaftliche Organisation, in der der Übergang von der Zentralrolle Lebender zur Peripherierolle Toter vollzogen wird" (zit. n. Schulz-Nieswandt 1997, S. 17). Voneinander abweichende Anteile, den Sterbeort betreffend, gibt es im Vergleich der Altersgruppen (vgl. Tab. 2.4). Die Untersuchungsergebnisse sind allerdings wegen ihres Alters (1995) und ihrer

---

[81]Diese Liste enthält eine Auswahl der am häufigsten genutzten Methoden.
[82]Vgl. https://de.statista.com/statistik/daten/studie/227365/umfrage/bevorzugte-sterbeorte/.

2.6 Sterbeorte

Tab. 2.4 Sterbeorte in Rheinland-Pfalz nach Altersgruppen (1995). (Quelle: Hoffmann 2011, S. 30)

	Alten-hilfe	Kranken-haus	Privat-Wohnung	Sonstiges	N = 100 %
Säuglinge	0,0	76,6	19,1	4,2	47
1 bis 59 Jahre	1,1	50,0	38,3	10,6	1509
60 bis 69 Jahre	3,1	52,9	39,8	4,0	1819
70 bis 79 Jahre	7,8	52,6	37,7	1,9	2900
80 bis 89 Jahre	18,6	38,8	40,7	1,9	4544
Ab 90 Jahren	29,8	25,0	43,0	2,2	1398
Gesamtstichprobe	12,8	44,1	39,8	3,4	12217

Beschränkung auf Rheinland-Pfalz von begrenzter Aussagekraft. Da Hochaltrige (85+) ihre letzte Lebensphase häufig in Alteneinrichtungen verbringen, sterben sie meist auch dort.[83]

In dieser Altersgruppe lag aber auch der Anteil der zu Hause Gestorbenen über dem Durchschnitt. Grund könnte sein, dass in sehr hohem Lebensalter die Hilfe durch ein Krankenhaus nicht mehr sinnvoll erscheint und eine adäquate Versorgung, ergänzt u. U. durch einen Pflegedienst, in den eigenen Räumen möglich ist. Aber auch die über 90 jährigen starben 1995 mehrheitlich in einer Institution (Hoffmann 2011, S. 30; vgl. Tab. 2.4). Auf die Frage, wo ein „mir nahestehender Mensch gestorben ist" (N = 766) antworteten 2012 39 % „zu Hause", 44 % im Krankenhaus, der Rest der Verstorbenen verteilte sich auf andere Institutionen.[84]

Einsamkeit des Sterbens?

Der Soziologe Norbert Elias hat seinem bekannten Buch über das Sterben den Titel „Über die Einsamkeit der Sterbenden in unseren Tagen" (2002) gegeben.

---

[83]Die „Heimquote" (= Anteil der in Heimen Lebenden) steigt mit dem Lebensalter. Für die 70–74 jährigen betrug sie 2009 25 %; für die über 90 jährigen 48 %. Vgl. https://www.destatis.de/DE/Publikationen/Thematisch/Bevoelkerung/Bevoelkerungsstand/BlickpunktAeltereMenschen1021221119004.pdf?__blob=publicationFile. Zum Sterben und Tod im Heim vgl. Gross (2001).

[84]Vgl. http://www.dhpv.de/tl_files/public/Aktuelles/presseerklaerungen/2012-08-20_PK-Sprechzettel-Bevoelkerungsumfrage.pdf.

Die sozialen Kontakte der kranken und alten Menschen zeichneten, so Elias, sich dort durch formalisierte Beziehungen, wie das Arzt-Patientenverhältnis aus (Krankenschwestern, Pflegepersonal). Es mangele vor allem an emotionalen Bindungen und Aufmerksamkeit gegenüber sterbenden Menschen. „Noch nie starben Menschen so geräuschlos und hygienisch wie heute in diesen weiter entwickelten Gesellschaften und noch nie unter sozialen Bedingungen, die in so hohem Maße die Einsamkeit befördern" (2002, S. 85). Die Gründe liegen zum einen an der in diesem Buch angesprochenen Perforation sozialer Bindungen, zum andern an den Eigenheiten der modernen westlichen Zivilisation. Diese zögert mit Erfolg den Tod für die Mehrheit der Menschen hinaus, was eine Behandlung „bis zuletzt" unter Einsatz von Medizintechnik und geschultem Personal notwendig macht. Das Lebensende wird „entschleunigt". Einem langen Leben folgt dann oft ein „langes Sterben". Die Daten (s. o.) zeigen jedoch, dass *institutionelles Sterben* zwar gegenwärtig noch immer im Vergleich am häufigsten ist, jedoch nicht mehr so dominant, wie oft behauptet. Einfluss auf den Ort des Sterbens hat auch die Infrastruktur des Wohnortes. In urbanen Zentren mit einer höheren Kapazität an Krankenhausbetten wird häufiger in Institutionen gestorben.

Die Realität scheint (inzwischen) weniger düster als in der Fachliteratur beschrieben. In einer Befragung des Deutschen – und Palliativverbands (2012) gab die deutliche Mehrheit, nämlich 90 %, bzw. 76 % der Alleinlebenden an, dass sich jemand aus der Familie, dem Freundeskreis oder der Nachbarschaft um sie kümmere.[85]

Pflegen ist weiblich
Findet das Sterben in der vertrauten Umgebung statt, so ist meist die Frau in der Rolle der Pflegenden. 80 % sind Frauen. Die Mehrzahl – Frauen und Männer zusammen – befindet sich in der Altersgruppe der 40- bis 64 jährigen; zwischen 65 und 79 Jahre alt sind immerhin 27 % und 80+ sind 5 % (Thönnes 2013, S. 52). Hinter diesen Zahlen steht die höhere Lebenserwartung der Frau, aber auch deren traditionelles weibliches Rollenverständnis. Danach ist die Frau für die innerfamiliären Dinge zuständig. Überwiegend sind es Ehefrauen bzw. Partnerinnen, Mütter, Töchter und Schwiegertöchter (zusammen 64 %), die zu Hause ihre Männer und Väter pflegen (ebd., S. 53).

Noch bis weit in die Zeit nach dem Zweiten Weltkrieg hinein waren Frauen – die sog. „Totenfrauen" – meist freiberuflich in vielen Gemeinden dafür zuständig,

---

[85] Vgl. http://www.dhpv.de/tl_files/public/Aktuelles/presseerklaerungen/2012-08-20_PK-Sprechzettel-Bevoelkerungsumfrage.pdf.

bei einem Sterbefall die Angehörigen zu unterstützen. Mit der Professionalisierung und Mediatisierung des Sterbens (vgl. Abschn. 2.7) ist diese Aufgabe den Bestattungsinstituten zugefallen (Großes Lexikon der Bestattungs- und Friedhofskultur 2010, S. 283).

Pluralisierung der Sterbeorte
Es gibt Zeichen für einen behutsamen Wandel, der wegführt von einer oft als „seelenlos" kritisierten Versorgung Sterbender. Dazu gehört das *Sterbehospiz*. Es hat sich in den letzten drei Jahrzehnten nach der Gründung inzwischen zahlreicher Häuser einen Namen gemacht und zur Entwicklung einer Pluralisierung und Humanisierung der Sterbeorte beigetragen, vor allem aber auch maßgeblich zu einer Debatte über ein „angemessenes" Sterben veranlasst (Thönnes 2013, S. 163).

Die moderne *Hospizbewegung*, die sich von England her, seit Ende des 19. Jahrhunderts zunächst in Deutschland nur langsam auszubreiten begann, fußt auf mittelalterlichen Vorbildern, nämlich auf Häusern, die in den Städten Sterbende und Sieche aufnahmen. Die Geschichte des Hospizes zeigt auch, dass die *Institutionalisierung des Sterbens* keine „Erfindung" der Gegenwart ist. Impulsgeber für die moderne Hospizidee war die Entwicklung der Schmerzbekämpfung *(Palliativmedizin)*. In Deutschland mussten die historischen Erfahrungen mit dem Missbrauch der *Euthanasie* im Nationalsozialismus (vgl. Abschn. 2.9) lange ein Hindernis für die Akzeptanz sein. „Sterbekliniken" galten als Schreckensort. Dabei will das Hospiz das Sterben erleichtern, wenn es zwecklos ist, den Tod zu bekämpfen. Wichtig war die Beobachtung, dass bei Erfolglosigkeit einer Behandlung kein adäquater Ort für Behandlung und Sterbebegleitung existierte (Wittwer et al. 2010, S. 243 ff.).

In den vergangenen Jahren wurde die Zahl der stationären Hospize ständig erhöht. 2016 gab es 236 Häuser.[86] Meist sind sie in der Trägerschaft von gemeinnützigen Vereinen oder der Kirchen. Die Hospizarbeit wird großenteils von Ehrenamtlichen durchgeführt. Mehr als 100.000 Personen engagieren sich dort. Die Kosten für den Aufenthalt werden für Erwachsene zu 90 % von der Kranken- bzw. Pflegeversicherung übernommen, bei Kindern zu 95 %.[87]

---

[86]Vgl. http://www.dhpv.de/service_zahlen-fakten.html.
[87]Vgl. http://www.dhpv.de/tl_files/public/Aktuelles/presseerklaerungen/2012-08-20_PK-Sprechzettel-Bevoelkerungsumfrage.pdf.

Inzwischen gibt es auch *Ambulante Hospize*, deren Zahl ständig steigt. 2016 gab es 1500 Einrichtungen.[88] Hier kommt der Pflegende zu dem Sterbenden nach Hause und kann dadurch auch die Angehörigen unterstützen.

Seit dem 1. April 2007 gibt es per Gesetz einen individuellen Leistungsanspruch für die spezialisierte ambulante Palliativversorgung.[89] Damit wird das Sterben in vertrauter Umgebung erleichtert und so inzwischen auch wieder wahrscheinlicher. Ebenso in den Krankenhäusern scheinen sich Akzeptanz und größere Empfindsamkeit gegenüber dem Sterbenden und seinen Angehörigen einzustellen. Auf Maßnahmen, die das Leben künstlich verlängern, wird in Absprache mit den Angehörigen, oft verzichtet. Krankenzimmer werden dem Sterbenden und seinen Angehörigen, sofern die Sterbezeit nur wenige Tage beträgt, überlassen.

Es geschieht derzeit viel, um würdevolles Sterben (wieder) möglich zu machen. Das Hospiz als ein Ort des Sterbens ist in das Bewusstsein vieler Menschen getreten. So ist der Schluss naheliegend, dass eine Trendwende zu einem der westlichen Zivilisation angemessenen – humanen – Sterben stattzufinden scheint. „Das Sterben des mir nahestehenden Menschen war würdevoll", sagten im Jahr 2012 68 % der Befragten einer Studie. Werden Sterbeorte unter dem Blickwinkel der Würde verglichen, so rangiert „zu Hause" mit 79 % auf Platz eins. Aber immerhin 63 % halten ein „würdevolles Sterben" auch im Krankenhaus für möglich.[90]

2.7 Wahrnehmung von Sterben und Tod

Lehre uns bedenken, daß wir sterben müssen, auf daß wir klug werden (Psalm 90, Die Bibel 1985).

Die Wahrnehmung des Todes ist paradox. Die Angst, die er auslöst und die Einsicht in seine Notwendigkeit bilden eine Einheit. Einerseits: „Der Tod ist die radikalste Bedrohung der menschlichen Existenz" (Kreuels 2005, S. 9); andererseits, wäre kein Tod, so würde ungehemmtes Wachstum alles Leben zerstören.

---

[88]Vgl. http://www.dhpv.de/service_zahlen-fakten.html.
[89]Vgl. ebd.
[90]Vgl. http://www.dhpv.de/tl_files/public/Aktuelles/presseerklaerungen/2012-08-20_PK-Sprechzettel-Bevoelkerungsumfrage.pdf.

2.7 Wahrnehmung von Sterben und Tod

Schließlich führt die Knappheit der guten Jahre zu einer intensiven Nutzung von Lebenszeit und zum Vorantreiben kultureller Entwicklung. Daraus folgt „[…] das Wissen um unsere Sterblichkeit ist ein Kulturgenerator ersten Ranges" (Assmann zit. n. Kreuels 2005, S. 85).

Dem Tod den Schrecken zu nehmen, ist seit jeher eine Funktion der Religion (Luhmann 1986). Der Tod gilt oft als vorläufig und wird als Übergang verstanden von einer immanenten in eine transzendente Seinsform, oder als Seelenwanderung in eine andere Existenz.[91] Wo der Tod nicht Ende, sondern Anfang ist, da besteht kein Grund ihn zu fürchten. Schwindet jedoch dieser Glaube, dann wächst die Angst. Als Ausweg bleibt Verdrängung. Wie wichtig den Menschen Vorstellungen sind, die die Angst vor dem Tod nehmen, fasst Elias zusammen: „Offenbar gibt es keine Vorstellung, wie seltsam sie auch sein mag, an die Menschen nicht mit inniger Liebe zu glauben bereit sind […]" (2002, S. 13) Dem Wandel der Wahrnehmung des Todes soll im Folgenden nachgegangen werden.

Relevanz des Erlebens
Der Tod ist aus dem Blickfeld vieler Menschen für die meisten ihrer Lebensjahre entschwunden. Unlängst gestand dem Verfasser dieses Buches ein jüngerer Kollege, ein Mittdreißiger, dass er sich bis vor kurzem den Tod seiner (sich guter Gesundheit erfreuender) Eltern nicht habe vorstellen können. Und ein anderer, befragt, ob Mutter und Vater – beide Mitte der Achtzig – noch lebten, mit einem erstaunten: „ja sicher", antwortete. Aufgrund des Anstiegs der Durchschnittlichen Lebenserwartung erfahren viele Menschen das Dahinscheiden nahestehender Angehöriger oder Freunde heute häufig erst dann, wenn sie selbst „in die Jahre" gekommen, zumindest im Erwachsenenalter, sind. Es ist die vermeintliche Ferne des Todes, die ihn, so Simmel, wie eine „dunkle Prophezeiung" erscheinen lasse, die erst dann, wenn sie sich verwirkliche, etwas mit dem Leben zu tun haben wird (1957, S. 30). Die Soziologen Peter L. Berger und Thomas Luckmann schreiben in ihrem bekannten Werk „Die gesellschaftliche Konstruktion der Wirklichkeit": „Die Erfahrung des Todes anderer Menschen und die damit verbundene Antizipation des eigenen Todes in der Phantasie ist für den Einzelnen die Grenzsituation par excellence" (2007, S. 108). Es gibt ein Dilemma, auf das der Soziologe Alois Hahn hinweist: „Die Relevanz des Todes für sein eigenes Handeln ist abhängig von seiner konkreten Erlebbarkeit" (2000, S. 120). Unlängst antworteten im Rahmen einer Meinungsumfrage zum Thema „Tod" auf die Frage, welche

---

[91] Dafür steht der Begriff der Reinkarnation im Buddhismus und Hinduismus.

Situation sie an ihre eigene Sterblichkeit erinnere, vor allen anderen Antwortkategorien mit 73 %: „Die Nachricht vom Tod im Bekanntenkreis" (Bundesverband Deutscher Bestatter e. V. 2016, S. 11).

Immer weniger Menschen leben heute noch jenseits ihrer Kindheit und Jugend mit Angehörigen älterer Generationen in einem gemeinsamen Haushalt und dann zwangläufig höherer Sterbehäufigkeit zusammen. Die aus der Wahrnehmungsferne herrührende Unerfahrenheit mit dem Sterben macht sprach- und ratlos. Doch der Umgang mit Sterben und Tod changiert je nach Situation und Lebensalter. Eine eigene schwere Erkrankung oder das Sterben eines Menschen im Nahbereich führt uns den Tod vor Augen.

Vom „guten" und vom „schlechten" Tod
Tritt der Tod nach langer Krankheit ein, nach voranschreitendem Siechtum und sich ausbreitender Hoffnungslosigkeit, so beendet er das Leiden des Sterbenden und zugleich das seiner Nächsten. Der Tod ist dann ein „guter Tod", ein „Segen", ein „Freund" gar, der die Wartenden „erlöst". Als solcher gilt er auch, wenn jemand hoch betagt, nach einem langen, „erfüllten Leben", „lebenssatt" „das Zeitliche segnet"; oder wenn nach langer, guter Ehe ein Partner in hohem Alter verstirbt. Überlebende sehen sich dann, ihm in den Tod nachzufolgen. Ein „schlechter Tod" ist jener, der ein „in der Blüte stehendes Leben", das eines Kindes gar, durch Unfall oder eine „heimtückische Krankheit" beendet.

Tod in Institutionen/Funktionssystemen
„Der Tod ist funktional zergliedert" (Fischer 1997, S. 17). Selbst der in Sichtweite sich ereignende Tod, etwa das Hinscheiden eines Familienmitglieds, findet heute meist in Institutionen, also in geregelten Einrichtungen, oder anders formuliert, in Funktionssystemen (Krankenhäusern, Therapiezentren, Palliativstationen usw.) statt. Das bedeutet zumeist: verborgen vor den Blicken der Angehörigen. In Gesellschaften der westlichen Zivilisation haben wir es mit einem von „Fachmenschen"[92] „verwalteten Tod" (Benkel 2012) und – so eine andere These – oder der „bürokratischen Enteignung" des Toten (Schäfer 2002, S. 31) zu tun.

Zur Paradoxie im Verhältnis des Menschen zum Tod in der modernen, d. h. einer funktional differenzierten Gesellschaft (Luhmann 1998), gehört, dass nicht nur eine Verdrängung des Todes, sondern zugleich dessen Professionalisierung

---

[92] „Fachmensch", bzw. „Fachgeschultheit" sind Begriffe, die der Soziologe Max Weber (2002) für die moderne, bürokratisch verwaltete Gesellschaft prägte.

2.7 Wahrnehmung von Sterben und Tod

selbstverständlich geworden sind. Die Begleitung Sterbender und die Bestattung Toter sind Beruf. Die Bewältigung des Todes ist zur Sache von Experten und Spezialisten geworden: der Dienstleister, Ärzte, Pfleger, Sterbebegleiter, Bestatter, Gärtner, Steinmetze, Friedhofsverwalter, Pfarrer, Trauerredner, Ratgeberbücherschreiber und Trauerhelfer (Brüggen 2005; Nassehi 2007, S. 128).

2.7.1 Tabuisierung des Todes?

Die Auseinandersetzung mit dem Tod ist in der gegenwärtigen Gesellschaft zum „Tabu" geworden. Das jedenfalls ist Inhalt einer These, die spätestens durch Philippe Ariès in seiner berühmt gewordenen „Geschichte des Todes" Gewicht erhielt. „Der Tod", zitiert der Historiker dort den Philosophen Pascal, „ist, wenn man nicht an ihn denkt, leichter zu ertragen" (2005, S. 34). Die „technizistische Zivilisation", so Ariès weiter, verbanne den Tod, während im Unterschied dazu die „traditionellen Gesellschaften" wegen seiner ständigen Nähe ihn nicht haben bedenken können (ebd.). Gegenwärtig betreibe, so der französische Soziologe Jean Baudrillard, die Rationalität unserer Kultur „[…] die Ausschließung der Toten und des Todes" (2011, S. 225).[93] Der Tod, so die Folgerung, habe keinen Platz im Denken des modernen Menschen (Joachim-Meyer 2004). Der Psychiater und Philosoph Thomas Fuchs sieht hinter der Tabuisierung des Todes das Leiden der Menschen an der Sterblichkeit. Das führe zu Abwehrstrategien. Die gegenwärtige (westliche) Kultur betreibe einen steten „Kampf gegen die Endlichkeit" (Fuchs 2001, S. 8).[94] Folge: Der Tod würde heute oft nicht mehr als universales Merkmal alles Seienden akzeptiert (Joachim-Meyer 2004, S. 41).

Zweifel an der Tabuisierungsthese
Beobachtungen scheinen zunächst die Relevanz der Tabuisierungsthese zu bestätigen. Studien belegen, dass über den Tod selten und wenn überhaupt, dann verschlüsselt gesprochen werde. Man „verdränge" heute den Tod, behaupteten im Frühjahr 2011 40 % der Befragten einer repräsentativen Untersuchung (Kuratorium Deutsche Bestattungskultur 2011). Man beschäftige sich, so die Einsicht,

---

[93]Vgl. die Diskussion von Theorieansätzen bei Feldmann und Fuchs-Heinritz (1995).
[94]Bei dieser Quelle handelt es sich um einen überarbeiteten Vortrag von Thomas Fuchs, gehalten am 16.12.2001. Vgl. https://www.klinikum.uni-heidelberg.de/fileadmin/zpm/psychatrie/pdf/tod.pdf.

generell mit dem Tod zu wenig (58 %).[95] Meist sei es – wie erwähnt – der Tod der Anderen, der uns an das eigene Lebensende denken lasse (Bednarz 2003, S. 59 f.). Jedoch haben beachtliche 78 % der heute über Fünfzigjährigen mit den eigenen Eltern mindestens schon einmal über den Tod gesprochen (Kuratorium Deutsche Bestattungskultur 2011). Von einer durchgängigen Verweigerung kann folglich nicht gesprochen werden.[96] Aber nur eine Minderheit (18 %) gab an, sich „häufig" über das eigene Sterben Gedanken zu machen. 37 % antworteten mit „ab und zu". „Selten" wurde von 25 % und „nie" von 20 % angegeben. Unterschiede gibt es zwischen den Geschlechtern. Für immerhin 44 % der Frauen „spielt das Thema Sterben und Tod" eine „(sehr) große Rolle". Nur 33 % der Männer gaben diese Antwort.[97]

Angst vor dem Tod
Laut einer anderen Untersuchung (2006) fürchten sich 60 % der Befragten vor dem Sterben, nicht aber vor dem Tod (Hoffmann 2011, S. 11). Gründe sind neben Schmerzen (36 %) die Hilflosigkeit gegenüber der Apparatemedizin (37 %), oder auch jemandem „zur Last zu fallen" (27 %).[98] Nur eine Minderheit (7 % bzw. 10 %) hat dagegen Angst vor dem Tod als solchem (ebd.), oder – anders formuliert – vor der „Ungewissheit, was danach kommt".[99]

Unterscheidet man Angst von Furcht, so bezeichnet der zweite Begriff eine rational nachvollziehbare Gemütslage, während Angst – im Sinne von Panik oder Phobie – eine nicht sachlich begründbare Gemütsstimmung ist. Das gilt auch für die Wahrnehmung des Sterbens. Man weiß aufgrund eigenen Beobachtens, oder auch vom „Hörensagen", wie es geht, nämlich dass einschlägige Widerfahrnisse zu erwarten sind. Dagegen ist die Erfahrung des Todes objektiv nicht vermittelbar. Allein die mangelhafte Vorstellung vom „Nichtmehrsein", oder vom „was danach kommt" kann Angst auslösen.

---

[95]Vgl. http://www.dhpv.de/tl_files/public/Aktuelles/presseerklaerungen/2012-08-20_PK-Sprechzettel-Bevoelkerungsumfrage.pdf.
[96]Zu diesem Ergebnis kommt auch eine auf biografischen Interviews alter Menschen basierende Studie (Mickan 2015, S. 209 f.).
[97]Vgl. http://www.dhpv.de/tl_files/public/Aktuelles/presseerklaerungen/2012-08-20_PK-Sprechzettel-Bevoelkerungsumfrage.pdf.
[98]Vgl. http://www.dhpv.de/tl_files/public/Aktuelles/presseerklaerungen/2012-08-20_PK-Sprechzettel-Bevoelkerungsumfrage.pdf.
[99]Vgl. http://www.dhpv.de/tl_files/public/Aktuelles/presseerklaerungen/2012-08-20_PK-Sprechzettel-Bevoelkerungsumfrage.pdf.

Das Loslassen von Menschen und Dingen, vor allem von der eigenen Existenz, ist kein Akt der Leichtigkeit. Mancher fragt sich dann: „Wie wird es ohne mich weitergehen?" Ist es gelungen, oder bestehen Zweifel, wie es früher hieß: „sein Haus bestellt zu haben"? Verdrängung mag vor unguten Gedanken schützen.

Sinnentleertes Sterben
Die großen Mythologien und Religionen sahen, wie an anderen Stellen dieses Buches ausgeführt (vgl. Kap. 1; Abschn. 2.4.3 und 2.4.4), im Sterben nicht das Ende, sondern einen „Übergang" (Vogel 2015, S. 17). Für Christen liegt der Sinn des Sterbens in der Vorbereitung auf den leiblichen Tod und das „Jüngste Gericht". Gebet und Buße prägen die letzten Tage und Stunden im Leben eines Menschen. Der gläubige Katholik ruft auf dem Sterbebett nach dem Priester, dass er ihm die Beichte abnehme und die letzte „Salbung" erteile. Der Protestant bittet den Pfarrer an sein Sterbebett zu einem finalen Gebet des „Vaterunser".

Auch heute sehen gläubige Christen den Tod als zentrales religiöses Anliegen. So ist für Mitglieder der evangelischen Kirche in Deutschland laut repräsentativer Befragung der Tod – vor allen anderen – ein „religiöses Thema" (EKD 2014, S. 24). Christliche Todesversöhnung ist darauf angelegt, das Sterben „in hoffender Erwartung und stiller Gewissheit" zu bewirken, wie es der Rhetoriker Walter Jens und der katholische Theologe Hans Küng (1995) einmal gemeinsam formuliert haben (Brandes 2011, S. 55).

Tatsächlich ist aber die praktische und gedankliche Vorbereitung auf den Tod für Menschen diesseits der statistischen Lebensmitte eher die Ausnahme. Häufig auch verhindern körperlicher Verfall und/oder die Begleiterscheinungen medizinischer Behandlungsmethoden jede Handlungsfähigkeit. Das Sterben wird deshalb oft resignativ aber zugleich pragmatisch wahrgenommen. „Da muss man durch", ist dann zu hören. Schlimmer als der Tod selbst sind aus Sicht Befragter der Kontrollverlust über die Körperfunktionen (29,2 %) und der geistige Verfall (27,3 %) (Hoffmann 2011, S. 163; vgl. Tab. 2.5). Eine große Mehrheit (80 %) möchte deshalb am liebsten „plötzlich und unerwartet sterben" (ebd., S. 12, 161).

2.7.2 Gründe für den Wandel der Todesbilder

Individualisierung
Der Prozess der *Individualisierung* ist durch die Soziologie wiederholt beschrieben worden (Durkheim 1983; Simmel 1890; Spencer 1877; Tönnies 1887; Weber 1921). Er beginnt mit der Auflösung der Stände- und Klassengesellschaft

Tab. 2.5 Einschätzung einer schweren Krankheit. Frage: „Was ist für Sie das Allerschlimmste an einer schweren Krankheit?". (Quelle: Hoffmann 2011, S. 163)

Keine Kontrolle mehr über meine Körperfunktion zu haben	29,2%
Drohender geistiger Verfall	27,3%
Die Bedrohung durch den Tod	19,5%
Sehr starke Schmerzen zu haben	14,0%
Von anderen gemieden zu werden	5,8%
Körperlich entstellt zu sein	4,1%
N	2494

in der zweiten Hälfte des 19. Jahrhunderts und erfolgt in mehreren Schüben. Nach einem der prominentesten jüngeren Individualisierungstheoretiker, Ulrich Beck (1986), ist Individualisierung ein Prozess der Freisetzung des Individuums aus sozialen Zwängen, Rollen und Schichten. Zugleich schwinden die Gewissheiten und Erwartbarkeiten, wachsen die Risiken und Abhängigkeiten von Institutionen (Arbeitsmarkt, Sozialversicherung u. a.). Die Entscheidungsspielräume wachsen. Dies bis hin zur Freiheit – aber auch Notwendigkeit – der Gestaltung der eigenen „Bastel-Biografie". Im hier behandelten Zusammenhang ist festzuhalten, dass es durch Freisetzung und Entwertung aus bzw. von Traditionen zu Wahlhaltungen jenseits überlieferter Standards kommt („Destandardisierung"). Es entstehen zugleich aber auch neue Standardisierungen, d. h. Verhaltensangleichungen (alle habe ein Handy: weltweit gibt es dieselbe mediale Unterhaltung), dies auch im Umgang mit dem Tod.

Entzauberung und Säkularisierung
Die Trostfunktion des Glaubens ist mit dem permanenten Bedeutungsverlust der christlichen Religion für viele Menschen verloren gegangen. Es fehlt heute an Gewissheiten, „über verbindliche Sinngebungen für individuelles Sterben" (Hahn 2002 zit. n. Hoffmann 2011, S. 157).

Was hat zum Niedergang der christlichen Religion und des Verfalls der Verheißungen in den Gesellschaften der westlichen Zivilisation geführt? Folgt man in großen Linien Max Webers bekannter *Rationalisierungsthese* (Weber 2002, 2005), so hat Religion ihre Rolle als Deuter von Wahrheit und Stifter von Glauben und Werten verloren. Religion ist *entzaubert* (Habermas 1995, S. 225 ff.) Ihre Gebote und Glaubenssätze bleiben nur mehr Option. Das christliche Heilsversprechen ist für viele unverständlich und belanglos geworden. Dagegen erklärt

2.7 Wahrnehmung von Sterben und Tod

wissenschaftliches Wissen nun der Welt den Tod, dessen Unvermeidlichkeit und Endgültigkeit eingeschlossen (Kaufmann 2011, S. 73 ff.) – und veranlasst damit zu einem pragmatischen Umgang.

Der Begriff *Säkularisierung* (Verweltlichung)[100] bezeichnet – hier im speziellen Sinne – den Prozess eines allmählichen Bedeutungsverlustes und langfristigen Verschwindens von Religion im Allgemeinen sowie des christlichen Glaubens und der Kirche im Besonderen. Zugleich wächst die staatliche Autorität (Berger 1980; Joas 2007; Joas und Wiegandt 2007; Knoblauch 2009; Luckmann 1980, 1991). Diese Entwicklung führt nicht nur zum Glaubensverlust, sondern darüber hinaus zur Entwertung christlich begründeter Traditionen und hoheitlicher Aufgaben u. a. im Zusammenhang des Umgangs mit dem Tod und den Toten (Thieme 2016, S. 33 f.). Ein Spiegelbild der Entwicklung sind die Mitgliederstatistiken der christlichen Kirchen. 55 % der Bevölkerung in Deutschland gehörten 2016 noch einer Kirche an; Tendenz fallend.[101]

Zivilisierung vs. Emotionen
Nassehi und Weber (1989) führen eine Verdrängung des Todes mit Elias (1991a) auf die Verschiebung der Schamgrenze im Verlauf des Zivilisationsprozesses zurück. Alles „Elementare" sei in der modernen Zivilisation gesellschaftlichen Normen unterworfen. Diese würden als Gewissensmaßstäbe verinnerlicht, Emotionen domestiziert und hinter die Kulissen und so in die Unsichtbarkeit verlagert (Fischer 2004, S. 58 ff.).

Professionalisierung und Mediatisierung
Parallel zur Ablösung der traditionellen Gesellschaft mit ihren Ständen und Zünften durch den bürgerlichen Verwaltungsstaat ist eine arbeitsteilige kapitalistische Produktionsweise mit voranschreitender funktionaler Differenzierung entstanden (Luhmann 1998). Damit sind auch Sterben und Tod profan geregelten Verfahren unterworfen und in die Verantwortung von geschulten und bezahlten Experten (Professionalisierung) gegeben. Der Umgang mit dem Tod ist damit der unmittelbaren Bewältigung durch die Betroffenen entzogen. Der Tod ist *mediatisiert* (vgl. Abschn. 2.2.1.5).

---

[100]Der Begriff wird in Abhängigkeit von den wissenschaftlichen Diskursen unterschiedlich interpretiert. Er geht auf den Religionssoziologen Ernst Troeltsch zurück (Kaufmann 2011, S. 76 ff.).
[101]Vgl. http://www.kirchenaustritt.de/statistik.

Medialisierung des Todes
Der Tod ist heute fern und nah zugleich. Einen merkwürdigen Kontrast zwischen Erlebensferne und der alltäglichen Präsenz des Todes bemerkt Norbert Fischer (1997, S. 30). Grund für dieses Paradoxon sind die Massenmedien. „Die wohl deutlichste und alltäglich präsenteste Form neuer Sichtbarkeit zeigt sich in den TV-Medien" (Weber 2010, S. 140). Dadurch rekrutiert sich „neben persönlichen Erfahrungen […] das moderne Todesbewusstsein insbesondere aus Medienquellen" (Benkel und Meitzler 2013, S. 23). Obwohl der Tod in der Lebenswirklichkeit eines Großteils der Menschen selten geworden ist, präsentiert er sich doch regelmäßig in den Bildern, Nachrichten und Dokumentationen der Massenmedien. Sie berichten weltweit und laufend über den Tod von Prominenten oder infolge spektakulärer Unglücksfälle, Attentate und Kriege (Großes Lexikon der Bestattungs- und Friedhofskultur 2010, S. 295). Das Phänomen ist Teil einer verbreiteten Entwicklung und wird als *Medialisierung* bezeichnet (Lexikon zur Soziologie 2011, S. 431). Den Massenmedien fällt in modernen Gesellschaften die Funktion der Übermittlung und Kommentierung von Nachrichten zu. Damit nehmen sie Einfluss auf die Bildung der Öffentlichen Meinung (Kopp und Steinbach 2016, S. 221 ff.; Luhmann 2017).

2.7.3 Folgen eines säkularisierten Verhältnisses zum Tod

Pragmatismus
Die moderne Zivilisation hat dem „entzauberten" Tod zwar nicht den „Stachel", ihm aber sein Mysterium genommen (Akyel und Beckert 2014). Damit entschwindet seine „formgebende Funktion für unser Leben" (Simmel 1957, S. 31). An die Stelle der vom Glauben getragenen Trostgewissheit und Höllenangst ist für viele das pure „Nichts" getreten. Sah der Gläubige, so folgert daraus, sich sein Leben lang in der furchtsamen aber zugleich hoffnungsfrohen Verantwortung gegenüber seinem Schöpfer, so ist der Nichtgläubige allein sich selbst und vielleicht noch einer abstrakten Ethik verpflichtet.[102] Zu den Folgen dieses Wandels

---

[102] Neben dem göttlichen Gnadenerweis kennen Teile des Christentums auch die „Rechtfertigung" durch „gute Werke". Deutlich hat Max Weber in seiner „Protestantischen Ethik" die Wirkung des Jenseitsglaubens auf die Lebensführung gezeigt. Ihm folgend sind es die Anhänger des Schweizer Reformators Johannes Calvin und dessen „Prädestinationslehre", wonach durch gottgefälliges Verhalten man sich zwar nicht eines „Platzes im Himmel" versichern kann, wohl aber Gottes Ratschluss – Erlösung oder Verdammung – sich ergründen lässt. Irdischer Erfolg gilt als gutes Zeichen, weshalb der Gläubige sich einer planvollen Lebensführung befleißigt (Weber 2005).

2.7 Wahrnehmung von Sterben und Tod

zählen nicht allein ein pragmatisches Verhältnis zu Leben und Tod, sondern auch Konsequenzen für das Alltagshandeln. Wo Kontrolle und Sanktionen durch eine „höhere Macht" fehlen, sind „Sündhaftigkeit" und drohende „Verdammnis" keine Themen mehr, die Sorgen oder Furcht bereiten könnten. Die Folge ist eine ausgeprägte Diesseitigkeit der Lebensführung, wobei Gedanken an den Tod nur ängstigen würden.

Surrogate
Zu den Konsequenzen der Entzauberung gehört die Suche nach Ersatz, nach Surrogaten, für verlustig gegangene tröstende Gewissheiten. Ein Wegzeichen beim Wechsel zu einer säkularen Wahrnehmung des Todes ist der in der zweiten Hälfte des 19. Jahrhundert verbreitete Glaube an eine künftige leibhaftige Wiederbegegnung mit den Verstorbenen (Großes Lexikon der Bestattungs- und Friedhofskultur 2005, S. 26).

Ein weiteres Surrogat ist *Spiritualität*. Sie bedient sich oft der Symbolik fernöstlicher Religionen. Auch dort geht es um Übergänge in andere Daseinsformen (Reinkarnation). Während der Leib vergeht, gilt die Seele als unsterblich. Nach der Lehre des Hinduismus trennt sich im Sterben das Weltlich-Körperliche, der sog. „feine Körper", der ein Leib der Gedanken und Gefühle ist, vom „Atman", dem „Selbst". Während Ersteres sich auflöst, nimmt das Andere eine neue Existenzform an. So entsteht ein Kreislauf der Wiedergeburten, dem irgendwann die Erlösung durch das Ausscheiden aus diesem Zirkel folgt (Kuhnen 2012, S. 153; Schwikart 2010, S. 91 ff.). Auch der Buddhismus geht von einem Kreislauf permanenter Wiedergeburten aus (vgl. Abschn. 2.4.4).

Das beschriebene Phänomen ist seit dem 19. Jahrhundert unter dem Begriff *Esoterik* bekannt. Es steht für das „religiöse Bewusstsein moderner Industriegesellschaften" (Großes Lexikon der Bestattungs- und Friedhofskultur 2010, S. 115 f.). Der trostspendende Glaube an die Unsterblichkeit verschwindet nicht. Er löst sich vielmehr von seinen traditionellen Wurzeln und wird instrumentalisiert für individuelle Zwecke (Gabriel und Reuter 2010). 2012 glaubten immerhin laut Umfrage 43,5 % der Bevölkerung in Deutschland an ein Leben nach dem Tod.[103]

Entwertung des Totenbrauchtums
Mit dem Voranschreiten des Rationalisierungs- und Säkularisierungsprozesses erodiert das traditionelle Totenbrauchtum. Im Katholizismus kam der Heiligenverehrung als einer Repräsentation der Volksfrömmigkeit zugleich die Funktion

---
[103] Vgl. https://de.statista.com/statistik/daten/studie/277029/umfrage/glauben-an-ein-leben-nach-dem-tod/.

des Trostspenders zu. Von der Teilnahme an Frömmigkeitsritualen – z. B. in katholischen Familien an dem während einer Hausandacht gebeteten „Rosenkranz" – erhoffte man Einfluss auf das Seelenheil des Verstorbenen zu nehmen und erwartete Selbiges für das eigene Dahinscheiden (Fischer 2004, S. 73 ff.).

Schon der frühe Protestantismus bricht mit diesen Formen. Er verwirft die Vorstellung, Gott zur Rettung der Seele des Verstorbenen durch Fürbitten, Seelenämter und Stiftungen beeinflussen zu können (Düselder 2007, S. 253 f.). Die Folge ist ein abstrakter Umgang mit dem Tod.

Obsoleszenz des Aberglaubens
Nicht nur der Jenseitslaube, auch der Aberglaube beeinflusste über Jahrtausende den Alltag der Menschen und ihr Verhältnis zum Tod. Ein Beispiel ist die bis in die Neuzeit verbreitete Angst vor dem „Fegefeuer". Oder, es wurde eine Wiederkehr, ein Zurückkommen der Toten befürchtet (Akyel und Beckert 2014, S. 431 f.). Noch bis in das 19. Jahrhundert hinein gab es Orte, in denen man Särge Verstorbener mit Riegeln sicherte. Oder man legte nach der Bestattung für einige Tage schwere Steine auf den Sarg, um es auf diese Weise „Wiedergängern" unmöglich zu machen als „böse Geister" nachts aus dem Grab zu steigen und Unheil unter den Lebenden anzurichten. Derart Ungemach drohte – so der Aberglaube – dann, wenn ein Mensch in Unfrieden mit Anderen verschieden war und dessen Rachsucht nun zum Fluch für die Lebenden wurde.[104]

Vom Aberglauben getragen waren Teile des Totenbrauchtums. So wurde bestimmten Erscheinungen der Tier- und Pflanzenwelt die Bedeutung von Todesvorzeichen zugeschrieben (Fischer 2001, S. 79). Die Rationalisierung des Todes hat diese Fantasien überflüssig – obsolet – gemacht.

Bebilderung des Todes
Vermeintliche Ferne, Unsichtbarkeit und Ratlosigkeit oder auch pragmatische Hinnahme sind nicht die einzigen Merkmale des Umgangs mit dem Tod in der Gegenwart. Gleichzeitig sind Anzeichen für die Wiederkehr einer visuellen Präsenz wahrzunehmen. Denn während der Tod weiterhin überwiegend im Verborgenen den Institutionen, Funktionssystemen und Dienstleistern überlassen bleibt, steigt massiv die Zahl seiner Bilder. Die Todesverdrängung, so Macho und Marek, habe „keine Resignation, sondern einen gewaltigen Sturm von Bildern

---

[104]Hinweise auf das „Wiedergängertum" liefern archäologische Befunde. Vgl. https://www.hu-berlin.de/de/pr/medien/publikationen/humboldt/2008/200901/forschung/tod.

2.7 Wahrnehmung von Sterben und Tod

und Visionen ausgelöst" (2007, S. 9). Seit Ende der 1970er Jahre wird eine Zunahme von Leichendarstellungen im Fernsehen und in Filmen beobachtet, u. a. im Rahmen von forensischen Kontexten. Zwar sind Totendarstellungen in Kunst, Literatur und wissenschaftlichen Veröffentlichungen[105] kein Novum, allerdings zeigen sich diese immer häufiger (ebd.).[106]

Die Neugier an der Besichtigung eines fremdgewordenen Todes zeigt das nun schon einige Jahre andauernde Interesse an Gunther von Hagens Ausstellungen „Körperwelten" (Pesch 2007, S. 371 ff.). Dabei werden durch ein patentiertes Verfahren mumifizierte menschliche Körper – sog. „Plastinate" – themenbezogen (z. B. zum Lebenszyklus) präsentiert.[107] Bekannt ist die verbreitete Neugier auf Bilder vom Tod prominenter Personen, ebenso auf spektakuläre Weise ums Leben gekommener Unbekannter. Neu ist die Präzision der Bilder, ist zugleich die Radikalität der Zurschaustellung geschundener Körper und die damit einhergehende Grenzüberschreitung zur Verletzung der Würde der Toten.

Folgenreich ist die Erreichbarkeit der Massen mit den zahllosen Bildern vom Tod, inzwischen auch durch die digitalen Medien. Todesfälle Prominenter – und im Fall von Papst Johannes Paul II. auch dessen langes Sterben – sind heute Medienereignis.[108]

Moderne Technik erleichtert die Visualisierung des Todes. Früher war es politischen Herrschern, Religionsstiftern und „Heiligen" vorbehalten, durch Bildnisse oder Denkmale sich ihrer Nachwelt ehrfurchtgebietend zu präsentieren (Krass 2007; Marek 2007). Oder es waren *Totenmasken*, die vom Antlitz der Angehörigen höherer sozialer Schichten ein authentisches und dauerhaftes Abbild

---

[105]Von einer „akademischen Neugier am Bildhaften" schreibt Thorsten Benkel und verweist auf den von W. J. T. Mitchell so bezeichneten „Pictural Turn" (2013, S. 94).

[106]Öffentliche Aufmerksamkeit rief Anfang der 1990er Jahre die Literaturwissenschaftlerin Elisabeth Bronfen mit ihrer Habilitationsschrift „Die schöne Leiche" hervor. Sie zeigt darin, dass in Kunst und Literatur die Darstellung der weiblichen Leiche über Jahrhunderte verbreitet war. Dabei spielt eine unterschwellige Erotik hinein. Diese findet sich übrigens auch in „Schneewittchen", der bekannten Märchenfigur aus der Grimm'schen Sammlung. Schneewittchen wird wegen seiner Schönheit in einem gläsernen Sarg zur vermeintlich letzten Ruhe gebettet und nicht beerdigt (Bronfen 1999).

[107]Der „Bestattungszwang" (vgl. Kap. 5) wird umgangen (Macho und Marek 2007; Roland 2006, S. 140 ff.). Die Ausstellungen mit wechselnden Themen sind ein beachtlicher Publikumserfolg. Vgl. http://www.koerperwelten.de/.

[108]In der Berichterstattung war von der „am meisten gesehenen Beerdigung aller Zeiten" die Rede (Olariu 2007, S. 61).

für das Erinnern herstellten. Seit dem Aufkommen der Fotografie partizipiert der „Normalsterbliche" an Möglichkeiten im Bildformat die eigene Endlichkeit zu überdauern (Schulz 2007).

Hinter der „Bebilderung des Todes" (Soeffner 2008, S. 125) verbirgt sich offenbar ein zeitloses Bedürfnis des Menschen. Als „Gevatter Tod", „Bruder Hain" oder „Sensenmann" vertraut und augenzwinkernd zugleich benannt, schufen sich die Menschen seit jeher Bilder von jener Macht, die sie ständig und unsichtbar bedrohte, jedoch – sichtbar gemacht – nun ohne Schrecken war.

Leichenlüsternheit oder Erinnerungsbedürfnis?
Manche Kritiker sehen im Phänomen der Bebilderung des Todes eine Wendung zur Pornografie. Diese machen sie an fotografischen Nachstellungen von tödlichen Verletzungen fest (Weber 2010, S. 143), „Leichenlüsternheit" sei zu beobachten, die nach dem Bruch der sexuellen Tabus mit der Verbreitung der Hardcore-Pornografie nun ein neuer Tabubruch sei: „Death is the new sex" (ebd., S. 147), so die provokante These.

Der Trend zur Bebilderung hat ungewollt dem altbekannten „Erinnerungstotenbild" zu neuer Aktualität verholfen (Lindinger 2015, S. 10 f.).[109] Es befindet sich inzwischen wieder häufiger auf Grabmalen, auch in Regionen, in denen es früher nicht üblich war. Bekannt ist es auch aus katholischen Trauerfeiern als Porträtbildchen des Verstorbenen. Versehen mit dessen biografischen Daten und vielleicht einem Spruch oder einer kurzen Darstellung seiner Vita, kann es, bequem und dauerhaft in der Hand- oder Brieftasche aufbewahrt, gelegentlich hervorgeholt werden, um im stillen Gebet des Toten zu gedenken (ebd., S. 22 ff.). „Fotos dienen […] der Konservierung entschwindender Vergangenheit" (Benkel und Meitzler 2014a, S. 47). Bilder des Verstorbenen finden sich häufiger inzwischen auch in Traueranzeigen.

Unsichtbarkeit der Bestattungsbranche
Unsichtbarkeit, zumindest Unscheinbarkeit, dieses Prädikat galt lange Zeit für die Präsentation der Bestattungsbranche. Die meisten Bestattungsinstitute verbargen sich über Jahrzehnte, fast so als wäre die eigene Existenz ihnen peinlich. In grauer Unauffälligkeit, die in einfallslos-schlichten Schaufensterdekorationen beredten Ausdruck fand, transportierte sie Bilder eines versteckten Todes (Kahl 2007, S. 155 ff.). Doch die „neue Präsenz" eines

---

[109]Zur Geschichte der Totenfotografie vgl. Benkel und Meitzler (2015, S. 16 ff.); Lettmann (2015, S.12 ff.).

2.7 Wahrnehmung von Sterben und Tod

Tab. 2.6 Vorbereitungen auf den Tod? (Quelle: Hoffmann 2011, S. 160)

Keine	48 %
Testament	26 %
Festlegung der Bestattung	16 %
Organspendeausweis	16 %
Patientenverfügung	15 %
Sterbeversicherung	14 %
Sonstige	1 %
Gesamt n	313

*Mehrfachnennungen möglich

nun sichtbaren Todes hat die Bestattungsbranche erreicht. Zumindest einige Vertreter des Gewerbes haben inzwischen Erscheinungsbild und Selbstbeschreibung massiv geändert. Offenbar wollen sie sich dem neuen Trend in Richtung Sichtbarkeit anpassen (ebd., S. 163). Hier findet derzeit ein Wandel statt, dessen Hintergrund die Veränderung der Bestattungskultur ist (Akyel 2011, 2013; Akyel und Beckert 2014).

2.7.4 Vorbereitung auf den Tod

Die praktisch-dingliche Vorbereitung auf den Tod ist abhängig von persönlichen Merkmalen, wie Lebensalter, Bestehen einer Partnerschaft und sozialen Kontakten. „Keine" Vorbereitungen getroffen zu haben trifft für 48 % der Befragten, so eine Studie, zu. 26 % haben ein Testament verfasst und 16 % eine Regelung für die Bestattung geschaffen (Hoffmann 2011, S. 160; vgl. Tab. 2.6). Eine finanzielle Bestattungsvorsorge, so die Bestattungsstudie (2012), hatten 25,1 % getroffen (Thieme 2016, S. 96).[110]

Zur Vorbereitung auf den Tod zählt heute auch eine rechtswirksame Erklärung darüber, wie im Fall des Verlustes der Entscheidungs- und Handlungsfähigkeit mit dem eigenen Körper bezüglich lebenserhaltender Maßnahmen verfahren werden soll, die sog. *Patientenverfügung* (vgl. Abschn. 2.9).

---

[110]Vgl Abschn. 5.5.

2.7.5 Paradoxien in der Bewertung des Todes

Zu den Paradoxien im Umgang mit dem Tod gehört, dass er, wie oben dargestellt, einerseits aus der Lebenswirklichkeit verdrängt und den Funktionssystemen überlassen wird, andererseits dank medialer Vermittlung fast ständig gegenwärtig ist. Und obwohl – oder weil – der Tod Angst und Schrecken verbreitet, geht von ihm zugleich Faszination und das Wecken von Neugier aus. Eine Wirkung, die durch eine verzerrte und skandalisierende Berichterstattung unterstützt wird (Eigenmann 1999). Sie dürfte beitragen zur Spaltung und zur Vertiefung des Grabens aus Distanz und Fremdheit zwischen den Lebenden und den Toten (Nassehi 2007).

Mit dem Verlauf der Zivilisation, so Elias (1991a, b) geht ein Wachsen der Hemmschwelle zum Töten und – allgemein – zur Gewaltanwendung einher. Institutionalisierungen, wie die Entstehung des staatlichen „Gewaltmonopols", legitimieren den Einsatz von Gewalt zum Schutz vor Willkür. Andererseits ist der Mensch trotz seiner Anlage als Kulturwesen seiner „Natur treu geblieben", um in bestimmten Situationen diese Schwellen einzureißen. Beispiele: Da breiten sich Genugtuung und Erleichterung aus, wenn im Krieg der Feind liquidiert wird, oder ein Mörder den „gerechten Tod" durch Hinrichtung erfährt.[111] Als Anachronismus müssten sonst heutige Kriege und die Verbreitung des Terrorismus gelten und ebenso die sublime Freude an der Darstellung von Gewalt und Tod in Buch, Film, Computerspiel (Ego-Shooter) und in den Massenmedien (s. o.).

Der Umgang des Menschen mit dem Tod ist auf vielerlei Weise paradox. Einerseits bekämpft er ihn. Er rettet Menschenleben aus höchster Gefahr, ohne die Kosten zu limitieren.[112] Andererseits akzeptiert er seine Unausweichlichkeit und Notwendigkeit. Man führt ihn aus und nimmt ihn hin, etwa als Folge des

---

[111]Das war zu beobachten als der Anführer des Terrornetzwerkes Al-Qaida Osama Bin Laden am 2. Mai 2011 von einem „US-Sonder-Kommando" in Pakistan erschossen wurde. Eigentlich ein Mord – denn weder von Kriegszustand, noch von Handeln aus Notwehr konnte die Rede sein – wurde offiziell und in den Medien der Begriff nicht benutzt und es breitete sich bei einigen deutschen Politikern (so auch der Bundeskanzlerin) eine nicht nur verhaltene Freude aus. Vgl. http://www.spiegel.de/politik/ausland/minutenprotokoll-der-tag-an-dem-osama-bin-laden-starb-a-760053.html.

[112]Ein Beispiel: Im Juni 2014 verunglückte der Höhlenforscher Johann Westhauser in der Riesending-Schlachthöhle in den deutschen Alpen. Es kam zu einer mehrtätigen erfolgreichen Rettungsaktion, an der zeitweilig über 700 Helfer beteiligt waren. Vgl. http://www.spiegel.de/panorama/johann-westhauser-aus-hoehle-gerettet-was-kostet-der-einsatz-a-976185.html.

„Restrisikos" bei der Nutzung der Atomtechnik, oder als „Preis" für Nervenkitzel und/oder Ruhm, die ein gelungenes Abenteuer bewirken können. Man lässt sich einnehmen von der Ästhetik des Bildnisses eines Toten als Gemälde oder Fotografie. Menschen wünschen ihren Feinden den Tod. Sie exekutieren Straftäter. Sie töten den Gegner im Krieg, massenhaft, rationell und treffsicher. Sie hätscheln und lieben ihre Haustiere, während Schlacht- und Versuchstiere – Dingen gleich – verbraucht werden, indem sie qualvoll eingesperrt getötet und schließlich – unbedacht aber meist genussvoll – verzehrt werden.

Das 20. Jahrhundert als das Zeitalter der voranschreitenden Zivilisation, ist in die Geschichte zugleich als „Jahrhundert der großen Kriege" und der menschlichen Katastrophen eingegangen. Das 21. Jahrhundert eifert ihm nach, indem Regional- und Bürgerkriege und neuerdings der globale Terrorismus an die Stelle der Weltkriege getreten sind. Und längst haben sich die Anteile der Toten unter den Soldaten und der Zivilbevölkerung zuungunsten Letzterer verschoben.

2.8 Was ist Sterben?

Aber in jedem einzelnen Momente des Lebens sind wir solche, die sterben werden… (Simmel 1957, S. 31).

Dem Tod geht das Sterben[113] voraus. Sterben markiert den „Übergang" vom Leben zum Tod. Es ist die finale Phase jeden organischen Lebens. Physisches Sterben kann ein mehr oder minder schneller, auch plötzlich eintretender Vorgang sein, eine Art Kettenreaktion des Erlöschens von Organfunktionen. Biologisch gesehen ist Sterben der fortlaufende Verlust von Organfunktionen. Dabei verfügt jedes einzelne Organ über einen jeweils eigenen Zeitraum zum Existieren unter der Bedingung, dass die Nähr- und Sauerstoffzufuhr gewährleistet ist.

Sterben durchläuft mehrere Phasen. Am Anfang steht die verringerte Hirntätigkeit. Daraufhin kommt es zu einer fortlaufenden Verschlechterung des Seh- und Hörvermögens bis zum völligen Erlöschen. Zugleich wird die Atmung flacher und der Herzschlag verlangsamt sich bis zur Einstellung. Wenig später tritt der *Hirntod* als ein Funktionsverlust der Hirnzellen ein (Wittwer et al. 2010, S. 75). Durch rasch erfolgende Herzmassage und künstliche Beatmung (Reanimation) kann u. U. die Herzfunktion wiederhergestellt werden. Bei Nichtgelingen der

---

[113]Die westgermanische Wurzel des Wortes Sterben geht auf „steif, starr" zurück (Der Große Duden 1963).

Reanimation kommt es infolge fehlender Versorgung des Herzens mit frischem Blut zu irreparablen Schäden des Gehirns und damit zu einer mehr oder weniger starken Einschränkung aller Körperfunktionen. Der Patient wird zum „Pflegefall".
Die Dauer des Sterbeprozesses ist unterschiedlich. Dies in Abhängigkeit davon, welche Erkrankungen, altersbedingten Reduktionen oder äußeren Einwirkungen wie Gewalt, Unfall, Vergiftung u. a., diesen ausgelöst haben. Oft ist die finale Phase des Sterbens mit einem „Todeskampf", der *Agonie,* verbunden. Dabei führt die Übersäuerung des Blutes zu Zuckungen und Keuchen (Nölle 1997, S. 15).

Sterben ereignet sich in Zeit- und in sozialen und geografischen Räumen. D. h., die Umstände, unter denen wir sterben, sind durch die Zeit und die sozialstrukturellen Bedingungen bestimmt oder beeinflusst. Dies wird nachvollziehbar an der sich verändernden und differenzierten Sterbehäufigkeit, am Anstieg der Durchschnittlichen Lebenserwartung, den Todesursachen, weiterhin an den verschiedenen Sterbeorten – private Wohnung/Haus oder Institution (Krankenhaus/Hospiz) – den Modalitäten von Versorgung und Betreuung der Sterbenden und der Toten, an Abschiedsritualen, dem technisch/medizinischen Stand der Versorgung von Kranken und Verletzten u. a.

Wann, oder wie beginnt der finale Zerfallsprozess des Körpers, den wir Sterben nennen? Welcher zentrale Funktionsausfall, oder welche Art der Häufung ist der Auslöser und welcher Zustand markiert das irreversible Ende? Eine wichtige Frage mit folgenreichen Antworten, die in der modernen, arbeitsteiligen Wissensgesellschaft[114] nur von Experten zu geben sind.

Der für das Leben und die Todesfeststellung zuständige Experte ist der Arzt. Für die Legalität der Todesfeststellung sind der Gesetzgeber bzw. die Gerichte zuständig.

Aus allgemein verbreiteter aber auch aus medizinischer Sicht galt lange Zeit das Herz als Zentrum des Körpers. Dessen Funktionseinstellung wurde als eindeutiges Zeichen für den Eintritt des Todes gehalten. Die Bedeutung des Herzens ist medizinisch und kulturell überhöht. Ihm wird z. B. der Sitz der Seele zugesprochen. Fortschritte der Medizin haben erreicht, dass ein Herzstillstand nicht mehr irreversibel sein muss. Vor allem die Entwicklungen der Intensiv- und Transplantationsmedizin sowie die Möglichkeiten der akuten Notfallbehandlung

---

[114]Die Bezeichnung Wissensgesellschaft wird verwandt, wenn wissenschaftliches Wissen dominanter Produktionsfaktor und Erschließungsinstrument von Sinn ist (Kopp und Steinbach 2016, S. 381).

2.8 Was ist Sterben?

(Reanimation) haben seit etwa 1968 dazu geführt, dem Tod das Merkmal der Unabänderlichkeit zu nehmen. Denn der Mensch verfügt heute über technische Mittel, längere Zeit den organisch nur noch eingeschränkt funktionierenden Körper am Leben zu erhalten. Das ruft allerdings ethische Bedenken hervor. Ein künstlich z. B. an eine Herz-Lungenmaschine[115] angeschlossener Körper ist dem Willen des Betroffenen entzogen. Er ist oft weitgehend bewegungs- und – vor allem – er ist kommunikationsunfähig. Damit, so kann argumentiert werden, sei dem Menschen die Würde genommen. Würde ist ein Grundrecht. Es ist festgeschrieben in der Verfassung (Art. 1 GG).[116] Das Recht auf Würde besteht auch für den Sterbenden und es gilt über den Tod hinaus, also auch im Umgang mit der Leiche. Jeder Mensch hat ein Recht auf ein „selbstbestimmtes Sterben" (Kutzer 2008, S. 63). Doch in der gesellschaftlichen Realität ist dieses Recht ungleich zugänglich. So wird die Selbsttötung gemeinhin nicht akzeptiert und der Einsatz moderner Medizintechnik kann den Sterbenden unter Umständen entmündigen.[117]

Die Möglichkeiten der modernen *Transplantationschirurgie* haben das Problem verschärft. Der Hintergrund: In den letzten Jahrzehnten des 20. Jahrhunderts kam es zu bedeutsamen Fortschritten bei der Organverpflanzung. Die Transplantation von gesunden Organen aus lebenden aber alsbald sterbenden Körpern mit dem Ziel, ein insuffizientes Organ in einem sonst „gesunden" Körper zu ersetzen, wird in Deutschland seit 1963 praktiziert.[118] Zunächst beschränkte sich die Entnahme geeigneter Organe auf Tiere (z. B. Schweineleber). Mit der ersten Herzverpflanzung von Mensch zu Mensch im Jahr 1968 beschleunigte sich die Entwicklung.[119] Da das zu verpflanzende Organ sich in einem lebenden Körper

---

[115] Zur Entwicklung der Herz-Lungen-Maschine. Vgl. http://www.dgfkt.de/hlm/Historische%20Entwicklung%2020%20Jahrhundert.html.

[116] Vgl. Stascheit (2012, S. 16).

[117] Prominentes Beispiel für einen nicht selbst bestimmten Tod ist das Schicksal des israelischen Ministerpräsidenten Ariel Sharon (1928–2014). Er starb am 11. Januar 2014 an multiplem Organversagen. Nach mehreren erlittenen Schlaganfällen im Frühjahr 2006, hatte er seine letzten Lebensjahre im Wachkoma verbracht. Vgl. http://www.hdg.de/lemo/biografie/ariel-sharon.html.

[118] Vgl. http://www.bpb.de/apuz/33315/transplantationsmedizin-zwischen-fortschritt-und-organknappheit-geschichte-und-aktuelle-fragen-der-organspende?p=all.

[119] Die erste Herztransplantation erfolgte durch den Chirurgen Christiaan Barnard in Südafrika. Vgl. http://www.faz.net/aktuell/gesellschaft/todesfall-herzchirurg-christiaan-barnard-gestorben-127658.html.

befinden muss, besteht die Problematik einer rechtzeitigen Todesfeststellung. In der Folge begann eine jahrelange Diskussion zwischen Medizinern, Ethikern, Theologen und Juristen zu der Frage nach den daraus folgenden Konsequenzen. Das *Transplantationsgesetz (TPG)* von 1997 schuf schließlich einen Kompromiss, der, wie der Philosoph Hans Jonas gesagt hat, zu gewährleisten versucht, dass „Das Verscheiden eines Menschen [...] von Pietät umhegt und vor Ausbeutung geschützt sein [soll]".[120] Mit anderen Worten, das heikle Thema Würde ist angesichts der ständigen Entwicklung des Wissens und dessen Umsetzung in die Lebenspraxis, gefordert, vor jeder Anpassung der Gesetzeslage einen an Fragen der Ethik orientierten Diskurs von Philosophen, Theologen, Medizinern und Soziologen zu führen.

2.8.1 Versorgung des Verstorbenen

Das Geschehen zwischen Eintritt des Todes und Durchführung der *Bestattung* ist für die meisten Hinterbliebenen heute ein „ausgeblendeter Bereich" (Schäfer 2002, S. 104; vgl. Abschn. 2.7.2). Er wird in der modernen funktional differenzierten und mediatisierten Gesellschaft zumeist Experten überlassen (vgl. Abschn. 2.7.3) und macht ihn dadurch für die Trauernden unsichtbar. Vielfach korrespondiert dies mit dem häufig geäußerten Wunsch der Angehörigen, den Verstorbenen so in Erinnerung zu behalten, wie man ihn lebend wahrgenommen habe. Andererseits kann bei einem plötzlichen Todesfall das Abschiednehmen durch den Anblick des Toten eine Hilfe für den Umgang mit Trauer sein (ebd., S. 106).

Das „Kümmern" um die Toten – auch als *Totenfürsorge* bezeichnet – ist ein Merkmal der Zivilisation. Im Christentum gilt es als eines der „Sieben Werke der Barmherzigkeit".[121] Heute beginnt mit dem Tod die Abwicklung eines bürokratischen Verfahrens im Umgang mit der Leiche. Es besteht *Bestattungspflicht* (vgl. Kap. 2).[122] Die *Friedhofs-* und *Bestattungsgesetze* der einzelnen Bundesländer regeln die Länge der *Bestattungsfrist,* die zumeist 48 h bemisst (Großes Lexikon der Bestattungs- und Friedhofskultur 2010, S. 58). Damit ist die Mindestzeit zwischen Eintritt des Todes und der Bestattung im Sarg oder der

---

[120]Zit. n. http://www.initiative-kao.de/troendle-rechtliche-bedeutung-hirntod.html.

[121]Vgl. http://www.glaube-und-kirche.de/sieben_werke_der_barmherzigkeit.htm.

[122]Diese gilt in Deutschland nicht für Leichenteile (Großes Lexikon der Bestattungs- und Friedhofskultur 2010, S. 286).

2.8 Was ist Sterben?

Einäscherung (Kremation) – nicht der Beisetzung der Urne – gemeint. Innerhalb dieser Zeit muss der Totenschein ausgestellt werden (vgl. Kap. 5). Im Fall einer Kremation ist eine zweite Untersuchung, die sog. „Leichennachschau", vorgeschrieben (Großes Lexikon der Bestattungs- und Friedhofkultur 2010, S. 284). Sind die Gründe des Todes ungewiss, ist eine *Obduktion (Leichenöffnung/Autopsie)* zwingend (ebd., S. 285). Hinsichtlich der Zeit, die zwischen Tod und *Sargbestattung* eintreten darf, variieren die Fristen zwischen vier (ohne Sonn- und Feiertage) und zehn Tagen. Je nach Landesgesetz ist auch von „soll" oder „zum frühestmöglichen Zeitpunkt" die Rede. Das Ordnungsamt kann eine Verlängerung auf Antrag genehmigen (Großes Lexikon der Bestattungs- und Friedhofskultur 2010, S. 58). Längere Fristen sind für die *Urnenbeisetzung* vorgesehen. Auch hier gibt es in den einzelnen Landesgesetzen unterschiedliche Vorgaben, z. B. einen Monat. Andere Fristen bestehen für die Verbringung Verstorbener in eine Kühlzelle, die sich in einer öffentlichen Leichenhalle oder in den Räumlichkeiten eines Bestatters befinden kann (ebd., S. 284). Die meisten Bundesländer sehen hier 36 h vor.[123] Für den Fall, dass keine Pflichtigen gefunden werden bzw. diese ihrer Pflicht nicht nachkommen, wird eine Bestattung als sog. *Ersatzvornahme* (auch: *Ordnungsbehördliche Bestattung* oder *Bestattung von Amts wegen*) durchgeführt (Großes Lexikon der Bestattungs- und Friedhofskultur 2010, S. 114).

Nach Abschluss der Obduktion werden bestimmte Handlungen an dem Toten vorgenommen. Dazu gehören, sofern der Sterbeort ein Krankenhaus war, das Entfernen medizinischer Gegenstände, das Reinigen des Körpers, Verschließen von Augen und Mund, Kämmen der Haare, die Waschung sowie das Einkleiden *(Totenhemd)* (Nölle 1997, S. 17).

Einigen dieser Vorgänge kam in der Vergangenheit bzw. kommt noch heute in bestimmten Religionen besondere kultische Bedeutung zu. Immer geht es dabei um die Würde des Toten. Das gilt für die Waschung des Körpers und auch das Anlegen der Kleidung (Großes Lexikon der Bestattungs- und Friedhofskultur 2010, S. 459). Das sog. „letzte Hemd" hat bekanntlich „keine Taschen".[124] Seine Bedeutung kann daran bemessen werden, dass es noch vor wenigen Generationen ein Teil der *Aussteuer*[125] oder ein Konfirmationsgeschenk war (ebd., S. 323 f.).

---

[123] Vgl. http://wiki.aeternitas.de/index.php?title=Bestattungsfrist.

[124] Mit dieser Redewendung ist gemeint, dass alles, was ein Mensch besitzt, nicht mit ins Grab genommen werden kann.

[125] Zur Aussteuer gehören Gegenstände, die einer Braut bei der Eheschließung mitgegeben werden.

Totenkleidung repräsentierte auch den Status des Verstorbenen. An ihrer Kleidung, waren die Menschen – ob lebendig oder tot – hinsichtlich ihrer sozialen Herkunft zu erkennen. Im 19. Jahrhundert wurde in Teilen Europas spezielle *Totenwäsche* industriell angefertigt, um den Kleiderbestand der Familie des Verstorbenen zu schonen. Heute kommt durch die Totenbekleidung oft eine individuelle Note ins Spiel. Bestatter fragen Hinterbliebene nach der „Lieblingskleidung" des Verstorbenen, um ihm diese für „die letzte Reise" anzulegen.[126] Bei der Kremation werden allerdings Auflagen im Sinne der Schadstoffbegrenzung gemacht. Durch Änderung entsprechender Gesetze wird heute u. U. anstelle des Sarges ein Leichentuch erlaubt (ebd., S. 456 f.; vgl. Abschn. 5.4).[127]

Herrichten der Leiche

Das Herrichten der Leiche erfüllt nicht allein funktionale Zwecke. Es geht zugleich um die Vorbereitung eines würdevollen Abschieds. Dieser hängt auch vom äußeren Erscheinungsbild des Toten ab. Sollten gewaltsame Umstände oder ein Unfall zum Tod geführt haben, ermöglichen heute sog. „rekonstruktive Techniken" diesen Wunsch zu realisieren. Mittels verschiedener, z. T. sehr aufwendiger Verfahren kann der *Thanatopraktiker* Verletzungen kaschieren oder z. B. Teile des Kopfes rekonstruieren. Die *Wiederherstellungs-Chirurgie* wurde in den USA entwickelt, wo die „offene Abschiednahme" fest zur Bestattungskultur gehört (Bestattungskultur 2014, S. 30 ff.).

Die nützliche Leiche

Der tote Körper ist auch eine in mehrerlei Hinsicht nützliche Ressource. So dient er der medizinischen Forschung als Studienobjekt. Es geht dabei nicht um die *Organspende,* sondern um die Überlassung der vollständigen Leiche an ein anatomisches Institut. Der Spender hat dazu per *Körperspendenvereinbarung* im Vorhinein seinen toten Körper der Forschung zur Verfügung gestellt.[128] Der Vertragspartner sichert im Gegenzug die Kostenübernahme für Bestattung und Grabpflege zu (Schäfer und Groß 2009, S. 43 f.). Leichen erfüllen so zum einen den Zweck, materielle Ressource für den Anatomieunterricht in der medizinischen

---

[126]Die „letzte Reise" ist ein Wort für den Weg zur Beisetzung von Sarg oder Urne.

[127]Die Lockerung des „Sargzwangs" erfolgte mit Rücksicht auf die islamische Bestattungskultur. Die Kremation ist im Islam verboten. Vgl. http://www.aeternitas.de/inhalt/presse/ARCHIV/2015/2015_03_25__09_01_31.

[128]Vgl. http://www.ruhr-uni-bochum.de/anatomie/koerperspende_PW.html.

2.8 Was ist Sterben?

Ausbildung zu sein. Zum anderen können durch die *Obduktion/Klinische Sektion* genauere Schlüsse auf die Todesursache gefolgert werden. Nicht ohne Grund. So kommt eine Studie zu dem Ergebnis, dass bei 72 % aller Sektionsfälle prämortal nicht bekannte *Todesursachendiagnosen* gestellt werden konnten. Wichtige Informationen sind außerdem durch die Sektion für die Diagnostik von Berufskrankheiten, Infektionskrankheiten, umweltbedingte Erkrankungen und Erbkrankheiten sowie für die Unfallforschung zu erhalten.[129] Und schließlich sind auf diesem Weg Beweismittel in Gerichtsprozessen (u. a. bei Haftpflichtstreitigkeiten) zu erwarten (Groß und Schweikardt 2010, S. 119 ff.).[130]

Ein weiterer (und weiter) Bereich der „Nützlichkeit" des Toten ist die Politik. Tote Herrscher oder wichtige Positionsinhaber der politischen Elite erhalten einen *Staatsakt* oder ein *Staatsbegräbnis*.[131] Hierbei handelt es sich um die höchsten Ehrungen für einen Toten, die ein Staat vergeben kann. Beide finden im *öffentlichen Raum* statt (beim Staatsakt gilt das nicht für das *Begräbnis*) unter Beteiligung höchster politischer Amtsträger in einem zeremoniellen Rahmen unter Mitwirkung des Militärs. Anwesend ist dann immer auch die prominente Leiche, heute allerdings meist im geschlossenen Sarg (König 2015, S. 34 ff.).

Die Bedeutung derartiger Zeremonien liegt in der symbolgetragenen Vermittlung der Legitimität von politischer Herrschaft. Der tote Herrscher präsentiert sich sichtbar inmitten seiner Untertanen, sodass die öffentliche Trauer auch persönlich mitgelebt werden kann (vgl. Abschn. 4.4).[132]

Die politisch-herrschaftliche Funktion von Toten zeigt sich bis heute ebenso in der besonderen Ehrerweisung für während Kampfhandlungen ums Leben gekommener Soldaten oder Polizisten (Hettling 2015, S. 101 ff.; Winkens 2015, S. 109). Auf die Funktionalität von Toten verweist auf drastische Weise die Verwendung toter Körper oder von Leichenteilen als Kampfmittel, z. B. zur Abschreckung – in Kampfhandlungen (Ohnhäuser 2009, S. 71 ff.).

---

[129]In der Unfallforschung werden neben Dummies auch Leichen eingesetzt, bzw. Dummies durch Erkenntnisse, die mit Leichen ermittelt wurden, konstruiert (Großes Lexikon der Bestattungs- und Friedhofskultur 2010, S. 287).

[130]Immer wieder kommt es zum Missbrauch des toten Körpers, wenn die Einwilligung fehlt. Historisches Beispiel ist die „Verwertung" von Häftlingsleichen in den Konzentrationslagern des Nationalsozialistischen Staates (Kühl 2014, S. 85 ff.).

[131]Beim Staatsbegräbnis trägt der Staat die Beerdigungskosten (König 2015, S. 36).

[132]Die Entwicklung öffentlicher Totenverehrung wird historisch mit dem Entstehen der Nationalstaaten in Verbindung gebracht (Beck 2015, S. 32).

Tod und Recht
Mit dem Tod eines Menschen erlischt die Persönlichkeit und damit (weitgehend) auch deren Schutz. Dennoch müssen grundlegende Persönlichkeitsrechte auch über das Ableben hinaus gewährleistet sein. Das betrifft den Umgang mit der Leiche, wozu neben dem Bestattungszwang auch die *Totenruhe* gehört und ggfs. die Erfüllung eines Testaments. Parallel dazu gibt es sittliche Standards, die die Würde des Menschen auch im Tod bewahren sollen, z. B. nicht schlecht über Tote zu sprechen (Großes Lexikon der Bestattungs- und Friedhofskultur 2010, S. 346 f., 457 f.).

2.8.2 Warum sterben wir?[133]

Mit den neuesten Fortschritten in der Gentechnologie ist die Gesellschaft jedoch in ihrem Ziel, den Tod zumindest hinauszögern zu können, gehörige Schritte weitergekommen (Joachim-Meyer 2004, S. 41).

„Letztlich gibt es nur eine Todesursache, nämlich die Sterblichkeit, die der Mensch mit allen Lebewesen gemeinsam hat" (Wittwer et al. 2010, S. 109).[134] Dem Tod, genauer: dem natürlichen Tod, geht – zumeist – das *Altern* voraus (Mittelstraß 2008, S. 23). Der Tod ist ein Kontinuum. Vom plötzlichen oder durch äußere Ursachen bewirkten Tod abgesehen, beginnt der Weg zum Tod schon früh im Leben, nämlich mit dem Beginn des Alternsprozesses eines Organismus.[135] Altern ist voranschreitende Reduktion von Funktionsfähigkeit, bis hin zum völligen Funktionsverlust einzelner lebenswichtiger Organe. Von zentraler Bedeutung für den gesamten Organismus ist die Hirnfunktion. Altern setzt kaum merklich nach dem Erreichen der körperlichen Reife ein; beim Menschen zwischen dem 20. und dem 30. Lebensjahr. Bedingt durch genetische

---

[133]Der Verfasser dankt Dr. Sebastian Neumann für sachkundige Kommentare zu diesem Kapitel.

[134]Freud schreibt unter Hinweis auf die *Keimplasmaforschung* seiner Zeit, dass der Tod stets den Organismus betreffe, die Keimzellen unter günstigen Umständen aber potenziell unsterblich seien (1975, S. 254).

[135]Das Wort Organismus bezeichnet etymologisch gesehen, nichts Anderes als Leben; man denke auch an Ab-leben als Synonym für Tod (Der Große Duden 1963).

2.8 Was ist Sterben?

Dispositionen[136] oder gesellschaftliche Faktoren, wie belastende Arbeitsbedingungen, Umweltbelastung u. a., kann der Prozess schon früher beginnen. Der funktionale Reduktionsprozess ist jedoch kein linear verlaufender. Man spricht vom *individuellen Altern*. Auf den Anfang und die Intensität des Alternsprozesses wirken auch Persönlichkeitsmerkmale und strukturelle Bedingungen ein, z. B. Bildung, Wertorientierungen, Verhaltensweisen sowie gesellschaftliche Bedingungen, z. B. Ernährungs- und Arbeitssituation, Gesundheitsversorgung, politisch/wirtschaftliche Situation. Altern ist ein mehrdimensionaler Vorgang (Thieme 2008, S. 179 f.).

Ursachen des Alterns aus naturwissenschaftlicher Sicht[137]
(Fast) alles altert, doch warum? Die experimentelle Naturwissenschaft liefert seit dem 19. Jahrhundert der Medizin und Pharmazie Erkenntnisse, die wichtige Voraussetzungen dafür sind, dass sich die tatsächliche Durchschnittliche Lebenserwartung immer stärker der natürlichen *Lebensspanne* annähern konnte. Aber erst in den letzten Jahrzehnten ist es durch Forschungen der Biologie, der Humangenetik und der molekulargerontologischen Grundlagenforschung zu einem gewaltigen Schub des Kenntnisstandes gekommen. Dieser könnte mittelfristig helfen, einige derzeit noch als unheilbar geltende Krankheiten erfolgreich zu bekämpfen und so Voraussetzungen für ein weiteres Verlängern der Lebensdauer zu schaffen.

Hoffnungen sind in diesem Zusammenhang auf die *Genom-* und *Stammzellenforschung* gerichtet. So zielt das *therapeutische Klonen* am Menschen auf das Züchten spezialisierter Zellkulturen, die auf der Basis von gesunden gewonnen werden.

---

[136]Diese können zu *vorzeitigem Altern* führen. Das ist der Fall bei drei bekannten Erkrankungen: *Down-Syndrom, Hutchinson-Gilford-Syndrom, Werner-Syndrom* (Thieme 2008, S. 219 ff.).
[137]Das Teilkapitel hat der Verfasser als naturwissenschaftlicher Laie in der Form eines Essays geschrieben. Dieser basiert auf der Lektüre von Fachliteratur, des Wissenschaftsteils von Zeitungen und Internetrecherche und ist die verkürzte Darstellung einer bereits an anderer Stelle erfolgten Veröffentlichung (Thieme 2008, S. 207 ff.).

Durch das Verfahren des Klonens[138] soll es möglich werden, die erkrankten Gewebekulturen zu ersetzen. Ethische Bedenken sollen an dieser Stelle nicht verschwiegen werden. So wird für die Zucht von *Zellkulturen* ein menschlicher Fötus benötigt, der nach Erfüllung seines Zweckes – Lieferung von Stammzellen – „Abfall" ist.[139]

Ein 2006 durch den japanischen Stammzellenforscher Shinya Yamanaka[140] entwickeltes Verfahren geht einen anderen Weg. Dabei werden durch künstliche Reprogrammierung pluripotente Stammzellen aus nicht-pluripotenten somatischen Zellen gewonnen. So entfällt der Weg über die embryonalen Zellen.

Die Forschung sucht weiterhin nach Möglichkeiten, Risiken für Erkrankungen frühzeitig zu erkennen, um somit Maßnahmen zur Krankheitsprävention treffen zu können. Gesucht wird deshalb nach „Vorboten", sog. *Biomarkern,* bestimmter Todesursachen. So könnten gewisse biochemische Verbindungen im Blut Hinweis auf den drohenden Herztod sein (Thieme 2008, S. 209).

Altern und Sterben: „kosmisches Prinzip" des Lebens
Altern und Sterben sind offenkundig universale und dauerhaft wirksame Prinzipien. Leben und Sterben stehen komplementär zueinander in Beziehung. Denn Leben bedeutet paradoxerweise Beständigkeit im Altern, und ohne den Tod wäre neues Leben bei stets begrenzten Ressourcen nicht möglich. Knappheit führt zu Konkurrenz und fordert die „evolutionäre Entscheidung" zwischen der Bevorzugung einer Unendlichkeit des Lebens bei begrenzter Anzahl der Lebewesen oder – andererseits – der Endlichkeit des Lebens bei beständig zunehmender Zahl.

---

[138]Unter Klonen wird die Herstellung eines identischen Gens, Organs, Körperteils oder Lebewesens aus dem Gen einer beliebigen Körperzelle verstanden. Bei der Herstellung von Lebewesen spricht man vom *reproduktiven Klonen.* Die Gentechnik wird schon längere Zeit in der Landwirtschaft bei der Herstellung von Saatgut angewandt (ebd., S. 209).

[139]Diese menschlichen Embryonen sind heute bereits verfügbar, wenn im Rahmen der *In-Vitro-Fertilisation (IVF = künstliche Befruchtung der Eizelle außerhalb des Mutterleibes)* und der dann obligatorischen *pränatalen Implantationsdiagnostik (PID;* ein grundsätzlich bei der IVF vorgesehenes Verfahren) Schäden festgestellt werden, die eine Behinderung des Neugeborenen wahrscheinlich sein lassen. Diese Embryonen werden nicht ausgetragen, sondern getötet oder sie stehen Forschungszwecken zur Verfügung. In Deutschland ist das beschriebene Verfahren gesetzlich verboten (Thieme 2008, S. 209; vgl. Abschn. 2.5.6).

[140]Der Entdecker erhielt zusammen mit John B. Gurdon 2012 dafür den Nobelpreis für Physiology or Medicine. http://www.nobelprice.org/nobel_prizes/medicine/laureates/2012/advanced.html.

2.8 Was ist Sterben?

Die Evolution hat sich bekanntlich für die zweite Möglichkeit „entschieden". Durch *Mutationen*[141] sorgt sie für Anpassung der Lebewesen an die Umweltbedingungen. Je gelungener diese ausfällt, desto größer sind die Chancen für eine lange artspezifische und individuelle Lebensspanne. Doch auch hier zeigt Ressourcenknappheit Wirkung. Der Primat *Langlebigkeit* erfordert die Zufuhr von Energie, die dem jungen und zur Mutation fähigen Leben aus Gründen der Ressourcenknappheit vorenthalten werden muss. Die „Energiefrage" bestimmt also darüber, wo der Organismus investiert, nämlich in Langlebigkeit auf Kosten des evolutionären Fortschritts, oder in die Differenzierung des Lebens – dann allerdings auf Kosten der Langlebigkeit des Einzelnen. Mit anderen Worten: die Evolution findet nur dann statt, wenn dem jungen Leben, welches zugleich Träger der für die Art überlebenswichtigen Mutationen ist, jene Menge an Energie zugeführt wird, die der Realisierung von individueller Langlebigkeit auf der anderen Seite entzogen wird. Als zentrale Prinzipien der Evolution gelten *Selektion* und Mutation. Sie sind Voraussetzung für Anpassung und für die Entwicklung neuer Arten, sodass umgekehrt die ausschließliche Zielverfolgung von Langlebigkeit die Evolution zum Erliegen brächte.[142]

Die Verlängerung des Lebens ist dennoch ein zentrales Merkmal der Evolution. Dieser Prozess ist genauso wenig zu Ende wie die Evolution der Arten.[143] Könnte das in den letzten 200 Jahren so erfolgreiche Bestreben des Menschen nach einer Verlängerung des Lebens in dieser Evolutionslogik begründet sein?

---

[141]Mutationen sind zufällige ungerichtete Veränderungen der *Erbsubstanz* als Reaktion auf Umweltanforderungen, (z. B. gefährlicher Strahlung). Dabei entstehende Schäden werden durch einen „Selbst-Reparatur-Mechanismus" auf der Basis von *Enzymen* in der Zelle beseitigt. Es ist aber auch eine Schädigung der *DNA* – Gefahr von *Erbkrankheiten* – möglich (Thieme 2008, S. 210).

[142]Von einer Fortsetzung der Evolution wird ausgegangen, auch wenn sie sich aus Zeitgründen empirisch schwerlich beobachten lässt. Das gilt auch für einzelne Organe wie das menschliche Gehirn. *Humangenetiker* der University of Chicago haben vor einigen Jahren eine entsprechende These veröffentlicht (ebd., S. 210 f.).

[143]Die Tendenz zum längeren Leben ist nicht nur im Vergleich höherer und niederer Lebewesen zu beobachten, sondern auch bei einzelnen Arten mit ausgeprägter *Kurzlebigkeit* wie der Fruchtfliege. Die Schlussfolgerungen sind allerdings umstritten. Die Fruchtfliege (lat. Drosophila melanogaster) hat sich eine weitere Anmerkung verdient. Sie gelangte bekanntlich dadurch zu „Prominenz", dass der amerikanische Biologe und Pionier der Genforschung Thomas Hunt Morgan mit ihr Kreuzungsversuche unternahm, die u. a. eine weitgehende Richtigkeit der von Gregor Mendel (ab 1854) entdeckten Erbregeln bestätigte. Mendel hatte Erbsen benutzt. Seine Forschungsergebnisse gerieten jedoch alsbald in Vergessenheit, während Morgan 1933 für seine Verdienste den Nobelpreis erhielt. Die Fruchtfliege gilt seither als das „Haustier" der *Genetiker* (ebd., S. 211).

Zur Logik der Evolution gehört auch eine *Mindestlebenszeit*. Ohne sie gäbe es keine Fortpflanzung und keinen Fortbestand der Art. Mindestlebenszeit ist somit identisch mit Generationszeit. Je kürzer die Lebensphase bis zur Fortpflanzungsfähigkeit ist, umso höher ist das Tempo der Evolution. Am deutlichsten demonstrieren dieses Prinzip solche Organismen, deren Dasein nach einem einzigen *Reproduktionszyklus* mit dem Tod endet, wie das des Oktopusses (eine Tintenfischart), des pazifischen Lachs oder einiger Beutelmäuse (Thieme 2008, S. 212).

Große Unterschiede gibt es im Vergleich der Arten hinsichtlich einer genetisch vorgegebenen Lebenszeit, der Lebensspanne, als theoretisch möglicher zeitlicher Lebensraum. Zugleich demonstriert das Beispiel des Vergleichs von Maus und Schildkröte, dass das Erreichen einer längeren Lebensspanne nicht notwendig ein Privileg der in der Evolution höherstehenden Lebewesen ist.[144] Je komplexer ein Lebewesen in seinem organischen Aufbau – das gilt bekanntlich für Säugetiere und insbesondere für den Menschen – desto genauer ist eine Vorhersehbarkeit der Lebensspanne möglich.

Determinanten der Endlichkeit
Den Grund für die Endlichkeit des Lebens sehen einige Forscher in der begrenzten Vermehrungsfähigkeit der Zellen. Die Verfechter der „Begrenzungsthese" gehen von der Wahrscheinlichkeit aus, dass nach etwa fünfzig Populationsverdoppelungen die Entwicklung zum Ende kommt. Von dieser These ist die Annahme abgeleitet, dass die Lebensspanne des Menschen bei etwa 120 Jahren liegt (Thieme 2008, S. 213).[145]

Unsterblichkeit
Doch nicht alles Leben altert und stirbt. Verschiedene Bakterien scheinen vom Altern ausgenommen (ebd., S. 214). Einzellige Lebewesen verschaffen sich durch *Zellteilung* ständig neue Kopien. Und wenn einzelne von ihnen durch Außeneinwirkung sterben, so waren sie zuvor nicht gealtert. Auch beim Menschen gibt es ein Gewebe, das als unsterblich gilt: die Haut. Sog. *projektive Moleküle,* die in

---

[144]Das Genom der Maus ist dem des Menschen sehr ähnlich (ebd., S. 213).

[145]Nachrichten über das Erreichen eines vermeintlichen Rekord-Alters sind häufig nicht verifizierbar. Als nachgewiesen gilt, dass die Französin Jeanne Calment, die am 4. August 1997 im Alter von 122 Jahren und 164 Tagen verstarb, dass bisher höchste Alter erreichte (ebd.). Der älteste Deutsche, zur Zeit der Niederschrift dieses Buches (Frühjahr 2017) ist ein Mann. Er ist 111 Jahre alt. Vgl. https://www.welt.de/vermischtes/article158784321/Der-aelteste-Mann-Deutschlands-feiert-111-Geburtstag.html.

2.8 Was ist Sterben?

prinzipiell jeder Zelle in begrenztem Umfang vorhanden sein können, sorgen hier für die notwendige „Ersatzteilung" und damit für die Heilung von Verletzungen (ebd.).

Strategien für Langlebigkeit
Die Geschwindigkeit von organischen Alterungsprozessen ist, wie der Vergleich von Arten zeigt, sehr verschieden. Es gibt solche, die derart langsam ablaufen, dass sie praktisch nicht festgestellt werden können. Dies wirft die Frage nach der Existenz von Strategien des Organismus auf, die dazu dienen, Langlebigkeit zu bewirken. Gleich drei davon scheint es zu geben: 1) Eine, die Ersatz für geschädigte Organteile schafft (s. das Beispiel Haut), 2) ein *Selbst-Reparatur-Mechanismus* und 3) sog. *Schutzmoleküle*. Auch hier ist das „einfache Leben" gegenüber dem hochkomplexen im Vorteil. Einzellige und auch einige vielzellige Organismen können sich aller drei Strategien bedienen (ebd., S. 214 f.).

Auf die Existenz von *Langlebigkeitsgenen* könnte die weltweit relativ kleine Zahl von sehr alten Menschen (deutlich jenseits von 100) verweisen. Diese verfügen häufig noch über eine gute körperliche Gesundheit und in deren Verwandtschaft befinden sich oft ebenfalls auffällig viele Hochbetagte. Die Aussicht auf Hochaltrigkeit scheint vererbbar und die Zahl der Hochaltrigen nimmt weltweit zu (ebd., S. 218).

Biologische Bedingtheit des Alterns
Was Altern als Prozess des Absterbens letztlich verursacht, ist bis heute nicht restlos geklärt. Möglich ist, dass es einen oder mehrere Faktoren oder ein genetisches Programm gibt. Auch ein Versagen des *Selbst-Reparaturmechanismus (Immunsystem)* wäre als determinierender Faktor denkbar, ebenso aber auch eine Folge von Zufällen. Mit der Zunahme des Lebensalters steigende Krankheitsraten, z. B. durch Krebs, zeigen, dass körpereigene Abwehrstrategien an Wirkung verlieren, sich wohlmöglich abnutzen und sich zerstörerisch gegen das zu schützende Organ oder Gewebe richten. Die weißen Blutkörperchen, von denen sonst nur Gutes zu berichten ist, gehören zu diesen Zerstörern. Einige Evolutionstheoretiker halten den Prozess des Alterns für eine Anhäufung zahlreicher Mutationen, die in frühen Lebensjahren zwar die Vitalität eines Organs erhöhen, deren Effekte aber von einem gewissen Zeitpunkt an ins Negative umschlagen und so eine Verkürzung der Lebensdauer bewirken. Eine mögliche Erklärung könnten *DNA*-Schäden sein. Die Forschung richtet sich auf intrazelluläre Vorgänge, die Veränderungen der Zelle bezüglich ihrer Genstruktur bewirken. Ist einmal ein Schaden aufgetreten, so wird er sich über die Zellteilung ungehindert fortsetzen. Eine DNA-Schädigung könnte auch im – mit jeder Zellteilung verbundenen Verkürzungsvorgang bis zum

völligen Verschwinden der *Telomere* – zusammenhängen. Telomere dienen dem Schutz der DNA.

Zum Alterungsprozess gehört die Reduktion des Stoffwechsels, die auf eine Veränderung der Proteinproduktion zurückzuführen ist. Hierbei kommt es in der Folge der Verlangsamung des Vorgangs in den Geweben zu einem Verlust an Elastizität. Ein Beispiel dafür ist die Verhärtung der Blutgefäßwände; möglicherweise ein Hauptgrund für den alterstypisch erhöhten systolischen Blutdruck. Fehlerhafte Proteinproduktion ist ebenfalls der Grund für eine weitere bekannte Alterskrankheit, den sog. Alterszucker (Diabetes mellitus), der oft zu weiteren Erkrankungen führt.

Von den zahlreichen Theorien, die Altern erklären sollen, wurde hier nur eine Auswahl vorgestellt.[146] Abschließend noch ein Hinweis auf die sog. *freien Radikale*. Bei ihnen handelt es sich um Moleküle, die ebenso instabil wie reaktionsfreudig sind und die sich vor allem als ausgesprochen aggressiv erweisen. Obgleich sehr schnelllebig, denn nur Sekunden existierend, richten sie an organischen Molekülen großen Schaden an und können ganze Kettenreaktionen auslösen (ebd., S. 214 ff.).

2.9 Hilfen zum Sterben

Zu den „zivilisatorischen Errungenschaften" gehören im Besonderen die Fortschritte von Medizin und Medizintechnik. Sie haben Möglichkeiten geschaffen, das Leben zu verlängern. Dies oft allerdings unter Inkaufnahme des Verlustes von Selbstbestimmung.

2.9.1 Diskussion über Hilfen beim bzw. zum Sterben

Ein von Schmerzen und Pflegebedürftigkeit überschattetes Leben kann den Sinn einer künstlichen Lebensverlängerung infrage stellen. Der Wunsch nach Hilfe beim und zum Sterben hat ethisch, religiös und strafrechtlich geprägte Diskussionen entfacht. Diese betreffen einerseits die Frage nach dem Recht auf Eingriffe in das aus christlicher Sicht „geschenkte Leben". Zum anderen geht es um die Gefahr des Missbrauchs bei der Herbeiführung des Todes ohne Einverständnis eines nicht (mehr) entscheidungs- und handlungsfähigen Patienten (Endreß und

---

[146]Eine Einführung bietet: Baltes et al. (1994).

2.9 Hilfen zum Sterben

Bauer 2007, S. 7). Zum Dritten gibt es ein Dilemma des Arztes, der zwischen Hilfegesuch, standesethischer Verantwortung und der persönlichen Gewissensentscheidung steht. Nicht zuletzt steht das Problem nach einem „Sterben in Würde" im Raum (Feldmann 2008). Doch, was ist ein Sterben in Würde?

Rahmen für die Diskussion über Hilfen zum Sterben ist die moderne, liberale, individualisierte Gesellschaft. Etwa Dreiviertel der Bevölkerung in Deutschland befürworteten Ende 2014 laut einer Umfrage die Assistenz des Arztes bei dem vom Patienten gewünschten Sterben.

Missbrauchsgefahr
In Deutschland wird die Debatte um das Recht auf Hilfe zum Sterben noch immer durch den Missbrauch der *Euthanasie,* d. h. die Massenmorde an Kranken im nationalsozialistischen Deutschland erschwert (Aly 2013). In der altgriechischen Kultur war Euthanasie die Bezeichnung für den „guten Tod" und wurde im Sinne der Verkürzung eines „schlechten Lebens" praktiziert (Feldmann 1997, S. 96). Zugleich galt Euthanasie als Synonym für den ehrenvollen, nicht schändlichen und schmerzfreien Tod am Ende eines erfüllten Lebens (Feldmann 2005, S. 184). Mit der Ausbreitung des Christentums verschwand der Begriff, galt doch ein leidvoller (Märtyrer-) Tod gar als förderlich zur Erlangung des „ewigen Heils" (Häcker 2008, S. 29).

Mit der Ausbreitung *sozialdarwinistischen* und *eugenischen* Gedankenguts[147] seit der Mitte des 19. Jahrhunderts kam die Sterbehilfe in die Diskussion zurück. Ziel der *Eugeniker* war die „selektive Tötung" im Interesse der Gemeinschaft, der „Rasse", des Staates (Feldmann 1997, S. 96). Im NS-Deutschland wurde Euthanasie zu einem Teil der praktischen Umsetzung der Rassenideologie und des Plans zur Vernichtung sog. „unwerten Lebens".[148] Ab 1933 wurde Euthanasie

---

[147]In Anlehnung an Charles Darwins Evolutionstheorie (1859) entstand im 19. Jahrhundert eine geistes- und naturwissenschaftliche Strömung, deren Kern die Prämisse von der Unveränderbarkeit guter und schlechter Erbanlagen war. Die *Eugenische/Rassenhygienische Bewegung* wollte durch Maßnahmen der Auslese, wozu auch die *Zwangssterilisation* und die Euthanasie gehörten, den befürchteten kulturellen Niedergang aufgrund der Zunahme der „minderwertigen" Bevölkerungsteile verhindern (Fangerau 2001; Francis 1981; Thieme 1988; Weingart 1992).

[148]Wegbereiter einer staatlichen Institutionalisierung der Euthanasie waren mit ihrem 1920 erschienenen Buch „Die Freigabe der Vernichtung lebensunwerten Lebens..." der Strafrechtler Karl Binding und der Psychiater Alfred Hoche.

legalisiert. Die Folge waren massenhafte Morde an Kranken und „behinderten" Menschen sowie Angehörigen sog. „minderwertiger" Rassen (Wernstedt 2004, S. 61).[149]

Soweit die Geschichte. Gegenwärtig geht es um die Klärung der Rolle des Arztes anlässlich des Wunsches eines todkranken aber entscheidungsfähigen Patienten nach Anreichung eines todbringenden Mittels. Hier wird von Medizinethikern nicht mehr von Sterbehilfe, sondern von ärztlicher Assistenz bei der *Selbsttötung* gesprochen. Kommt der Arzt dem Wunsch aufgrund seiner eigenen Gewissensentscheidung nach, so sollte die Handlung als legal bewertet werden.[150]

2.9.2 Sterbehilfe vs. Sterbebegleitung

Sterbehilfe vs. Sterbebegleitung

Der Begriff *Sterbehilfe* bezeichnet „medizinische Entscheidungen am Lebensende, welche in Kauf nehmen oder zum Ziel haben, möglicherweise oder sicher den Todeseintritt zu beschleunigen" (Faisst et al. 2003, S. 1676). Zu unterscheiden sind diese Maßnahmen von Vorgehensweisen der *Sterbebegleitung*. Letztere hält sich im Unterschied zu Ersterer von jeglicher Einflussnahme auf das Sterben fern (Hoerster 2007, S. 37).

Passive und aktive Sterbehilfe

Bei der Sterbehilfe ist wie folgt zu unterscheiden: Die *passive Sterbehilfe* wird definiert als ein „Verzicht auf bzw. Abbruch von lebenserhaltenden Maßnahmen" (Faisst et al. S. 1676; Schröder et al. 2003, S. 336). Sie ist gesetzlich erlaubt (Weigend 2009).

Die *indirekt aktive Sterbehilfe* dagegen ermöglicht den „Einsatz von Mitteln zur Leidenslinderung, welche als Nebenwirkung die Überlebensdauer herabsetzen können" (Faisst et al. ebd.).

---

[149]Ein zeitgenössischer Befürworter der Eugenik (Praktische Ethik) ist der australische Philosoph Peter Singer (1979).

[150]Hierzu verhält sich ein Drittel der Ärzte positiv. Die Kirche und einige der zahlreichen Ärztestandesorganisationen lehnen diese Position jedoch ab. In diesem Sinne äußerte sich Prof. Dr. Dr. Jochen Vollmann, Medizinethiker an der Ruhr-Universität Bochum, während eines Vortrages im Rahmen einer Vortragsreihe der Ev. St. Nicolai Gemeinde, Dortmund am 12.11.2014 mit dem Titel: *„Dürfen Ärzte schwerkranken Patienten bei der Tötung auf Verlangen helfen? Medizinethische Überlegungen zur aktuellen politischen Debatte."*

2.9 Hilfen zum Sterben

Die *aktive Sterbehilfe* geht vom Verlangen, auch dem nicht ausdrücklichen, des Patienten auf Tötung aus und schließt die gezielte Verabreichung eines tödlichen Medikaments ein (ebd.). Sie ist weder ohne, noch mit Einverständnis des Betroffenen in Deutschland erlaubt (ebd., S. 93 ff.).[151]

Suizidhilfe

Die sog. *Suizidbeihilfe* (Beihilfe zur Selbsttötung) beinhaltet, dass dem Patienten ein tödliches Medikament bereitgestellt, bzw. verschrieben wird, dass ihm die Selbsttötung ermöglicht (ebd.). In der Regel ist der Arzt hier gefordert, das Mittel „anzureichen", auf keinen Fall aber zu applizieren. Die sog. Nichtverhinderung eines Suizids trotz dazu bestehender Möglichkeiten ist grundsätzlich nicht strafbar, da das deutsche Recht keinen *Suizidstraftatbestand* kennt. Aber die sog. *Garantenpflicht* trifft nicht nur auf Angehörige, sondern auch auf die behandelnden Ärzte und Therapeuten zu. Sie dient der allgemeinen strafrechtlichen Absicherung des Therapeuten-Patienten-Verhältnisses. Bei einem offensichtlich und unmittelbar bevorstehenden oder ablaufenden Suizidversuch äußert sich diese *Garantenpflicht* als *Rettungspflicht* gegenüber dem Suizidenten (Bronisch 2007, S. 93).

Sterbebegleitung

Unter *Sterbebegleitung* werden Maßnahmen bzw. Tätigkeiten verstanden, die dem Sterbenden Unterstützung und Beistand und so einen würdigen Tod ermöglichen sollen. Es zählen auch Betreuungsdienste sozialer, seelsorgerischer und spiritueller Art dazu. Diese Aufgaben waren in zurückliegender Zeit vor allem Angelegenheit von Familie und Nachbarschaft. Auch wenn dieses Bild nicht verschwunden ist, so ist es zumindest in der öffentlichen Wahrnehmung inzwischen überlagert durch jenes der Dienste der *Palliativmedizin* in speziellen Abteilungen der Krankenhäuser und *Hospize* (Wittwer et al. 2010, S. 225). Ein Beispiel dafür, dass in der individualisierten Gesellschaft die Abhängigkeit von institutionellen Hilfen steigt.

---

[151]StGB 16. Abschnitt- Straftaten gegen das Leben: Tötung auf Verlangen (§ 216):
1) Ist jemand durch das ausdrückliche und ernstliche Verlangen des Getöteten zur Tötung bestimmt worden, so ist auf Freiheitsstrafe von sechs Monaten bis zu fünf Jahren zu erkennen.
2) Der Versuch ist strafbar (Weigend 2009).

Palliativmedizin
Palliativmedizin verfolgt das Ziel, dem Sterbenden zu einem würdevollen und möglichst schmerzfreien Lebensende zu verhelfen. Verschiedentlich gab und gibt es in Deutschland Widerstand von Ärzten gegen den Einsatz von Medikamenten, die eine Abhängigkeit und Sucht auslösen können.

Patientenverfügung
Für ein selbstbestimmtes Sterben ist die *Patientenverfügung* Voraussetzung. Diese regelt im Fall einer (tödlich verlaufenden) Krankheit, dass lebenserhaltende Maßnahmen wie künstliche Ernährung oder Wiederbelebung unterlassen werden. So kann der im Vorhinein dokumentierte Wille des Patienten auch bei komatösen Zuständen oder Bewusstlosigkeit durchgesetzt werden. Lange Zeit fehlte jedoch eine gesetzliche Festlegung und es wurde über mehrere Jahre hinweg in Politik und Öffentlichkeit gestritten, inwieweit derartige Vorabregelungen für Ärzte und Betreuer verpflichtend seien.[152]

Das *Patientenverfügungsgesetz* sieht vor, den Willen des Betroffenen weit möglichst zu beachten, unabhängig von Art und Stadium der Erkrankung. Festlegungen in einer Patientenverfügung, die verbotene Tötung auf Verlangen fokussieren, bleiben unwirksam. Geregelt ist auch, dass niemand gezwungen werden kann, eine Patientenverfügung zu verfassen. Zudem muss das *Vormundschaftsgericht* besonders schwerwiegende Entscheidungen der Betreuer und Ärzte genehmigen.[153]

Hintergründe der Liberalisierung der Sterbehilfe-Debatte
Voraussetzung für die Liberalisierung der Diskussion über Sterbehilfe ist der Prozess der Individualisierung und der „Rückzug" der Kirche – also die Säkularisierung – in den meisten Ländern der westlichen Zivilisation. Dabei vertritt die Kirche „erst" seit dem frühen Mittelalter ein grundsätzliches Verbot der künstlichen Beendigung menschlichen Lebens (vgl. Abschn. 2.4.2). Der Bevölkerungsanteil der Kirchenmitglieder sinkt und der Einfluss der Kirche auf Meinungsbildung und politische Entscheidungen schrumpft (vgl. Abschn. 2.7.2 und 4.3).

---

[152]Vgl. http://www.das-parlament.de/2010/45/Themenausgabe/32124111/310716.
[153]Vgl. https://www.bmjv.de/SharedDocs/Publikationen/DE/Patientenverfuegung.pdf?__blob=publicationFile&v=22.

Einfluss der Massenmedien (Medialisierung)

Einiges spricht für die These, dass Einfluss auf den Einstellungswandel zur Sterbehilfe von den Massenmedien ausgeht (vgl. Abschn. 2.7.2). Zwei Beispiele für eine oft skandalisierende Berichterstattung sind das langwierige Verfahren um die gesetzliche Regelung der Patientenverfügung und die Gründung (2005) einer deutschen Geschäftsstelle der Schweizer *Sterbehilfe-Organisation-Dignitas*. Dignitas bedeutet „Würde" und ist ein 1998 in der Schweiz gegründeter Verein, der seinen Mitgliedern den Weg zum Suizid erleichtern und zu einer Enttabuisierung des Themas beitragen will. Der Verein stellt heraus, dass die Zahl verhinderter Suizide weit höher ist als jene von geleisteter Hilfe zum Suizid. Diese muss sich selbstredend immer im Rahmen des Gesetzes befinden. Wer Mitglied von Dignitas werden will, muss eine Beitrittsgebühr von 160,00 € und einen Jahresbeitrag von 65 € entrichten. Für den Fall der Unterstützung durch Vorgespräche mit einem Arzt und die Freitodbegleitung bis zur Kremation[154] können Kosten von bis zu 10.000,00 € in Rechnung gestellt werden.[155]

Bezüglich des Einflusses von Massenmedien verweisen Cohen et al. (2006, S. 59) auf den Fall des Spaniers Ramon Sampedro[156], der eine erhöhte Sensibilität der Bevölkerung zu Fragen eines würdevollen Sterbens bewirkt habe (ebd.).[157]

---

[154] Eine Erdbestattung (Sarg) ist nicht vorgesehen.

[155] Bei der gen. Summe der Kosten ist zu berücksichtigen, dass hierin z. T. übliche Kosten für eine Bestattung enthalten sind. Vgl. http://www.dignitas.ch/.

[156] Ramon Sampedro war seit seinem 25. Lebensjahr gelähmt. Jahrelang kämpfte er um das Recht auf aktive Sterbehilfe, da er sich nicht selbst töten konnte. Schließlich war eine Freundin bereit, ihm Zyankali zu verabreichen. Die Aufzeichnung dieser Tat löste im spanischen Fernsehen eine Debatte aus. Die Anklage wegen gesetzlich verbotener Sterbehilfe wurde schließlich fallen gelassen, da sich auch eine Vielzahl von Freunden selbst bezichtigt hatte. Die Geschichte wurde verfilmt („Das Meer in mir"). Die Massenmedien berichteten intensiv über diesen und vergleichbare Fälle. Vgl. http://www.faz.net/aktuell/feuilleton/kino/sterbehilfe-die-hand-die-gift-reicht-1210732.html.

[157] Im Herbst 2014 wurde die Diskussion um *Suizid* und *Sterbehilfe* zusätzlich – nun innerhalb der evangelischen Kirche – angefacht durch ein Interview in der Wochenzeitung „Die Zeit". Interviewpartner waren Nikolaus Schneider, Ratsvorsitzender der EKD (Evangelische Kirche in Deutschland) und seine Ehefrau Anne Schneider, die an Krebs erkrankt ist. Sie wünscht sich, sobald der Gesundheitszustand unerträglich sein wird, *aktive Sterbehilfe* in der Schweiz und möchte, dass ihr Mann sie auf ihrer letzten Reise begleitet. Obwohl Nikolaus Schneider *aktive Sterbehilfe* ablehnt und damit auf der Linie der Kirche steht, will er den Wunsch „aus Liebe" erfüllen. Vgl. http://www.zeit.de/gesellschaft/zeitgeschehen/2014-07/ekd-nikolaus-schneider-sterbehilfe.

Einfluss der Demografischen Alterung auf die Sterbehilfedebatte
Sorgen in der Folge einer Liberalisierung der Sterbehilfe hat ihren Grund im Alterungsprozess der Bevölkerung. Da der Anteil alter Menschen weiter zunehmen wird, ist mit massiven Kostensteigerungen infolge höheren Pflegebedarfs sowie steigenden Gesundheitskosten zu rechnen. Vor allem in den letzten Monaten vor dem Tod erhöhen sich die Krankenhauskosten erheblich (Tolmein 2006; van den Daele 2008; Wilkening und Kunz 2003; Wodarg 2008; vgl. Abb. 2.14). So stellt sich die Frage der Finanzierbarkeit sozialer Sicherungs- und Versorgungssysteme (Wodarg 2008, S. 76). In der Folge könnten Quantität und Qualität der medizinischen Behandlungsmaßnahmen und die Versorgung alter Menschen in Zukunft durch den Kostendruck beeinflusst werden (vgl. Abschn. 3.10).

Insbesondere die aktive Sterbehilfe erhält durch diese Entwicklung eine sozialpolitische Dimension. Eine Liberalisierung bzw. Legalisierung wird deshalb auch mit „Dammbruchargumenten" zusammengebracht (Häcker 2008, S. 138 ff.). So könnte in Ermangelung von Alternativen die Sterbehilfe vermehrt als „Ausweichhandlung" eingesetzt werden.

Das Beispiel Schweiz lehrt eine andere Einsicht. Dort, wo der begleitete Suizid seit Mitte der 1980er Jahre erlaubt ist, blieb der Dammbruch aus (Minelli 2008, S. 101).

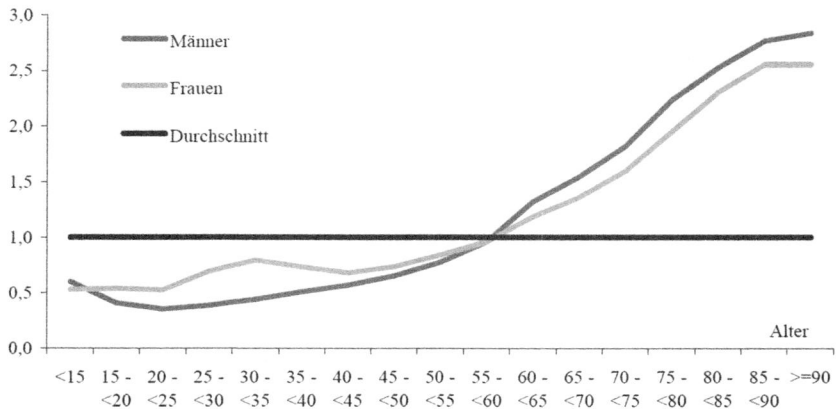

Abb. 2.14 Pro-Kopf-Ausgaben in der Gesetzlichen Krankenversicherung in Abhängigkeit vom Alter (2010). (Quelle: Pimpertz 2010, S. 10)

Literatur

Ariès, Philippe (2005): Geschichte des Todes. 11. Aufl. München: Deutscher Taschenbuch Verlag.

Akyel, Dominic (2013): Die Ökonomisierung der Pietät. Der Wandel des Bestattungsmarktes in Deutschland. Schriften aus dem MPI für Gesellschaftsforschung. Frankfurt am Main: Campus.

Aly, Götz (2013): Die Belasteten. Euthanasie 1939–1945. Eine Gesellschaftsgeschichte. Frankfurt am Main: S. Fischer Verlag.

Aykel, Dominic (2011/2012): Zwischen Markt und Moral. Die Ökonomisierung der Bestattung in Deutschland. In: MPIfG-Jahrbuch Vol. 1. Nr. 1: S. 47–53.

Akyel, Dominic/Beckert, Jens (2014): Pietät und Profit. Kultureller Wandel und Marktentstehung am Beispiel des Bestattungsmarktes. In: Kölner Zeitschrift für Soziologie und Sozialpsychologie. 66 Jg. Heft 1: S. 425–444.

Baltes, Paul B./Mittelstraß, Jürgen/Staudinger Ursula M. (1994): Alter und Altern: Ein interdisziplinärer Studientext zur Gerontologie. Berlin: de Gruyter.

Barloewen von, Constantin (Hrsg.) (1996): Der Tod. In den Weltkulturen und Weltreligionen. München: Eugen Diederichs Verlag.

Baudrillard, Jean (2011) (zuerst 1976): Der symbolische Tausch und der Tod. Berlin: Matthes & Seitz.

Baumann, Ursula (2001): Vom Recht auf den eigenen Tod. Die Geschichte des Suizids vom 18. bis zum 20. Jahrhundert. Weimar: Hermann Böhlhaus Nachfolger.

Beck, Ulrich (2015): Risikogesellschaft. Auf dem Weg in eine andere Moderne. 19. Aufl. Frankfurt am Main: Suhrkamp.

Beck, Ulrich (1986): Risikogesellschaft. Auf dem Weg in eine andere Moderne. Frankfurt am Main: Suhrkamp.

Bednarz, Anja (2003): Den Tod überleben. Deuten und Handeln im Hinblick auf das Sterben eines Anderen. Opladen: Westdeutscher Verlag.

Benkel, Thorsten (2013): Der Tod ist eine schmale Linie. Sterblichkeit im Blickwinkel der Medizin. In: Bestattungskultur. Das Magazin des Bundesverbandes Deutscher Bestatter e. V. H. 4/2013: S. 8–10.

Benkel, Thorsten (2012): Die Verwaltung des Todes. Annäherungen an eine Soziologie des Friedhofs. Berlin: Logos Verlag.

Benkel, Thorsten/Meitzler, Matthias (2015): Fotografien gegen das Vergessen. Strategien visueller Erinnerung. In: Bestattungskultur. Das Magazin des Bundesverbandes der Deutschen Bestatter e. V. H. 2/2015: S. 16–18.

Benkel, Thorsten/Meitzler, Matthias (2014a): Sterbende Blicke, lebende Bilder. Die Fotografie als Erinnerungsmedium im Todeskontext. In: Medien und Altern. Zeitschrift für Forschung und Praxis (2014): S. 41–56.

Benkel, Thorsten/Meitzler, Matthias (2014b): Trauer und Transzendenz. Das Gemeinschaftsstiftende Potenzial von Begräbnisritualen. In: Löw, Martina (Hrsg.): Vielfalt und Zusammenhalt. Verhandlungen des 36. Kongresses der Deutschen Gesellschaft für Soziologie. Frankfurt am Main/New York Campus: S. 16.

Benkel, Thorsten/Meitzler, Matthias (2013): Sinnbilder und Abschiedsgesten. Soziale Elemente der Bestattungskultur. Hamburg: Dr. Kovac.

Berger, Peter L. (1980): Der Zwang zur Häresie. Religion in der pluralistischen Gesellschaft. Frankfurt am Main: S. Fischer.

Berger, Peter L./Luckmann, Thomas (2007) (zuerst 1969): Die gesellschaftliche Konstruktion der Wirklichkeit. Eine Theorie der Wissenssoziologie. Frankfurt am Main: S. Fischer.

Bestattung in Deutschland (Hrsg.) (2008): Lehrbuch. Düsseldorf: Fachverlag des deutschen Bestattungsgewerbes.

Bestattungskultur: Das Magazin des Bundesverbands Deutscher Bestatter e. V. 2/2014, S. 30–44.

Bestattungskultur. Das Magazin des Bundesverbands der Deutschen Bestatter e. V. H. 3/2014.

Binding, Karl/Hoche, Alfred (2006) (zuerst 1920): Die Freigabe der Vernichtung lebensunwerten Lebens: Ihr Maß und ihre Form (1920). Berlin: Bwv – Berliner Wissenschafts-Verlag.

Brandes, Marina (2011): Wie wir sterben. Chancen und Grenzen einer Versöhnung mit dem Tod. Wiesbaden: VS Research.

Brinkmann, Bernd (1986): Todeszeichen und die menschliche Leiche. Eine Betrachtung aus rechtsmedizinischer Sicht. In: Geyer-Kordesch, Johanna/Körner, Peter/Seithe, Horst (Hrsg.): Leiden, Sterben und Tod. Eine Ringvorlesung im Auftrag des Instituts für Theorie und Geschichte der Medizin und des AStA der Universität Münster. Münster: Aschendorf: S. 118–126.

Bronfen, Elisabeth (1999): Die schöne Leiche. Weibliche Todesbilder in der Moderne. München: Goldmann.

Bronisch, Thomas (2007): Der Suizid: Ursachen, Warnsignale, Prävention. München: C.H. Beck.

Brüggen, Susanne (2005): Letzte Ratschläge. Der Tod als Problem der Soziologie. Ratgeberliteratur und Expertenwissen. Wiesbaden: Springer VS.

Bundesamt für Migration und Flüchtlinge (2011): Morbidität und Mortalität von Migranten in Deutschland. Forschungsbericht 9. Martin Kohls. Nürnberg. Online unter: https://www.bamf.de/SharedDocs/Anlagen/DE/Publikationen/Forschungsberichte/fb09-mortalitaet.pdf?__blob=publicationFile, 02.04.17.

Bundesinstitut für Bevölkerungsforschung (2016): Bevölkerungsentwicklung 2013. Daten, Fakten, Trends zum demografischen Wandel. Wiesbaden. Online unter: https://www.bib.bund.de/Publikation/2013/pdf/Bevoelkerungsentwicklung-2013-Daten-Fakten-Trends-zum-demografischen-Wandel.pdf?__blob=publicationFile&v=3, 10.07.2018.

Bundesverband Deutscher Bestatter e. V. (Hrsg.) (2016): Bestattung und Bestattungskultur. Düsseldorf: Fachverlag des deutschen Bestattungsgewerbes.

Cohen, Joachim/Marcoux, Isabelle/Bilsen, Johan/Deboosere, Patrick/van der Wal, Gerrit/Deliens, Luc (2006): Trends in acceptance of euthanasia among the general public in 12 European countries (1981–1999). In: European Journal of Public Health (2006) 16 (6): S. 663–669. Online unter: https://academic.oup.com/eurpub/article-lookup/doi/10.1093/eurpub/ckl042, 26.06.17.

Daele van den, Wolfgang (2008): Das Euthanasieverbot in liberalen Gesellschaften – aus soziologischer Sicht. In: Robertson-von Trotha, Caroline Y. (Hrsg.): Tod und Sterben in der Gegenwartsgesellschaft. Eine interdisziplinäre Auseinandersetzung. Baden-Baden: Nomos: S. 37–62.

Literatur

Deinert, Horst/Jegust, Wolfgang/Lichtner, Rolf (2010): Todesfall- und Bestattungsrecht. Sammlung bundes- und landesrechtlicher Bestimmungen. 4. Aufl. Düsseldorf: Fachverlag des deutschen Bestattungsgewerbes.

Der Große Duden (Hrsg.) (1963): Etymologie. Bd. 7. Mannheim: Bibliografisches Institut.

Deutscher Ethikrat (2012): Suizidales Verhalten in Deutschland. Suizide und Suizidversuche in der Bundesrepublik Deutschland und WHO Catchment Area Würzburg. Online unter: http://www.ethikrat.org/dateien/pdf/plenarsitzung-27-09-2012-schmidtke.pdf, 05.06.17.

Die Bibel nach der Übersetzung Martin Luthers (1985). Stuttgart: Deutsche Bibelgesellschaft.

Diehl, Katharina (2008): Mögliche Faktoren für die rasche Reduktion der ostdeutschen Übersterblichkeit nach der Wiedervereinigung. Warum leben Ostdeutsche nach der Wiedervereinigung länger? In: Demografie Zeitschrift für Bevölkerungswissenschaft: S. 89–110.

Düselder, Heike (2007): „O Ewich is so lanck". Die Sozialtopografie des Kirchhofs in einem lutherischen Territorium – Das Beispiel der Grafschaft Oldenburg. In: Brademann, Jan/Freitag, Werner (Hrsg.): Leben bei den Toten. Kirchhöfe in der ländlichen Gesellschaft der Vormoderne. Münster: Rhema: S. 253–263.

Durkheim, Émile (1983) (zuerst 1897): Der Selbstmord. Neuwied/Berlin: Suhrkamp.

Eigenmann, Dominique (2002): Wenn Medien trauern. In: Glamer, Hans-Ulrich/Hächler, Beate/Lichtensteiger, Sibylle (Hrsg.) (zuerst 1999): Last minute. Ein Buch zu Sterben und Tod. 3. Aufl. Baden: Verlag für Kultur und Geschichte: S. 240–245.

Elias, Norbert (2002) (zuerst 1982): Über die Einsamkeit der Sterbenden in unseren Tagen. Humana conditio. Frankfurt am Main: Suhrkamp.

Elias, Norbert (1991a) (zuerst 1976): Über den Prozess der Zivilisation. Soziogenetische und psychogenetische Untersuchungen. Erster Band: Wandlungen des Verhaltens in den weltlichen Oberschichten des Abendlandes. Suhrkamp Taschenbuch Wissenschaft. 16. Aufl. Frankfurt am Main: Suhrkamp.

Elias, Norbert (1991b) (zuerst 1976): Über den Prozess der Zivilisation. Soziogenetische und psychogenetische Untersuchungen. Zweiter Band.: Wandlungen der Gesellschaft. Entwurf zu einer Theorie der Zivilisation. Suhrkamp Taschenbuch Wissenschaft. 16. Aufl. Frankfurt am Main: Suhrkamp.

Endreß, Alexander/Bauer, Michael (Hrsg.) (2007): Selbstbestimmung am Ende des Lebens. Schriftenreihe der Humanistischen Akademie Bayern. Bd. 1. Aschaffenburg: Alibri Verlag.

Evangelische Kirche in Deutschland (EKD) (2014): Engagement und Indifferenz. Kirchenmitgliedschaft als soziale Praxis. V. EKD-Erhebung über Kirchenmitgliedschaft. Online unter: http://www.ekd.de/download/ekd_v_kmu2014.pdf, 17.04.17.

Faisst, K./Fischer, S./Bosshard, G./Zellweger, U./Bär, A./Gutzweiler, F. (2003): Medizinische Entscheidungen am Lebensende in sechs europäischen Ländern, erste Ergebnisse (EU-Projekt „Medical End-of-Life Decisions: Attitudes and Practices in 6 European Countries"). In: Schweizerische Ärztezeitung 2003: 84. Nr. 32/33.

Fangerau, Heiner (2001): Etablierung eines rassenhygienischen Standardwerkes 1921–1941: der Bauer-Fischer-Lenz im Spiegel der zeitgenössischen Rezensionsliteratur. Bd. 43. von Marburger Schriften zur Medizingeschichte. Frankfurt am Main: Peter Lang.

Feldmann, Klaus (2017): Sterben, Sterbehilfe, Töten, Suizid. Bausteine für eine kritische Thanatologie und für eine Kultivierungstheorie. Version 289. Wien 2017. Online unter: http://www.feldmannk.de/tl_files/kfeldmann/pdf/thantosoziologie/feldann_sterben_sterbehilfe_toeten_suizid%20289.pdf, 05.06.17.

Feldmann, Klaus (2013): Selbstmord – Selbsttötung – Suizid – Freitod. Sozialwissenschaftliche und ideologiekritische Überlegungen. Version 5. Online unter: http://www.feldmann-k.de/tl_files/kfeldmann/pdf/thantosoziologie/feldmann-suizid-09.pdf, 05.06.17.

Feldmann, Klaus (2008): Kultivierung des Suizids im Zeitalter der Medikalisierung. In: Robertson-von Trotha, Caroline Y. (Hrsg.): Tod und Sterben in der Gegenwartsgesellschaft. Eine interdisziplinäre Auseinandersetzung. Baden-Baden: Nomos.

Feldmann, Klaus (2007): Soziologie des Sterbens in Deutschland. In: Endreß, Alexander/Bauer, Michael (Hrsg.): Selbstbestimmung am Ende des Lebens. Schriftenreihe der Humanistischen Akademie Bayern. Bd. 1. Aschaffenburg: Alibri Verlag: S. 105–129.

Feldmann, Klaus (2005): Soziologie kompakt. Eine Einführung. 3. Aufl. Wiesbaden: VS Verlag für Sozialwissenschaften.

Feldmann, Klaus (2004): Tod und Gesellschaft. Sozialwissenschaftliche Thanatologie im Überblick. Wiesbaden: VS Verlag für Sozialwissenschaften.

Feldmann, Klaus (1997): Sterben und Tod. Sozialwissenschaftliche Theorien und Forschungsergebnisse. Opladen: Leske+Budrich.

Feldmann, Klaus/Fuchs-Heinritz, W. (Hrsg.) (1995): Der Tod als Gegenstand der Soziologie. In: Feldmann/Fuchs-Heinritz (Hrsg.): Der Tod ist ein Problem der Lebenden. Frankfurt am Main: Suhrkamp: S. 7–18.

Fesser, Gerd (2013): Die Völkerschlacht bei Leipzig 1813 (Napoleons Schlachten). Quedlinburg: Bussert u. Stadeler.

Fischer, Michael (2004): Ein Sarg und nur ein Leichenkleid. Sterben und Tod im 19. Jahrhundert. Zur Kultur- und Frömmigkeitsgeschichte des Katholizismus in Süddeutschland. Paderborn/München/Zürich: Ferdinand Schoeningh.

Fischer, Norbert (2001): Geschichte des Todes in der Neuzeit. Erfurt: Sutton-Verlag.

Fischer, Norbert (1997): Wie wir unter die Erde kommen: Sterben und Tod zwischen Trauer und Technik. Frankfurt am Main: Fischer.

Foucault, Michel (2012) (zuerst 1974): Die Ordnung des Diskurses. Mit einem Essay von Ralf Konersmann. 12. Aufl. Frankfurt am Main: Fischer Taschenbuchverlag.

Francis, Emerich K. (1981): Darwins Evolutionstheorie und der Sozialdarwinismus. In: Kölner Zeitschrift für Soziologie und Sozialpsychologie. H. 2/33. Jg. 1981: S. 209–228.

Freud, Sigmund (1975): Psychologie des Unbewußten. Conditio humana. Ergebnisse aus den Wissenschaften vom Menschen. Studienausgabe. Bd. 3. Frankfurt am Main: S. Fischer.

Fuchs, Thomas (2001): Leiden der Sterblichkeit. Formen neurotischer Todesverleugnung. Online unter: https://www.klinikum.uni-heidelberg.de/fileadmin/zpm/psychiatrie/pdf/tod.pdf, 18.05.17.

Fuchs-Heinritz, Werner (1973): Todesbilder in der modernen Gesellschaft. Frankfurt am Main: Suhrkamp.

Fuchs-Heinritz, Werner/Klimke, Daniela/Lautmann, Rüdiger/Rammstedt, Otthein/Staehli, Urs/Weischer, Christoph/Wienold, Hanns (Hrsg.) (2011): Lexikon zur Soziologie. 5. Aufl. Wiesbaden: VS Verlag für Sozialwissenschaften.

Gabriel, Klaus/Reuter, Hans-Richard (Hrsg.) (2010): Religion und Gesellschaft. Texte zur Religionssoziologie. 2. Aufl. Paderborn/München/Zürich: Ferdinand Schoeningh.

Literatur

Gaedke, Jürgen (Hrsg.) (1992): Handbuch des Friedhofs- und Bestattungsrechts. 6. Aufl. Köln: Carl Heymans Verlag: S. 116–131.

Gärtner, Karla (2002): Differentielle Sterblichkeit – Ergebnisse des Lebenserwartungssurveys. In: Zeitschrift für Bevölkerungswissenschaft (2/2002) 27. Jg.: S. 185–212.

Gantzel, Klaus Jürgen/Schwinghammer, Torsten (1995): Die Kriege nach dem Zweiten Weltkrieg 1945 bis 1992. Daten und Tendenzen. Kriege und militante Konflikte. Bd. 1. Münster: LIT-Verlag.

Geißler, Rainer (2014): Die Sozialstruktur Deutschlands. Die gesellschaftliche Entwicklung vor und nach der Vereinigung. Mit einem Beitrag von Thomas Meyer. 7. Auflage. Wiesbaden: Springer Fachmedien.

Geowissen Nr. 51/2013 – Vom guten Umgang mit dem Tod. Von G+J Verlagsgruppe. Verkauf, Bereitstellung und Abrechnung durch DPV Deutscher Pressevertrieb GmbH als leistender Unternehmer. www.dpv.de – Sitz: 20355 Hamburg. USt-ID: DE814583779.

Gerhardt, Andrea (2007): Ex-klusive Orte und normale Räume. Versuch einer soziotopologischen Studie am Beispiel des öffentlichen Friedhofs. Norderstedt: Books on Demand.

Giddens, Anthony (1971): The Suicide Problem in French Sociology. In: Giddens, Anthony: The Sociology of Suicide. A Selection of Readings. London and Tonbridge: Frank Cass & Co. LTD: S. 36–51.

Goethe von, Johann Wolfgang (2001) (zuerst 1774): Die Leiden des jungen Werther. Ditzingen: Reclam.

Gross, Corinna Salis (2001): Der ansteckende Tod. Eine ethnologische Studie zum Sterben im Altersheim. Frankfurt am Main: Campus.

Groß, Dominik/Schweikardt, Christoph (Hrsg.) (2010): Die Realität des Todes. Zum gegenwärtigen Wandel von Totenbildern und Erinnerungskulturen. Frankfurt/New York: Campus.

Großes Lexikon der Bestattungs- und Friedhofskultur (2010): Wörterbuch zur Sepulkralkultur. Zentralinstitut für Sepulkralkultur Kassel. Bd. 3. Frankfurt am Main: Fachhochschulverlag.

Großes Lexikon der Bestattungs- und Friedhofskultur (2005): Wörterbuch zur Sepulkralkultur. Zentralinstitut für Sepulkralkultur Kassel. Bd. 2. Frankfurt am Main: Fachhochschulverlag.

Großes Lexikon der Bestattungs- und Friedhofskultur (2002): Wörterbuch zur Sepulkralkultur. Zentralinstitut für Sepulkralkultur Kassel. Bd. 1. Frankfurt am Main: Fachhochschulverlag.

Habermas, Jürgen (1995) (zuerst 1987): Theorie des kommunikativen Handelns. Bd. 1. Handlungsrationalität und gesellschaftliche Rationalisierung. Frankfurt am Main: Suhrkamp.

Häcker, Barbara (2008): Die ethischen Probleme der Sterbehilfe. Eine kritische Analyse. Philosophie im Kontext von Gesellschaft und Wissenschaften. Bd. 5. Hamburg: LIT.

Hahn, Alois (2000): Konstruktionen des Selbst, der Welt und der Geschichte. Aufsätze zur Kultursoziologie. Frankfurt a. M.: Suhrkamp.

Hahn, Alois (1979): Tod und Individualität. Eine Übersicht über neuere französische Untersuchungen. In: Kölner Zeitschrift für Soziologie und Sozialpsychologie. H. 4/31. Jg. 1979: S. 746–765.

Heidegger, Martin/Rentsch, Thomas: (2007) (zuerst 1927): Sein und Zeit. 2. Aufl. Berlin: Akademie.

Heil, Christiane (2014): Für die Würde ein Barbiturat. In: Frankfurter Allgemeine Zeitung vom 03.11.2014: S. 4.

Hettling, Karsten (2015): Gedenkveranstaltung für die Opfer rechtextremistischer Gewalt und Trauermaßnahmen für Polizisten im Auslandseinsatz. In: Kalisch, Volker (Hrsg.): Vor aller Augen …Tod in öffentlicher Wahrnehmung und Begegnung. Düsseldorf: Verlag des deutschen Bestattungsgewerbes: S. 101–108.

Höpflinger, Francois (1997): Bevölkerungssoziologie. Eine Einführung in Bevölkerungssoziologischen Ansätze und demographische Prozesse. Weinheim und München. Juventa.

Hoerster, Norbert (2007): Rechtsethische Überlegungen zur Sterbehilfe. In: Endreß, Alexander/Bauer, Michael (Hrsg.): Selbstbestimmung am Ende des Lebens. Schriftenreihe der Humanistischen Akademie Bayern. Bd. 1. Aschaffenburg: Alibri Verlag: S. 37–50.

Hoffmann, Matthias (2011): „Sterben? Am liebsten plötzlich und unerwartet". Die Angst vor dem „sozialen Sterben". Wiesbaden: VS Verlag für Sozialwissenschaften.

Holderegger, Adrian (1979): Suizid und Suizidgefährdung. Humanwissenschaftliche Ergebnisse. Anthropologische Grundlagen. Freiburg: Universitätsverlag Freiburg/Herder.

Hradil, Stefan (2005): Der theoretische Hintergrund – die Gesundheitslebensstile. In: Schriftenreihe des Bundesinstituts für Bevölkerungsforschung. Bd. 36: S. 65–93.

Hügli, Anton/Han, Byung-Chul (2007): Heideggers Todesanalyse. In: Heidegger, Martin/Rentsch, Thomas (2007) (zuerst 1927): Sein und Zeit. 2. Aufl. Berlin: Akademie: S. 133–148.

Joachim-Meyer, Sandra (2004): Sinnbilder von Leben und Tod. Die Verdrängung des Todes in der modernen Gesellschaft. Marburg: Tectum.

Joas, Hans (2007): Braucht der Mensch Religion? Über Erfahrungen der Selbstreferenz. 2. Aufl. Freiburg im Breisgau: Herder Spektrum.

Joas, Hans/Wiegandt, Klaus (Hrsg.) (2007): Säkularisierung und die Weltreligionen. 2. Aufl. Frankfurt am Main: Fischer.

Kahl, Antje (2007): Das Design bestimmt das Bewusstsein? Die neue Sichtbarkeit im Bestattungswesen. In: Macho, Thomas/Marek, Kristin (Hrsg.): Die neue Sichtbarkeit des Todes. München: Wilhelm Fink Verlag: S. 151–163.

Kaufmann, Franz-Xaver (2011): Kirchenkrise. Wie überlebt das Christentum? 2. Aufl. Freiburg im Breisgau: Herder.

Knoblauch, Hubert (2009): Populäre Religion. Auf dem Weg in eine spirituelle Gesellschaft. Frankfurt/New York: Campus.

Kohli, Martin (1985): Die Institutionalisierung des Lebenslaufs. Historische Befunde und theoretische Argumente. In: König, René/Neidhardt, Friedhelm/Lepsius, M. Rainer: Kölner Zeitschrift für Soziologie und Sozialpsychologie. Jahrgang 1985 (37). S. 1–29.

König, Christian (2015): Staatsakte und Staatsbegräbnisse im Wandel: Ebert, Stresemann, Reuter, Adenauer, Rau. In: Kalisch, Volker: Vor aller Augen … Tod in öffentlicher Wahrnehmung und Begegnung. Düsseldorf: Fachverlag des deutschen Bestattungswesens: S. 34–59.

Kopp, Johannes/Steinbach, Anja (Hrsg.) (2016): Grundbegriffe der Soziologie. 11. Aufl. Wiesbaden: Springer VS.

Literatur

Krass, Urte (2007): Vom schönsten Heiligenkörper der Welt zur Herrin der Schlangen. Verlebendigung und Sichtbarmachung des Leichnams der Caterina Vigri von Bologna (gest. 1463). In: Macho, Thomas/Marek, Kristin (Hrsg.): Die neue Sichtbarkeit des Todes. München: Wilhelm Fink Verlag: S. 263–293.

Kreuels, Marianne (2005): Über den vermeintlichen Wert der Sterblichkeit. Ein Essay in analytischer Existenzphilosophie. Frankfurt am Main: Suhrkamp.

Kuhnen, Corinna (2012): Fremder Tod. Bestattung muslimischer, jüdischer, buddhistischer, hinduistischer und yezidischer Religionsangehöriger in Deutschland. Düsseldorf: Fachverlag des deutschen Bestattungsgewerbes.

Kuratorium deutsche Bestattungskultur (2011): EMNID/TNS-Umfrage. Online unter: https://www.bestatter.de/meta/news-termine-presse/news-details/?tx_news_pi1%5Bnews%5D=114&tx_news_pi1%5Bcontroller%5D=News&tx_news_pi1%5Baction%5D=detail&cHash=0049d5e6b0b44c456e04b74079ca51c3. 07.07.2018.

Kübler-Ross, Elisabeth (2004): Verstehen, was Sterbende sagen wollen. Einführung in ihre symbolische Sprache. München: Droemer Knaur.

Kühl, Stefan (2014): Die Internationale der Rassisten. Aufstieg und Niedergang der internationalen eugenischen Bewegung im 20. Jahrhundert. 2. Aufl. Frankfurt/New York: Campus.

Kutzer, Klaus (2008): Sterben in Deutschland aus Sicht der Verfassung. In: Robertson-von Trotha, Caroline Y. (Hrsg.): Tod und Sterben in der Gegenwartsgesellschaft. Eine interdisziplinäre Auseinandersetzung. Baden-Baden: Nomos: S. 63–68.

Lindinger, Michaela (2015): Was vom Leben übrigblieb. Die Geschichte der Postmortem-Fotografie. In: Bestattungskultur. Das Magazin des Bundesverbandes der Deutschen Bestatter e. V. H. 2/2015: S. 10–11.

Lettmann, Birgit: Wenn das erste Bild zum letzten wird. Postmortem-Fotografien von Babys. In: Bestattungskultur. Das Magazin des Bundesverbandes der Deutschen Bestatter e. V. H. 2/2015: S. 12–14.

Luckmann, Thomas (1980): Säkularisierung – ein moderner Mythos. In: Luckmann, Thomas (Hrsg.): Lebenswelt und Gesellschaft. Grundstrukturen und geschichtliche Wandlungen. Paderborn/München/Zürich: Ferdinand Schoeningh: S. 161–172.

Luckmann, Thomas (1991): Die unsichtbare Religion. Frankfurt am Main: Suhrkamp.

Luhmann, Niklas (2017) (zuerst 1995): Die Realität der Massenmedien. Wiesbaden, Springer VS.

Luhmann, Niklas (1998): Die Gesellschaft der Gesellschaft. Frankfurt am Main. Suhrkamp.

Luhmann, Niklas (1986): Funktion der Religion. Frankfurt am Main: Suhrkamp.

Luy, Marc (2004): Verschiedene Aspekte der Sterblichkeitsentwicklung in Deutschland von 1950 bis 2000. In: Zeitschrift für Bevölkerungswissenschaft (1/2004) 29. Jg.: S. 3–62.

Macho, Thomas/Marek, Kristin (Hrsg.) (2007): Die neue Sichtbarkeit des Todes. München: Wilhelm Fink Verlag.

Marek, Kristin (2007): Der Leichnam als Bild – der Leichnam im Bild. „Der Leichnam Christi im Grabe von Hans Holbein d.J. und seine modernen Derivate". In: Macho, Thomas/Marek, Kristin (Hrsg.): Die neue Sichtbarkeit des Todes. München: Wilhelm Fink Verlag: S. 295–313.

Metz-Becker, Marita (1997): Der verwaltete Körper: die Medikalisierung schwangerer Frauen in Geburtshäusern des frühen 19. Jahrhunderts. Frankfurt/Main/New York: Campus Verlag: S. 221.

Mickan, Antje (2015): „…wenn ich irgendwo so 'n Steinchen da hätte mit Namen". Bestattungswünsche älterer Menschen. Eine praktisch-theologische Untersuchung zu Altern, Sepulkralkultur und Seelsorge. Kasseler Studien zur Sepulkralkultur. Bd. 23. Münster: LIT Verlag.

Minelli, Ludwig, A. (2008): Weshalb braucht es keine aktive Sterbehilfe? In: Robertson-von Trotha, Caroline Y. (Hrsg.): Tod und Sterben in der Gegenwartsgesellschaft. Eine interdisziplinäre Auseinandersetzung. Baden-Baden: Nomos: S. 93–103.

Minois Georges (1996): Geschichte des Selbstmords. Düsseldorf/Zürich: Artemis &Winkler.

Mittelstraß, Jürgen (2008): Wem gehört das Sterben? In: Robertson-von Trotha, Caroline Y. (Hrsg.): Tod und Sterben in der Gegenwartsgesellschaft. Eine interdisziplinäre Auseinandersetzung. Baden-Baden: Nomos: S. 19–36.

Nassehi, Armin (2007): Todesexperten. In: Schneider, Werner/Nieder, Ludwig (Hrsg.): Die Grenzen des menschlichen Lebens. Lebensbeginn und Lebensende aus sozial- und kulturwissenschaftlicher Sicht. Studien zur interdisziplinären Thanatologie. Bd. 10. Hamburg: LIT Verlag: S. 123–134.

Nassehi, Armin/Weber, Georg (1989): Tod, Modernität und Gesellschaft. Entwurf einer Theorie der Todesverdrängung. Opladen: Westdeutscher Verlag.

Nölle, Volker (1997): Vom Umgang mit Verstorbenen. Eine mikrosoziologische Erklärung des Bestattungsverhaltens. Europäische Hochschulschriften. Reihe XXII Soziologie. Frankfurt am Main/Berlin/ Bern/New York/Paris/Wien: Peter Lang.

Ohnhäuser, Tim (2009): Die Leiche als Waffe. Vom Kadaver zur biologischen Kampfstoffentwicklung. In: Groß, Dominik: Die dienstbare Leiche. Der tote Körper als medizinische, soziokulturelle und ökonomische Ressource. Kassel: University Press: S. 71–75.

Olariu, Dominic (2007): Johannes Paul Supertod. Ikone eines neuen Todesverständnisses? In: Macho, Thomas/Marek, Kristin (Hrsg.): Die neue Sichtbarkeit des Todes. München: Wilhelm Fink Verlag: S. 59–80.

Pesch, Andreas (2007): Die Auferstehung des hautnackten Leibes. Legitimationsstrategien der Ausstellung Körperwelten. In: Macho, Thomas/Marek, Kristin (Hrsg.): Die neue Sichtbarkeit des Todes. München: Fink: S. 371–395.

Pimpertz, Jochen (2010): Ausgabentreiber in der Gesetzlichen Krankenversicherung. In: IW-Trends – Vierteljahresschrift zur empirischen Wirtschaftsforschung aus dem Institut der deutschen Wirtschaft Köln, 37. Jg. Heft 2/2010: S. 1–17.

Reil-Held, Annette (2000): Einkommen und Sterblichkeit in Deutschland: Leben Reiche länger? Sonderforschungsbereich 504. Rationalitätskonzepte, Entscheidungsverhalten und ökonomische Modellierung. No. 00–14. Universität Mannheim. Online unter: https://ub-madoc.bib.uni-mannheim.de/2831/1/dp00_14.pdf, 26.03.17.

Reinjens-Anwari, Hortense (1996): Der Tod aus islamischer Sicht. In: Barloewen von, Constantin (Hrsg.): Der Tod. In den Weltkulturen und Weltreligionen. München: Eugen Diederichs Verlag: S. 169–200.

Literatur

Robert-Koch-Institut (2014): GBE Kompakt. Zahlen und Trends aus der Gesundheitsberichterstattung des Bundes. 5. Jg. Online unter: http://www.rki.de/DE/Content/Gesundheitsmonitoring/Gesundheitsberichterstattung/GBEDownloadsK/2014_2_soziale_unterschiede.pdf?__blob=publicationFile, 26.03.17.

Robert-Koch-Institut/Statistisches Bundesamt (Hrsg.) (2011): Gesundheitsberichtserstattung des Bundes. Heft 52. Sterblichkeit, Todesursachen, regionale Unterschiede. Online unter http://www.rki.de/DE/Content/Gesundheitsmonitoring/Gesundheitsberichterstattung/GBEDownloadsT/sterblichkeit.pdf?__blob=publicationFile, 16.03.17.

Robertson-von Trotha, Caroline Y. (Hrsg.) (2008): Tod und Sterben in der Gegenwartsgesellschaft. Eine interdisziplinäre Auseinandersetzung. Baden-Baden: Nomos.

Roland, Oliver (Hrsg.) (2006): Friedhof – Ade? Die Bestattungskultur des 21. Jahrhunderts. Anthologie für Religion 5. Mannheim: AZUR.

Rosa, Hartmut (2014): Beschleunigung. Die Veränderung der Zeitstrukturen in der Moderne. 10. Aufl. Suhrkamp: Frankfurt am Main.

Rübenach, Stefan P. (10/2007): Todesursache Suizid. Gesundheitswesen. Wiesbaden: Statistisches Bundesamt. Online unter: https://www.destatis.de/DE/Publikationen/WirtschaftStatistik/Gesundheitswesen/AktuellSuizid.pdf?__blob=publicationFile, 05.06.17.

Schäfer, Gereon/Groß, Dominik (2009): Körperspende oder Tauschgeschäft? Der geldwerte Vorteil „gespendeter" Leichname und seine Bedeutung für die Einordnung des toten Körpers als Ressource. In: Groß, Dominik: Die dienstbare Leiche. Der tote Körper als medizinische, soziokulturelle und ökonomische Ressource. Kassel: University Press: S. 42–45.

Schäfer, Julia (2002): Tod und Trauerrituale in der modernen Gesellschaft. Perspektiven einer alternativen Trauerkultur. Stuttgart: ibidem-Verlag.

Schopenhauer, Arthur (1998) (zuerst 1819): Die Welt als Wille und Vorstellung. München: Deutscher Taschenbuch Verlag.

Schröder, Christina/Schmutzer, Gabriele/Klaiberg, Antje/Brähler, Elmar (2003): Ärztliche Sterbehilfe im Spannungsfeld zwischen Zustimmung und Freigabe und persönlicher Inanspruchnahme – Ergebnisse einer repräsentativen Befragung der deutschen Bevölkerung. Psychother Psych Med 2003:53. Stuttgart: S. 334–343.

Schulz, Martin (2007): Die Sichtbarkeit des Todes in der Fotografie. In: Macho, Thomas/Marek, Kristin (Hrsg.): Die neue Sichtbarkeit des Todes. München: Wilhelm Fink Verlag: S. 401–425.

Schulz-Nieswandt, Frank (1997): Sterben im Krankenhaus. Determinanten der Hospitalisierung und Institutionalisierung in Alteneinrichtungen. Ein Beitrag zur Soziologie und Anthropologie des Wohnens im Alter. Diskussionspapiere aus dem DZA Nr. 10. Berlin: Eurotrans-Verlag.

Schulze, Gerhard (2000): Die Erlebnisgesellschaft. Kultursoziologie der Gegenwart. 8. Aufl. Frankfurt am Main: Campus.

Schwikart, Georg (2010): Tod und Trauer in den Weltreligionen. Bd. 605. Kevelaer: Topos plus.

Simmel, Georg (1989) (zuerst 1890): Aufsätze 1887 bis 1890. Über sociale Differenzierung. Die Probleme der Geschichtsphilosophie. Frankfurt: Suhrkamp.

Simmel, Georg (1957): Brücke und Tür. Essays des Philosophen zur Geschichte, Religion, Kunst und Gesellschaft. Stuttgart: K. F. Köhler Verlag.

Singer, Peter (2013) (zuerst 1979): Praktische Ethik. Übers.: Bischoff, Oscar; Wolf, Jean-Claude; Klose, Dietrich; Lenz, Susanne 3. Aufl. Leipzig: Reclam.

Soeffner, Hans-Georg (2008): Ein Diesseits ohne Jenseits. Vom „Sinn" des Todes und dem Weg zu einer Gesellschaft ohne Jenseitsvorstellungen. In: Robertson-von Trotha, Caroline Y. (Hrsg.): Tod und Sterben in der Gegenwartsgesellschaft. Eine interdisziplinäre Auseinandersetzung. Baden-Baden: Nomos: S. 125–142.

Sörries, Reiner (2007): Ethnographie des Lebensendes. Selbstbestimmtes Sterben in den Religionen und Kulturen. In: Endreß, Alexander/Bauer, Michael (Hrsg.): Selbstbestimmung am Ende des Lebens. Schriftenreihe der Humanistischen Akademie Bayern. Bd. 1. Aschaffenburg: Alibri Verlag: S. 91–104.

Spencer, Herbert (1877): Die Principien der Sociologie. Stuttgart: Schweizerbart.

Stascheit, Ulrich (Hrsg.) (2012/13): Gesetze für Sozialberufe. Die Gesetzsammlung für Studium und Praxis. Frankfurt am Main: Fachhochschulverlag.

Statistisches Bundesamt (2015): Gesundheit. Todesursachen in Deutschland. Fachserie 12. Reihe 4. Wiesbaden. Online unter: https://www.destatis.de/DE/Publikationen/Thematisch/Gesundheit/Todesursachen/Todesursachen2120400157004.pdf;jsessionid=FA5031F6B8ACC4FED3A57F88C74848B6.cae1?__blob=publicationFile, 26.03.17.

Statistisches Bundesamt (2013): Deutschland und Internationales. Wiesbaden. Online unter: https://www.destatis.de/DE/Publikationen/StatistischesJahrbuch/StatistischesJahrbuch2013.pdf?__blob=publicationFile, 10.03.17.

Thieme, Frank (2016): Bestattung zwischen Wunsch und Wirklichkeit. Eine soziologische Studie zum Wandel des Bestattungsverhaltens in Deutschland. Düsseldorf: Fachverlag des deutschen Bestattungsgewerbes.

Thieme, Frank (2008): Alter(n) in der alternden Gesellschaft. Eine soziologische Einführung in die Wissenschaft vom Alter(n). Wiesbaden: VS Verlag für Sozialwissenschaften.

Thieme, Frank (1988): Rassentheorien zwischen Mythos und Tabu: der Beitrag der Sozialwissenschaft zur Entstehung und Wirkung der Rassenideologie in Deutschland. Frankfurt am Main/Bern: Peter Lang.

Thönnes, Michaela (Hrsg.) (2013): Sterbeorte in Deutschland. Eine soziologische Studie. Aktuelle Problemlagen moderner Gesellschaften. Bd. 11. Frankfurt am Main: Internationaler Verlag der Wissenschaften.

Tönnies, Ferdinand (2010) (zuerst 1887): Gemeinschaft und Gesellschaft. Grundbegriffe der reinen Soziologie. 4. Aufl. Darmstadt: WBG.

Tolmein, Oliver (2006): Keiner stirbt für sich allein – Sterbehilfe, Pflegenotstand und das Recht auf Selbstbestimmung. München: C. Bertelsmann.

Vogel, Ralf T. (2015): Der Tod ist groß, wir sind die Seinen. Mit dem Sterben leben lernen. Ostfildern: Pathmos.

Vollmann, Jochen (2011): Freie Selbstbestimmung am Lebensende? 25 Jahre Zentrum für Medizinische Ethik Bochum 1986–2011. Bochum: Zentrum für Medizinische Ethik.

Weber, Max (2005) (zuerst 1905): Die protestantische Ethik und der Geist des Kapitalismus. Erftstadt: Area Verlag.

Weber, Max (2002) (zuerst 1921/22): Wirtschaft und Gesellschaft: Grundriss der verstehenden Soziologie. 5. Aufl. Tübingen: Mohr Siebeck.

Weber, Max (1995) (zuerst 1919): Wissenschaft als Beruf. Ditzingen: Reclam.

Weber, Tina (2010): Die Darstellung von Toten in den Medien unter dem Vorwurf der Pornografie. In: Groß, Dominik/Schweikardt, Christoph (Hrsg.): Die Realität des Todes. Zum gegenwärtigen Wandel von Totenbildern und Erinnerungskulturen. Frankfurt/New York: Campus: S. 141–152.

Weigend, Thomas (2009): Strafgesetzbuch. StGB. 46. Aufl. München: Deutscher Taschenbuch-Verlag.

Weingart, Peter (1992): Rasse, Blut und Gene: Geschichte der Eugenik und Rassenhygiene in Deutschland. Frankfurt am Main: Suhrkamp.

Wernstedt, Thela (2004): Sterbehilfe in Europa. Frankfurt am Main: Peter Lang.

Wilkening, Karin/Kunz, Roland (2003): Sterben im Pflegeheim. Perspektiven und Praxis einer neuen Abschiedskultur. Göttingen: Vandenhoeck & Ruprecht.

Winkens, Arnold (2015): Todesfälle in der Bundeswehr – ein aktueller Überblick. Entwicklung einer Trauer- und Gedenkkultur in der Bundeswehr. In: Kalisch, Volker (Hrsg.): Vor aller Augen ...Tod in öffentlicher Wahrnehmung und Begegnung. Düsseldorf: Verlag des deutschen Bestattungsgewerbes: S. 109–122.

Wittwer, Hector/Schäfer, Daniel/Frewer, Andreas (2010): Sterben und Tod. Ein interdisziplinäres Handbuch. Stuttgart: J.B. Metzler.

Wittwer-Backofen, Ursula (1999): Disparitäten der Altersterblichkeit im regionalen Vergleich: biologische versus sozioökonomische Determinanten. Regionale Studie für den Raum Hessen. Materialien zur Bevölkerungswissenschaft. Wiesbaden: Bundesinstitut für Bevölkerungsforschung beim Statist. Bundesamt.

Wodarg, Wolfgang (2008): Die Debatte zur Sterbehilfe als Chance für eine neue Gesellschafts- und Sozialpolitik. In: Robertson-von Trotha, Caroline Y. (Hrsg.): Tod und Sterben in der Gegenwartsgesellschaft. Eine interdisziplinäre Auseinandersetzung. Baden-Baden: Nomos: S. 75–81.

Internetrecherche

http://www.oepia.at/sites/default/files/OEPIA_INfografikFebruarvs1a.pdf, 09.03.17

https://de.statista.com/statistik/daten/studie/156902/umfrage/sterbefaelle-in-deutschland/, 09.03.17

https://de.statista.com/statistik/daten/studie/182907/umfrage/anzahl-der-todesfaelle-in-deutschland-nach-geschlecht-seit-1950/, 09.03.17

https://www-genesis.destatis.de/genesis/online/data;jsessionid=274D2049B71B78F44CD6 17D7D4B4120D.tomcat_GO_2_1?operation=ergebnistabelleDiagramm&option=diagramm&levelindex=2&levelid=1489164893409&downloadname=12613-0002, 10.03.17

http://www.bpb.de/nachschlagen/zahlen-und-fakten/soziale-situation-in-deutschland/61538/altersgruppen, 10.03.17

http://www.bib-demografie.de/SharedDocs/Glossareintraege/DE/L/lebenserwartung.html, 10.03.17

https://www.destatis.de/DE/ZahlenFakten/GesellschaftStaat/Bevoelkerung/Sterbefaelle/Tabellen/LebenserwartungDeutschland.html, 10.03.17

http://www.apotheken-umschau.de/Medizin, 10.03.17

http://www.rp-online.de/leben/gesundheit/news/die-chronik-des-organspendeskandals-bid-1.2968763, 16.03.17
http://www.sueddeutsche.de/panorama/abschaffung-des-friedhofszwangs-in-bremen-zuhause-ists-am-schoensten-1.2231461, 16.03.17
https://www.organspende-info.de/organ-und-gewebespende/verlauf/hirntod, 16.03.17
https://www.welt.de/politik/ausland/article115798281/Mehr-als-eine-Viertelmillion-Hungertote-in-Somalia.html, 16.03.17
http://archiv.friedenskooperative.de/ff/ff05/2-73.htm, 16.03.17
http://www.zeit.de/politik/2014-09/obama-ebola-westafrika, 16.03.17
http://www.zeit.de/online/2008/26/Zahl-Kriegstote-korrigiert, 16.03.17
http://www.amishreader.com/2011/06/13/discipline-in-amish-culture/, 19.03.17
http://www.spiegel.de/panorama/justiz/kinderporno-affaere-die-legenden-des-sebastian-edathy-a-1094562.html, 19.03.17
http://www.zeit.de/1962/52/die-affaere-dreyfus#, 19.03.17
http://www.deutschlandfunk.de/erster-weltkrieg-patriotischer-aufruf-der-kirchen-zum-krieg.886.de.html?dram:article_id=278280, 19.03.17
http://www.reinerjungnitsch.de/abtreibung.ev-kath.pdf, 19.03.17
https://www.welt.de/themen/michael-schumacher/, 19.03.17
https://www.demografie-portal.de/SharedDocs/Informieren/DE/ZahlenFakten/Bevoelkerung_ueber65_ueber80.html, 19.03.17
http://www.psychosoziale-gesundheit.net/pdf/werther_faust.pdf, 19.03.17
http://www.spiegel.de/einestages/massenselbstmord-von-jonestown-1978-a-948013.html, 19.03.17
http://www.philosophie-woerterbuch.de/online-woerterbuch/?tx_gbwbphilosophie_main%5Bentry%5D=250&tx_gbwbphilosophie_main%5Baction%5D=show&tx_gbwbphilosophie_main%5Bcontroller%5D=Lexicon&cHash=a00cbb4677a4b4de5dc955a9d8cbf123, 24.03.17
https://www.bundesgesundheitsministerium.de/themen/gesundheitswesen/gesundheitswirtschaft/gesundheitswirtschaft-als-jobmotor.html, 26.03.17
https://www.destatis.de/DE/PresseService/Presse/Pressemitteilungen/2017/01/PD17_022_232.html, 26.03.17
https://www.destatis.de/DE/ZahlenFakten/GesellschaftStaat/Gesundheit/Todesursachen/Todesursachen.html, 31.03.17
http://www.welt.de/gesundheit/article13340680/Die-Rangliste-der-50-gefaehrlichsten-Berufe.html, 21.06.17
http://www.bpb.de/apuz/30183/gesundheitliche-ungleichheit-im-lebenslauf?p=all, 31.03.17
http://flexikon.doccheck.com/de/Schwangerschaftsabbruch, 02.04.17
http://uni-protokolle.de/Lexikon/Abtreibung.html#Rechtslage_in_Deutschland, 02.04.17
https://de.statista.com/statistik/daten/studie/2229/umfrage/mordopfer-in-deutschland-entwicklung-seit-1987/, 04.04.17
https://de.statista.com/statistik/daten/studie/167208/umfrage/kinder-und-jugendliche-mordopfer-unter-18-jahren-in-deutschland/, 04.04.17
https://de.statista.com/statistik/daten/studie/227365/umfrage/bevorzugte-sterbeorte/, 14.04.17
https://www.destatis.de/DE/Publikationen/Thematisch/Bevoelkerung/Bevoelkerungsstand/BlickpunktAeltereMenschen1021221119004.pdf?__blob=publicationFile, 14.04.17

Literatur

http://www.dhpv.de/tl_files/public/Aktuelles/presseerklaerungen/2012-08-20_PK-Sprechzettel-Bevoelkerungsumfrage.pdf, 14.04.17

http://www.dhpv.de/service_zahlen-fakten.html, 14.04.17

https://de.statista.com/statistik/daten/studie/277029/umfrage/glauben-an-ein-leben-nach-dem-tod/, 17.04.17

https://www.hu-berlin.de/de/pr/medien/publikationen/humboldt/2008/200901/forschung/tod, 17.04.17

http://www.spiegel.de/politik/ausland/minutenprotokoll-der-tag-an-dem-osama-bin-laden-starb-a-760053.html, 23.04.17

http://www.spiegel.de/panorama/johann-westhauser-aus-hoehle-gerettet-was-kostet-der-einsatz-a-976185.html, 23.04.17

http://www.dgfkt.de/hlm/Historische%20Entwicklung%2020%20Jahrhundert.html, 01.05.17

http://www.hdg.de/lemo/biografie/ariel-sharon.html, 01.05.17

http://www.bpb.de/apuz/33315/transplantationsmedizin-zwischen-fortschritt-und-organknappheit-geschichte-und-aktuelle-fragen-der-organspende?p=all, 01.05.17

http://www.faz.net/aktuell/gesellschaft/todesfall-herzchirurg-christiaan-barnard-gestorben-127658.html, 01.05.17

http://www.initiative-kao.de/troendle-rechtliche-bedeutung-hirntod.html, 01.05.17

http://www.glaube-und-kirche.de/sieben_werke_der_barmherzigkeit.htm, 01.05.17

http://wiki.aeternitas.de/index.php?title=Bestattungsfrist, 01.05.17

http://www.aeternitas.de/inhalt/presse/ARCHIV/2015/2015_03_25__09_01_31, 01.05.17

http://www.ruhr-uni-bochum.de/anatomie/koerperspende_PW.html, 01.05.17

https://www.welt.de/vermischtes/article158784321/Der-aelteste-Mann-Deutschlands-feiert-111-Geburtstag.html, 18.05.17

https://www.bmjv.de/SharedDocs/Publikationen/DE/Patientenverfuegung.pdf?__blob=publicationFile&v=22, 28.05.17

http://www.dignitas.ch/, 28.05.17

http://www.faz.net/aktuell/feuilleton/kino/sterbehilfe-die-hand-die-gift-reicht-1210732.html, 28.05.17

http:/www.zeit.de/gesellschaft/zeitgeschehen/2014-07/ekd-nikolaus-schneider-sterbehilfe, 28.05.17

http://www.indexmundi.com/g/g.aspx?c=gm&v=26&l=de, 05.06.17

http://www.apotheken-umschau.de/Medizin/Wie-wird-ein-Hirntod-festgestellt-205207.html, 05.09.17

http://www.mayerling.de/, 05.06.17

https://sciencefiles.org/2011/09/13/suizid-ist-mannlich-ursachen-sind-strukturell/, 05.06.17

http://www.spiegel.de/einestages/witwen-in-indien-xavier-zimbardo-dokumentiert-revolution-a-1086504.html, 05.06.17

http://www.drze.de/im-blickpunkt/pid/rechtliche-aspekte, 05.06.17

http://www.lexexakt.de/glossar/reichsdeputationshauptschluss.php, 21.06.17

http://www.textlog.de/5246.html, 26.06.17

http://www.lexexakt.de/glossar/reichsdeputationshauptschluss.php, 26.06.17

http://www.das-parlament.de/2010/45/Themenausgabe/32124111/310716

https://www.bamf.de/DE/Service/Left/Glossary/_function/glossar.html?lv3=3198544, 23.08.17

http://www.nobelprice.org/nobel_prizes/medicine/laureates/2012/advanced.html, 14.08.17
http://www.koerperwelten.de/, 06.09.17
https://www.uni-hildesheim.de/~stegmann/epikur.htm, 02.11.17
http://www.drze.de/im-blickpunkt/pid/rechtliche-aspekte, 19.12.17
https://www.destatis.de/DE/ZahlenFakten/GesellschaftStaat/Bevoelkerung/Sterbefaelle/Tabellen/LebenserwartungDeutschland.html, 27.12.17
http://www.kirchenaustritt.de/statistik, 05.01.18

Zur Geschichte von Sterben und Tod 3

*Der letzte Feind,
der vernichtet wird,
ist der Tod.*
(1. Korinther, 26, Die Bibel 1985)

3.1 Der lange Weg zum langen Leben

Entwicklung der Sterblichkeit
Vor etwa 200 bis 250 Jahren begann in Teilen Europas und Nordamerikas ein Prozess grundlegenden sozialen Wandels. Bezeichnet wird dieser u. a. als *Industrialisierung, Modernisierung* oder *große Transformation*.[1] In dessen Verlauf kam es neben vielen anderen Veränderungen zu einer dramatischen Erhöhung der Durchschnittlichen Lebenserwartung und in der Folge einem starken *Bevölkerungswachstum*. Hatte die Durchschnittliche Lebenserwartung in Deutschland 1871/1881 für Frauen bei 38,45 und für Männer bei 35,58 Jahren (Luy 2002, S. 3) gelegen, so war etwa 130 Jahre später mehr als eine Verdoppelung eingetreten. Frauen können heute 83,06 Jahre erwarten, Männer 78,18 Jahre (vgl. Abschn. 2.1.2).

Die Durchschnittliche Lebenserwartung ist ein Indikator für den Entwicklungsstand und die Lebensqualität einer Gesellschaft. Zunächst – seit der zweiten Hälfte des 19. Jahrhunderts – war die erfolgreiche Bekämpfung der Kindersterblichkeit

---

[1]Der Begriff *große Transformation* wurde 1944 von Karl Polany (1978) eingeführt und bezeichnet den grundlegenden sozialen Wandel von der feudal-agrarischen zur bürgerlich-industriellen Gesellschaft.

© Springer Fachmedien Wiesbaden GmbH, ein Teil von Springer Nature 2019
F. Thieme, *Sterben und Tod in Deutschland*,
https://doi.org/10.1007/978-3-531-18873-7_3

der Grund für den historisch beispiellosen Zugewinn an Jahren (vgl. Abschn. 3.3). In den letzten Jahrzehnten hat es außerdem deutliche Zunahmen bei der weiteren/ferneren Lebenserwartung gegeben. Gemeint ist damit die verbleibende Durchschnittliche Lebenserwartung in einem höheren Lebensalter, also nicht bei Geburt, sondern z. B. jenseits von 60. Die Faktoren, die dazu führen, können mit dem Wort vom Voranschreiten der Zivilisation zusammengefasst werden (vgl. Abschn. 2.1.2).

3.2 Entwicklung der Sterblichkeit von der frühen Neuzeit bis heute

Inzwischen werden nicht nur einzelne Menschen immer älter, auch ganze Gesellschaften altern. Bevor die soziokulturellen Bedingungen einer modernen Gesellschaft mit großer Wahrscheinlichkeit eine Durchschnittliche Lebenserwartung von 60 bis 70 Jahren möglich machten, hatte sich über Jahrtausende hinweg nichts Grundsätzliches geändert. Trotz hoher *Fertilität* (durchschnittliche Kinderzahl pro Frau) reichte diese wegen der hohen Sterblichkeit (vgl. Abb. 3.1) gerade aus, den Bevölkerungsstand zu erhalten oder ihn langsam anwachsen zu lassen (Höpflinger 1997). Starke Bevölkerungsrückgänge gab es in der Folge von Hungersnöten, Naturkatastrophen, Epidemien und durch Kriege. Deutschland war im 17. Jahrhundert nachhaltig durch den 30jährigen Krieg betroffen, der ganze Landstriche entvölkerte und die Kulturlandschaft verbrachen ließ. Die Weltbevölkerung im Ganzen ist, von Unterbrechungen und Rückschlägen abgesehen, zu allen Zeiten vom Trend her mäßig aber kontinuierlich gewachsen.

Datenqualität
Valide Daten über die Dauer eines Menschlebens oder Todesursachen waren für einen langen Zeitraum ausschließlich für hochrangige Menschen bekannt: Könige, Kirchenführer, Gelehrte, Künstler usw. Kirchlichen Aufzeichnungen – den Tauf- und Sterbebüchern – verdanken wir seit dem 16. Jahrhundert Daten über „normale Sterbliche".[2] Grabmalinschriften treten, soweit nicht verwittert oder für neue Bestattungsfälle überschrieben, als Quelle hinzu. Seit dem 19. Jahrhundert wurden

---

[2]Geburtstage sind bis in die Neuzeit selbst für prominente Personen selten genau festgehalten worden. Vorliegende Daten sind zumeist Rekonstruktionen. Der Geburtstag galt in christlich geprägten Gesellschaften – abgesehen von den wichtigen Namen des christlichen Festtagskalenders (Jesus, Maria, Johannes) – im Gegensatz zum Namenstag als unerheblich (Ohler 2004, S. 14).

3.2 Entwicklung der Sterblichkeit von der frühen Neuzeit bis heute

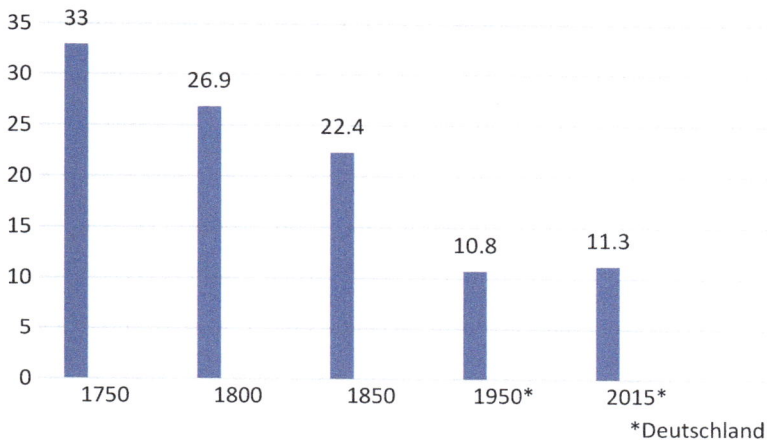

Abb. 3.1 Entwicklung der Sterblichkeit (Sterbeziffer) (Sterbeziffer: Anzahl der Verstorbenen auf 1000 der Bevölkerung in einem Jahr.) in Europa/Deutschland zwischen 1750 und 2015. (Quellen: Bevölkerungs-Ploetz 1965, S. 6. Vgl. https://www.destatis.de/DE/ZahlenFakten/Indikatoren/LangeReihen/Bevoelkerung/lrbev04.html;jsessionid=2CD55351338 2.114F23B58.885A40F0F76.cae4)

behördliche Standesbücher geführt (Ohler 2004, S. 14). Statistische Meldeämter sind eine Errungenschaft des modernen Verwaltungsstaates, der ein Interesse an der Entwicklung und dem Gesundheitszustand seiner Bevölkerung hat. Diese Ämter wurden ab Mitte des 18. Jahrhunderts erstmals in Nord-, später in Mittel- und Westeuropa eingerichtet (vom Brocke 1998, S. 42; Imhof 1988, S. 215). Präzisere Kenntnisse über früher erreichte Lebensalter sind in den letzten Jahrzehnten durch archäologische Grabungen auf mittelalterlichen Friedhöfen möglich geworden. Archäologen gelang es in Zusammenarbeit mit Medizinern, an Knochenfunden sowohl eine nähere Bestimmung des erreichten Lebensalters als auch die Todesursachen zu ermitteln.

Methodisch begründete Unsicherheiten bestehen, wenn es um die Feststellung der Todesursachen in der weiter zurückliegenden Vergangenheit geht. Häufig wurden Todesursachen von medizinischen Laien festgestellt. Erstmals 1768, berichtet Imhof, wurde in Deutschland „die ärztliche Attestierung, der von einem Leichenbeschauer erhobenen Todesursache vorgeschrieben" (Imhof 1975, S. 560). 1592 war es in London zur Einführung einer Todesursachenstatistik gekommen. Doch erst im 18. Jahrhundert wurden in größerer Zahl entsprechende Erlasse in einzelnen Städten wirksam (ebd., S. 560 ff.).

3.3 Todesursachen früher

Was waren die vermerkten bzw. die vermeintlichen Todesursachen? Im 18. Jahrhundert ist häufig die Rede von „Wassersucht", „Durchfall", „Auszehrung", „hitziger Krankheit", „Fluss" u. a. Neben diesen heute untypisch erscheinenden Todesursachen oder Bezeichnungen für todbringende Erkrankungen gab es aber auch solche, die kaum auftraten, weil nur wenige Menschen ein hohes Lebensalter erreichten, in dem bestimmte Krankheiten, wie Herz-/Kreislauferkrankungen oder Demenzen, gehäuft vorkommen.

Die Validität der Daten ist nicht immer gesichert. Oft beruhen die Eintragungen auf Auskünften von Angehörigen und häufig waren es Symptome, die für die Todesursache gehalten wurden (Imhof 1975, S. 560).

Das Sterben vor Beginn der modernen Gesellschaft war, wie erwähnt, für die große Mehrheit der Menschen ein vorzeitiges Sterben. Die Durchschnittliche Lebenserwartung schwankte stark und lag über Jahrtausende hinweg bei 25 bis 35 Jahren (Bevölkerungs-Ploetz 1966, S. 9). Zeitweilig war sie, bedingt durch Seuchen, Kriege oder Hungersnöte, auch darunter. Die Menschen waren Krankheiten, Missernten, Unfällen, Feuer- und Naturkatastrophen, ebenso jeglicher Form von Gewalt, räuberischen und kriegerischen Übergriffen, Überfällen durch marodierende Banden, Brandschatzungen u. a. weitgehend schutzlos ausgeliefert. Was nicht heißen soll, dass es an Vorkehrungen, Schutzmaßnahmen und Kontrollen gänzlich gefehlt hätte. Auch an nötiger Konsequenz bei der Verfolgung von Delinquenten oder der Abwehr von Okkupanten mangelte es nicht. Nicht zuletzt forderten Judenverfolgung und Sklavenhandel in Europa einen beträchtlichen Blutzoll.[3]

---

[3]Jüdische Bevölkerungsteile mussten oft als „Sündenböcke" herhalten. Sie wurden der „Brunnenvergiftung" verdächtigt oder der Einschleppung von ansteckenden Krankheiten bezichtigt (Ohler 2004, S. 258). Der Übertritt zum jüdischen Glauben zog seit Kaiser Konstantin (315 n. Chr.) die Todesstrafe nach sich. Auch im Mittelalter kam es zur Bestrafung von Konvertiten. Das führte zu Strafmaßnahmen gegen die ganze Gemeinde. Vgl. http://www.talmud.de/tlmd/der-uebertritt-zur-juedischen-religion-der-gijur/.

Im Übrigen machte der Tod bis zum Beginn des modernen Zeitalters kaum einen Unterschied zwischen den Menschen. Ein hoher sozialer Status schützte auch „gekrönte Häupter" nicht vor Gewalt und tödlich endenden Intrigen. Wirklichen Schutz, über den Angehörige höherer Stände verfügen konnten, gab es bis in das 18. Jahrhundert nicht (Haidinger 2007).

Seuchen: Geißel der Menschheit
Der Erzfeind des Lebens waren die Seuchen. Von der Antike bis in das 19. Jahrhundert hinein erstreckten sich rund um den Globus immer wieder Endemien, Epidemien und Pandemien (Höpflinger 1997, S. 150).[4] Kinder und alte, schwache Menschen, waren die Hauptbetroffenen. Unbekannte Krankheitserreger wurden über Handelskontakte, durch Reisende oder Kriege, meist aus Asien oder Afrika eingeschleppt und breiteten sich, oft von Hafenstädten ausgehend, rasch von Ort zu Ort weiter aus. Als schlimmste dieser Seuchen gilt die Pest. In mehreren Wellen – mitunter für Jahrhunderte unterbrochen – trat sie bereits in der Antike auf, „überrannte" mit der Völkerwanderung[5] das ganze Mittelalter, um erst im 19. Jahrhundert ihre Schrecken zu verlieren (Bergdolt 2006; Imhof 1988; Ohler 2004). In einzelnen Regionen, insbesondere in den größeren Städten, wurde die Bevölkerung durch den „Schwarzen Tod", wie die Pest seit dem 17. Jahrhundert genannt wurde, manchmal um ein Drittel dezimiert. Der Tod kam schnell und unvorbereitet, oft binnen weniger Stunden. Und er gewann rasch an Ausdehnung.

Seuchen wurden keineswegs schicksalhaft hingenommen. Zwar blieb meist wenig Zeit für Flucht und Schutzvorkehrungen, aber Quarantänemaßnahmen in Gestalt von Kontaktsperren und Grenzkontrollen wurden oft rigoros durchgeführt. Bittgottesdienste und Prozessionen sollten schützen (Bergdolt 2006, S. 44). Dass die hohe *Bevölkerungsdichte* in der Stadt, die Nähe und Enge der Menschen zueinander und vor allem die fehlende Hygiene, die Ausbreitung von Seuchen enorm begünstigte, war bekannt. So wurden in den großen italienischen Städten während der sog. „Globalen Pest" im 14. Jahrhundert Badehäuser, Hospize, „Spelunken" und Bordelle geschlossen, um so einer Übertragung der tödlichen Erreger vorzubeugen. Mit mäßigem Erfolg. Andererseits waren die

---

[4]Endemien sind örtlich begrenzt auftretende ansteckende Krankheiten. Epidemien treten örtlich und zeitlich besonders stark auf. Pandemien sind Seuchen großen Ausmaßes (Klischies et al. 2006, S. 5).
[5]Wanderungen aber auch Handels- und Entdeckungsreisen waren ein wichtiger Grund für die massenhafte Verbreitung ansteckender Krankheiten.

Opferzahlen im Vergleich der Städte verschieden hoch. Manche Orte blieben auch völlig verschont. Ein Erfolg der Maßnahmen? Oder war dies der Immunisierung von Teilen der Bevölkerung durch eine vorausgegangene Pestwelle geschuldet? Wer einmal eine Pesterkrankung überstanden hatte, galt als – zumindest für einige Zeit, bzw. für einen noch nicht mutierten Erreger – vor der Ansteckung geschützt. Wie wichtig der einmal überstandene Kontakt mit dem Erreger für die weitere Überlebensfähigkeit war, zeigt Bergdolt am Beispiel der Ureinwohner Nordamerikas. Diese gingen in großer Zahl an von einwandernden Europäern eingeschleppten eher harmlosen Erkältungskrankheiten zugrunde. So erklärt sich auch das über Jahrhunderte während Ausbleiben einer neuen Pestwelle in der Zeit nach der Völkerwanderung. Nachdem Europa im 6. und 7. Jahrhundert von der „Justinianischen Pest", benannt nach dem oströmischen Kaiser Justinian I. (527–565), heimgesucht worden war, verging bis zum erneuten Ausbruch mehr als ein halbes Jahrtausend (2006, S. 40 ff.; Imhof 1988, S. 72; Ohler 2004, S. 249 ff.).

Die Verluste an Menschenleben waren gewaltig. So wurde die Bevölkerung auf den Britischen Inseln während zweier Pestausbrüche – einmal zwischen 1349 und 1350, der andere elf Jahre später – von 3,8 Mio. auf 2,2 Mio. Menschen dezimiert (Bevölkerungs-Ploetz 1966, S. 9). Allerdings sind solche Schätzungen nicht zuverlässig. Nicht nur deshalb, weil eine organisierte Erfassung von *Bevölkerungsbewegungen* fehlte, sondern weil im Chaos des Sterbens und Beseitigens der Leichen von würdevollen Bestattungen keine Rede sein konnte (vgl. Abschn. 5.2). Stets war Eile geboten, weil von den verwesenden Körpern weitere Gefahren ausgingen.

Die Pest trat in zweierlei Gestalt auf. Bei der Beulenpest gab es gewisse Heilungschancen – die Beulen wurden aufgeschnitten – zumindest eine längere Überlebenszeit.[6] An der durch Tröpfcheninfektion übertragenen Lungenpest starb man binnen weniger Stunden (Bergdolt 2006, S. 17, 24).

Andere Seuchen
Nicht immer war es die Pest, auch wenn von ihr die Rede war. *Pestis*, aus dem Lateinischen, bedeutete „jede Art von virulenter Infektionskrankheit" (Ohler 2004, S. 21). Aber neben der Pest im engeren Sinne traten über Jahrhunderte hinweg weitere Infektionskrankheiten auf, oft mit tödlichem Ausgang. Ohler nennt

---

[6]Die Übertragung des Krankheitserregers wurde lange der Ratte, als Wirt des Pestflohs, zugeschrieben. Vermutlich waren aber auch Menschenflöhe die Überträger (Bergdolt 2006, S. 18).

3.3 Todesursachen früher

in alphabetischer Reihenfolge: Cholera, Diphtherie, Fleckfieber, Grippe, Keuchhusten, Lepra, Malaria, Masern, Mumps, Pocken, Ruhr, Tollwut, Tuberkulose, Typhus, Wundstarrkrampf u. a. (ebd.). Die Cholera gilt als eine der jüngeren Seuchen. Bis in das 19. Jahrhundert hinein war sie in Europa unbekannt. Seit den späten 1820er Jahren breitete sie sich, vom indischen Subkontinent kommend, aus. Eine erste Pandemie forderte in Berlin ihre Opfer. Drei weitere Wellen sollten im Abstand weniger Jahrzehnte folgten (Imhof 1988, S. 74).

Für einige Krankheiten waren durch Berichte der Ärzte aus der Antike die Symptome gut bekannt. So waren Möglichkeiten geläufig, Nichtinfizierte vor Ansteckungen zu schützen. Für die Kranken war dies allerdings oft verbunden mit mehr als lästigen Konsequenzen. Den Rest ihres Lebens mussten sie, oft nur mit dem Notdürftigsten versorgt, isoliert und durch besondere Kleidung markiert als „Aussätzige" verbringen (Ohler 2004, S. 22). Gefährdet waren insbesondere Personen bzw. Angehörige solcher Stände, die einer Berührung mit den Erkrankten nicht ausweichen konnten. So war die Sterblichkeit unter Mönchen und Nonnen sehr hoch, weil zum Ethos der Orden auch die Aufnahme und Pflege gerade der unheilbar Kranken gehörte.

Sterben war in vergangenen Jahrhunderten meist ein kurzer Prozess. Allerdings ist die heutige Vorstellung, dieser sei humaner oder würdiger als gegenwärtig gewesen, irrig. Denn die Zuwendung seitens Angehöriger war schon deshalb unwahrscheinlich, weil sie die Gefahr von Ansteckung einschloss (Imhof 1988, S. 66). Auch von nichtansteckenden Krankheiten oder den Folgen von Unfällen gingen tödliche Gefahren aus.

Hygiene

Mit der zunehmenden Dichte der Bevölkerung in den mittelalterlich-engen und schmutzigen Städten sollten sich Hygieneprobleme, die bereits seit der Antike ihre negativen Auswirkungen auf die Durchschnittliche Lebenserwartung und das Bevölkerungswachstum hatten, verschärfen. Wo Menschen dicht beieinander wohnen, können sich Krankheiten rasch ausbreiten. Zwar gab es früh ein Wissen um die Übertragbarkeit von Krankheiten, wirksame Präventivmaßnahmen hingegen nicht. Die ungenügende Hygiene blieb bis in das frühe 20. Jahrhundert hinein ein konstantes Problem. Mittelalterliche Städte haben mit Städten des frühen bis späten 19. Jahrhunderts gemein, dass es an einer effizienten Beseitigung menschlicher und tierischer Exkremente meist fehlte. Ein anderes Problem war die mangelhafte Verfügung über wirkungsvolle Konservierungsmethoden der Nahrungsmittel, insbesondere in der warmen Jahreszeit. Die offene und ungenierte Verrichtung der Notdurft in den Gassen und Höfen, das Versickern von Fäkalienrückständen im Erdreich und das Fehlen von Klärgruben gefährdeten die Gesundheit von Mensch und Tier massiv.[7] Der Handel und das Vorhandensein von Märkten führten Menschen in die Stadt, die potenzielle Überträger von Krankheiten waren. Das Problem verstärkte sich mit der Öffnung der Städte durch das Schleifen der Befestigungsanlagen und das starke häufig völlig ungeplante urbane Bevölkerungswachstum während der Industrialisierung.[8] Dort breiteten sich parallel zu den Industriequartieren die Elendsquartiere aus, die den Slums heutiger „Dritte-Welt"-Metropolen nicht nachstehen. Mit der wachsenden städtischen Bevölkerung verstärkte sich die gesundheitliche Gefährdung infolge mangelnder Hygiene, aber auch durch Arbeits- und Verkehrsunfälle. Der Bevölkerungsanteil der Großstädte über 100.000 Einwohner stieg binnen vier Jahrzehnten von 4,8 % (1871) auf 21,3 % (1910) (Bevölkerungs-Ploetz 1965, S. 92).

Ernährung
Ein wesentlicher Grund für die hohe Sterblichkeit der vergangenen Jahrhunderte liegt in der unsicheren Ernährungssituation. Immer wieder erhöhten Missernten sporadisch die Sterblichkeit (Ohler 2004, S. 25). Ursachen waren meist singuläre Ereignissen, wie ein zu trockenes oder zu nasses Frühjahr bzw. Sommer. Temperaturrückgänge, wie während der sog. „kleinen Eiszeit"[9], hatten einen gravierenden Einfluss auf den Reifeprozess von Feldfrüchten. In der ersten Hälfte des 14. Jahrhunderts, noch vor der „globalen Pest", scheint die Zahl der Missernten zugenommen zu haben. Zwischen der Mitte des 13. und dem zweiten Viertel des 14. Jahrhunderts sank die Durchschnittliche Lebenserwartung in England von 35 auf 27 Jahre (ebd., S. 28). Naturkatastrophen, Umwelteinflüsse und kriegerische Ereignisse ließen Wüstungen der landwirtschaftlichen Flächen entstehen. Das Grassieren einer Seuche führte oft zu einem Rückgang der in der Landwirtschaft Tätigen. Das waren noch bis zum Ende des 19. Jahrhunderts 80 bis 90 % der Bevölkerung. Imhof berichtet über eine Reihe von Ereignissen in Europa in kurzen zeitlichen Abständen, die ein Ansteigen der Sterblichkeit bewirkten.

---

[7]Vgl. die eindrücklichen Darstellungen von Elias über den Wandel der Zivilisation an den Beispielen der Tischsitten und des Intimverhaltens (1991a).
[8]So wuchs z. B. die Bevölkerung in Berlin zwischen 1850 und 1910 von 419tsd. auf 2071 Mio.: in Hamburg von 132 auf 932tsd. (Bevölkerungs-Ploetz 1965, S. 92).
[9]Periode zwischen dem 15. und frühen 19. Jahrhundert mit relativ niedrigen Durchschnittstemperaturen. Vgl. http://www.umweltunderinnerung.de/index.php/kapitelseiten/vormoderne-umwelten/23-die-kleine-eiszeit.

1740: Missernte, 1756 bis 1763: Siebenjähriger Krieg; 1772: Missernte; 1808: Napoleonische Kriege; 1866: Cholera (1988, S. 74).[10] Zu den Auslösern der Missernten zählte die Kartoffelfäule. Nachhaltige Folgen entstanden, wenn die Landwirtschaft zu stark auf einzelne Nahrungsmittel gesetzt hatte und es zuvor zu einem starken Bevölkerungsanstieg gekommen war. Derartige Katastrophen waren stets auch ein Auslöser für Migrationen.[11] Missernten und ihre Auswirkungen müssen für die Zeit bis in das späte 19. Jahrhundert hinein auch im Zusammenhang mit einer für die große Mehrheit der Bevölkerung unzulänglichen und einseitigen Ernährungssituation gesehen werden, was wiederum die Anfälligkeit für Erkrankungen erhöhte. Aber auch verdorbene Lebensmittel oder in der Nahrung befindliche Schadstoffe waren eine häufige Todesursache (Höpflinger 1997, S. 145).

Kriege, Überfälle
Eine ständige Bedrohung ging von Kriegen und Überfällen aus. Imhof schreibt: „Man braucht gewiss kein großer Militärstratege sein, um auf jeder Europa- und Deutschlandkarte eine Reihe von besonders gefährdeten Punkten herauszufinden, die während Jahrhunderten als ewige Auf- und Durchmarschgebiete [dienten]" (1984, S. 104). Diese Ereignisse wirkten oft lange nach. Dann, wenn Haus, Hof, Anbauflächen und Verkehrswege zerstört und verwüstet waren.

3.4 Der frühe Tod: Säuglings- und Kindersterblichkeit; Totgeburten

Es hat schon immer einzelne Menschen gegeben, die selbst nach heutigen Maßstäben ein hohes Lebensalter erreicht haben. Die Hälfte unserer Vorfahren aber starb – noch bis in das 19. Jahrhundert hinein – ohne überhaupt erwachsen geworden zu sein. Noch zwischen 1871 und 1880 vernichtete der Tod im Deutschen Reich knapp ein Viertel der Neugeborenen. Aber auch im Erwachsenenalter musste lange vor Erreichen eines höheren Lebensalters ständig mit dem Tod gerechnet werden (Höpflinger 1997; Imhof 1984).

Eine besondere Gefährdung ging und geht bei Kindern von der Unterentwicklung des Immunsystems aus. Wer eine Ersterkrankung an einem

---

[10] Über die Mühsal der Alltagsbewältigung in vormodernen Zeiten vgl. Imhof (1984).
[11] Die Kartoffelfäule setzte in Irland (1845) eine Auswanderungswelle nach Nordamerika in Gang. Vgl. http://www.mpg.de/7257854/kartoffelfaeule.

ansteckenden Erreger nicht überlebte – und da konnte es sich um eine Erkältung oder eine Darmerkrankung handeln – hatte naturgemäß keine Chance zur Entwicklung von Abwehrkräften (Ohler 2004). Neugeborene raffte es häufig schon im ersten Lebensjahr dahin. Nahezu ein Viertel starb – noch um die Wende vom 19. zum 20. Jahrhundert – binnen des ersten Lebensjahres. Heute sind es drei von 1000 Neugeborenen.[12] Viele Kinder „holte" der Tod durch ansteckende Krankheiten, in der Folge von Hunger oder Unfällen. Für Letztere gab es in einer Gesellschaft, die auf Kinder gemeinhin wenig Rücksicht nahm oder nehmen konnte, viele Gelegenheiten (vgl. Abb. 3.2).

Gefährdete Kinder
Aber auch aus anderen Gründen waren Kinder in vormoderner Zeit in besonderer Weise gefährdet. Es fehlte ihnen zwangsläufig an Lebenserfahrung und damit an Sensibilität für Gefahren bzw. an Routinen im Umgang damit. Ein hohes Risiko in stets unsicheren Zeiten. Wer nicht spielerisch in die Welt der Erwachsenen eingeführt wurde – und dies war vor der „Pädagogisierung"[13] der Kindheit eher nicht der Fall – der musste sich, gleichsam wie ein Tier in der rauen Wirklichkeit bewähren, auf die Gefahr hin tödlich zu scheitern. Kinder lebten in der Welt der Erwachsenen. Einer Wirklichkeit, ohne Schutzräume, ohne besondere Aufmerksamkeit zu erfahren, nicht umsorgt und behütet an kindgerecht hergerichteten Orten, umhegt und angeleitet von ausgebildetem Fachpersonal (Imhof 1988, S. 90). Lehrmeister war das Leben. Mit der Aufsicht der Kleinen betraute man ältere Geschwister, manchmal auch Großeltern oder nicht mehr arbeitsfähige (meist unverheiratete) Tanten und Onkel.[14] Väter und Mütter dagegen waren

---

[12] Die höchste Säuglingssterblichkeit weltweit betrug 2015 in Angola 96 auf 1000 Geburten. Vgl. https://www.destatis.de/DE/ZahlenFakten/LaenderRegionen/Internationales/Thema/Tabellen/Basistabelle_Saeuglingssterblichkeit.html;jsessionid=2D2EEFB7B7B4B-70FEE9EAA8365E76049.cae2. Dies korrespondiert mit einer hohen Fertilitätsrate von 6,0. Vgl. http://knoema.de/atlas/Angola/Fertilit%C3%A4tsrate.

[13] Die „Pädagogisierung der Kindheit" ist eine Folge der philosophischen Aufklärung und ihrer Forderung nach Bildung. Aber die „Entdeckung der Kindheit" als Lebensphase kam zunächst fast ausschließlich dem neu entstehenden Bürgertum zugute.

[14] Vor Beginn der Bürgerlichen Gesellschaft waren Ehe und Familie Zweckbündnisse, die vor allem der Versorgung und der Sicherung der Erbnachfolge dienten. Der Eheschluss vor dem Pfarrer, nicht vor dem Standesbeamten, denn die „bürgerliche Ehe" gab es erst ab 1875 (Duncker 2003, S. 176 f.) war von der Zustimmung des Grund- oder Hausherrn abhängig. Notwendig für den Mann der Nachweis einer „Stelle", d. h. er musste zur wirtschaftlichen Versorgung der Familie imstande sein. Die Chance zur Verheiratung einer Frau war von der „Mitgift" (Aussteuer) abhängig. Die Verheiratungsquote blieb relativ niedrig, auch gab es viele uneheliche Geburten (Sieder 1987).

3.4 Der frühe Tod: Säuglings- und Kindersterblichkeit; Totgeburten

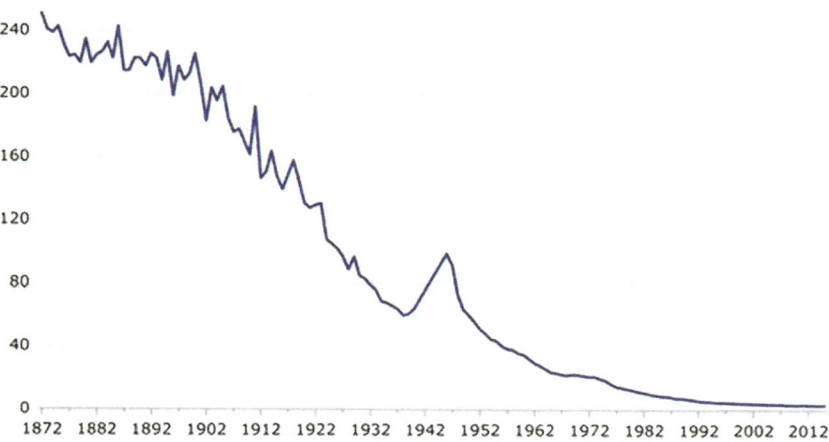

Abb. 3.2 Entwicklung der Säuglingssterblichkeit in Deutschland zwischen 1872 bis 2015. (Quelle: http://www.bib-demografie.de/DE/ZahlenundFakten/08/Abbildungen/a_08_09_saeuglingssterblichkeit_d_ab1872.html)

durch die tägliche Arbeit in Haus und Hof gefordert. Oft folgten Schwangerschaften ungeplant rasch aufeinander.

Kinder galten als unentbehrliche Arbeitskräfte. In „schlechten Zeiten" konnten sie jedoch als lästige „Mitesser" gelten. Dann war es keine Seltenheit, dass Kinder „unter die Räder kamen", „in den Brunnen fielen", sich vergifteten oder am Feuer tödlich versengten. Manches Mal mögen die Erwachsenen nachgeholfen haben. Immer dann, wenn angesichts knapper Ressourcen zu viele Münder zu stopfen waren. Dazu Ohler: „Der Verdacht vorsätzlicher Kindstötung war nicht immer von der Hand zu weisen" (2004, S. 184).[15]

---

[15] Ein bekanntes Beispiel dafür ist das Märchen „Hensel und Gretel" von den Brüdern Grimm.

Totgeburten

Das weitgehende Fehlen jeglicher Gesundheitsvorsorge war auch für den hohen Anteil *Totgeborener* der Grund. Noch während des Übergangs zur modernen Gesellschaft lag der Anteil Totgeborener in Bayern und Preußen zwischen 2,5 und 4 auf hundert (Imhof 1988, S. 76). Im zeitlichen Zusammenhang mit Ernährungs- oder anderen Krisen stieg dieser noch. Imhof berichtet für das 19. Jahrhundert über ein differenzielles Sterberisiko im Kleinkindalter. Das galt auch für *Totgeburten*. So gab es Familien, wo nicht ein einziges von vielleicht zehn Kindern überlebte; andere, die gar nicht betroffen waren (ebd., S. 79 ff.). Der Grund liegt in den unterschiedlichen Standards von Hygiene und Ernährung, die wiederum mit den sozialen Ungleichheiten im Zusammenhang standen. War der Tod in der Zeit vor der Entstehung der Bürgerlichen Gesellschaft noch ein großer „Gleichmacher", der jeden, unbesehen seines gesellschaftlichen Standes bedrohte, wirkte sich nun die Zugehörigkeit zu armen oder wohlhabenden sozialen Klassen auf die (Über-)Lebenschancen aus. In höheren Ständen und Klassen gab es Kenntnis und Mittel über wirksame Hygienestandards, auch Wissen über Erbkrankheiten und Verhütungsmethoden – vor allem – man konnte sich den Arzt und Medikamente leisten. Angehörigen unterer Klassen und Stände, also der Mehrheit der Bevölkerung, fehlten diese Möglichkeiten. Oft gefährdete der Tod der Kinder den Bestand der regionalen Bevölkerung, aber auch die notwendige Zahl an Helfern in der Hauswirtschaft, oder die Erbnachfolge war ungesichert.

3.5 Folgen der hohen Sterblichkeit

Die hohe *Sterblichkeit* verhinderte ein größeres Bevölkerungswachstum. Oft gab es Bevölkerungsrückgänge. Wenn sich Epidemien oder Brandschatzungen anschlossen, schrumpfte die Bevölkerung in den Städten oft bis zu einem Drittel ihres Ausgangsbestandes. Und aus Furcht vor Ausbruch einer weiteren Seuche kam es zu weiterer Abwanderung aus den wüst gewordenen Regionen. Verbunden mit diesen Veränderungen war häufig ein politischer, wirtschaftlicher und kultureller Niedergang, dauerhafte Armut und zumindest eine langwährende Stagnation.[16]

---

[16] So brach Alexander der Große aufgrund einer Seuche im dritten Jahrhundert v. Chr. einen Feldzug gegen die Prather ab (Bergdolt 2006, S. 25). Bergdolt berichtet von einer Reihe einschneidender politischer Folgen z. Z. der Völkerwanderung. 541 v. Chr. scheint die Pest, wenn es denn die Pest und keine andere Seuche war, Konstantinopel erreicht zu haben. Nicht nur ganze Garnisonen raffte sie dahin, auch Kaiser und Feldherren starben den „schwarzen Tod" und die städtischen Verwaltungen waren mit der Organisation der Beseitigung von Leichenbergen beschäftigt (2006, S. 36 ff.).

3.5 Folgen der hohen Sterblichkeit

Oftmals auch überlagerten sich mehrere Katastrophen. So konnte der Seuchentod in einer durch Hunger oder Krieg geschwächten Bevölkerung leicht seine Opfer finden.

Die sozialen Konsequenzen eines massenhaften und frühzeitigen Sterbens sind gar nicht hoch genug einzuschätzen. Das gesamte Gefüge einer ja bereits arbeitsteiligen Gesellschaft geriet infolge des demografischen Einbruchs durcheinander. Ganze Ortschaften wurden aufgegeben. Familien, auch adlige, starben aus. Ein erheblicher Teil der Nachwuchsgeneration wurde dahingerafft. Andere erfuhren Begünstigungen dadurch, dass die Konkurrenz um Macht und Ressourcen entschwunden war. Nicht selten waren die politischen Pläne der Herrscher obsolet. Es fehlten Menschen, die Dienste verrichteten, die neue Saat bestellten und die Ernte einfuhren. Teuerung war die Folge. Bergdolt berichtet von einer Agrarkrise, die der schon erwähnten sog. „globalen Pest" von 1348 folgte (2006, S. 39 ff.).[17]

Inmitten des Massensterbens erfüllte die Kirche ihre Funktion. Sie vermittelte Hoffnung und Trost, indem Sie Bitt- und Opferrituale institutionalisierte und auf das Jenseits als transzendenten Ort eines künftigen Seins verwies. Oder sie deutete die Not als verdiente Gottesstrafe und konnte dadurch umso nachdrücklicher Gehorsam und tugendsames Verhalten einfordern. So stiegen Einfluss und Macht der Kirche in einer von Zweifeln am Jenseits noch kaum geplagten Bevölkerung. Seuchenzeiten beflügelten aber auch die Fantasie und Kreativität der Menschen. Sterben und Tod in Kunst und Literatur liefern beredte Beispiele.

Mit der Zeit wuchs aber auch der Einfallsreichtum, sich dieser Gefahren zu erwehren, statt sie einfach hinzunehmen. Erste „zivilisatorische Errungenschaften" waren Quarantänemaßnahmen, die jedoch nur so lange bescheidenen Erfolg zeitigten, wie die wissenschaftliche Forschung nicht die Grundlage zur Erkennung von Krankheitserregern gelegt hatte.

Eine andere Seite ist die sittliche Verrohung angesichts massenhaften Sterbens und der schieren Aussichtslosigkeit nach grundsätzlicher Besserung (ebd., S. 42). Dann halfen nur mehr christlicher Glaube, Gehorsam und das Befolgen der Gebote von Nächstenliebe und Barmherzigkeit.

Der Tod als Gleichmacher
Mehr als die Hälfte der Menschen starb, wie erwähnt, bevor überhaupt das Erwachsenenalter erreicht war. Dies weitgehend unabhängig vom sozialen Status, einer privilegierten oder unterprivilegierten Position. Denn überall lauerten

---

[17]Es handelte sich vermutlich um die größte und bekannteste Pestwelle Europas (ebd., S. 42).

Gefahren. Angehörige der Feudalstände waren diesen oft noch stärker ausgesetzt als die der niederen Stände. Nicht wenige Könige und ihr adliges Gefolge starben in Schlachten oder auf Feldzügen. So erging es Friedrich I. Barbarossa, seit 1155 Kaiser des Heiligen Römischen Reiches Deutscher Nation. Während des dritten Kreuzzuges ertrank er 1190 bei einer Flussüberquerung.[18] Die „zivilisatorischen Errungenschaften" sollten erst viel später bewirken, dass die Chancen für ein langes Leben in immer größere Abhängigkeit von sozialem Status, Bildung und Einkommen gerieten.

3.6 Schritte auf dem Weg zum „langen Leben"

Der Anstieg der Durchschnittlichen Lebenserwartung seit dem frühen 19. Jahrhundert ist Teil eines voranschreitenden *Zivilisationsprozesses*[19]. Grundlegend für einen Rückgang der *Frühsterblichkeit* waren zunächst die Techniken der Nahrungsmittelproduktion, die von den Unwägbarkeiten und Zufälligkeiten des Jagens und Sammelns unabhängig machten. Bereits nach der letzten Eiszeit begann mit der „Neolithischen Revolution"[20] vor etwa 10.000 Jahren die Sesshaftwerdung der zuvor nomadisch lebenden Bevölkerung. Dies geschah auf der Grundlage einer weniger direkt von der Natur abhängigen, nun von Menschen geplanten Nahrungsmittelerzeugung durch Garten- und Ackerbau. Ein Durchbruch in diese Richtung war aber erst im 18. Jahrhundert in Teilen Europas der sog. „Landesausbau"[21] mit der systematischen Vergrößerung der Anbauflächen. Durch die Intensivierung der Landwirtschaft (Einführung einer verbesserten „Dreifelderwirtschaft" bzw. „Fruchtfelderwirtschaft") wurde eine erhebliche

---

[18]Vgl. https://www.welt.de/kultur/history/article1526330/Friedrich-Barbarossa-ein-Kaiser-ertrinkt.html.

[19]Der Begriff bezeichnet hier im Sinne Norbert Elias' (1991a) das grundsätzliche, wenn auch möglicherweise unterbrochene oder vorübergehend zurück gewandte Voranschreiten der Kenntnisse und Fähigkeiten des Menschen, die Natur – einschließlich seiner selbst – zu beherrschen und zu nutzen. Merkmale der Zivilisierung sind die Prozesse der Staatenbildung und die Verfeinerung der Sitten. Beide Entwicklungen haben Einfluss auf Gesundheit, Sicherheit und Lebenserwartung.

[20]Vgl. http://www.zeit.de/2015/09/neolithische-revolution-landwirtschaft-viehzucht-sesshaft.

[21]Unter „Landesausbau" ist die Nutzbarmachung zuvor für die landwirtschaftliche Produktion ungeeigneter Flächen, z. B. durch Trockenlegung von Sümpfen und Flussauen, oder die Urbarmachung von Naturräumen zu verstehen.

Produktivitätssteigerung erreicht. Zugleich baute man vermehrt bisher nicht bekannte Nahrungsmittel an, wie die Zuckerrübe oder die Kartoffel. Besonders der Kartoffelanbau war von großer Bedeutung. Er setzte nach den großen Hungersnöten in der Folge von Getreidemissernten in Deutschland ab 1770/1771 ein (Michel 2000, S. 510). Erfindungen, Technik und industrielle Produktion bewirkten, dass in der Gutswirtschaft zunehmend Maschinen eingesetzt wurden, was für weitere Erntesteigerungen sorgte.

Für die Entwicklung der Industrie ging bekanntlich von der Dampfmaschine ein starker Impuls aus. Im späten 19. Jahrhundert erreichte dieser auch die Landwirtschaft. Die teils monumentalen Maschinen, wie der Dampfpflug, konnten sich allerdings nur auf landwirtschaftlichen Großgütern durchsetzen. Seit dem frühen 20. Jahrhundert ermöglichten dampfgetriebene Dreschmaschinen einen allmählichen Abschied vom mühsamen Dreschen während der Winterzeit per Hand. Konnten sich große Höfe eigene Maschinen leisten, waren die vielen kleinen Betriebe auf den „Lohndrescher" angewiesen. Ähnlich bedeutsam für die Landwirtschaft wie für die industrielle Produktion war die Einführung des Verbrennungsmotors und der Elektrizität seit dem späten 19. Jahrhundert. Die Technisierung der Landwirtschaft, einschließlich der Entwicklung neuen Saatgutes, schuf mit der dadurch ausgelösten gewaltigen Produktivitätssteigerung, trotz massenhafter Freisetzung der dort arbeitenden Bevölkerung[22], die Grundlage für eine immer größere und zuverlässigere Nahrungsmittelproduktion. Dies war eine der Voraussetzungen für ein sicheres und längeres Leben. Nicht wegzudenken ist aus diesem Prozess seit der Errichtung der ersten Eisenbahnlinien (in Deutschland 1835), die rasch voranschreitende Entwicklung des Verkehrswesens auf dem Wasser (Kanäle, Häfen), der Schiene und der Straße.

Doch dieser Weg ist nicht ohne Einschränkungen eine „Erfolgsgeschichte". Die Probleme infolge immer intensiverer Bodennutzung und Tierhaltung bei zeitgleich starkem Bevölkerungswachstum waren und sind erheblich. Aber das ist nicht Thema dieses Buches.

Schwankende Sterblichkeitsraten während der Industrialisierung
Bis zum späten 19. Jahrhundert blieb die Sterblichkeit in den Städten höher als auf dem Land. Sterben und Tod gerieten auch immer stärker in Abhängigkeit von

---

[22]In Deutschland lag der Anteil der Männer, die in der Land- und Forstwirtschaft arbeiteten 1882 noch bei 42,7 %.; bis 1907 war er auf 28,4 %. gesunken (Bevölkerungs-Ploetz 1965, S. 86). Zum Vergleich: 2012 betrug er für Männer und Frauen zusammen 1,62 % (Deutschland in Zahlen 2013, S. 12).

den Lebensbedingungen der sozialen Klassen und Schichten. Mit der Durchsetzung der modernen Zivilisation sollte die Verfügbarkeit lebenswichtiger Ressourcen deutlicher als zuvor zu einem Merkmal sozialer Ungleichheit werden. Die von Friedrich Engels (1972) für England Mitte des 19. Jahrhunderts beschriebene Verelendung großer Bevölkerungsteile führt vor Augen, dass es trotz rasant voranschreitender Entwicklung von Produktion und Technik zu keinem geradlinigen Anstieg der Durchschnittlichen Lebenserwartung kam.

Die Bedingungen der Arbeit und des Wohnens haben, wie an anderer Stelle bereits dargestellt (vgl. Abschn. 2.5.5), bis heute starken Einfluss auf Gesundheit und Durchschnittliche Lebenserwartung. Während der Industrialisierung verschlechterten sich die Umweltbedingungen erheblich. Das konnte zwar den langfristigen Trend des Sinkens der allgemeinen Sterblichkeit nicht aufhalten. Für Teile der Bevölkerung – nämlich die wachsende Arbeiterklasse – kam es jedoch zu zeitweiligen Rückschritten. Das gilt vor allem für die Säuglings- und Müttersterblichkeit (Imhof 1988, S. 77). Die „zivilisatorischen Errungenschaften" sollten erst viel später dahin wirken, dass die Durchschnittliche Lebenserwartung auch für Angehörige unterer Klassen und Schichten steigen sollte.

Sicherheit
In der modernen Gesellschaft ist unser Leben gegenüber vergangenen Zeiten sicherer und berechenbarer geworden. Diese These Imhofs (ebd., S. 54) wird erheblichen Widerspruch auslösen anlässlich des gegenwärtig (zweite Dekade des 21. Jahrhunderts) sich ausbreitenden Terrorismus. Dennoch ist sie als langfristige Trendaussage richtig. Der Tod ist – zumindest in den jungen und mittleren Lebensjahren – zu den Menschen auf Distanz gerückt. Das meint nicht die Beseitigung von Gefahren. Vielmehr bedingt die Einführung „zivilisatorischer Errungenschaften" auch neue Risiken (Beck 2015). Diese entstehen z. B. durch Großtechniken, Verkehrssysteme, Chemie- und Pestizideinsätze, die Verwendung gentechnisch behandelten Saatgutes oder den Einsatz moderner Medizintechnik. Geblieben sind die alten Gefährdungen der Menschheit. Derzeit sind sie sogar bedrohlicher geworden. Dazu gehören Umweltversuchung und Naturkatastrophen, wenngleich in den wohlhabenden und mit einer hohen technischen Zivilisation ausgestatteten Ländern ein teilweiser Schutz davor besteht.

Der Tod ist nicht verschwunden. Aber zahllose Krankheiten und Bedrohungen, die in der Vergangenheit regelmäßig zum frühen und raschen Sterben führten, haben durch Vorkehrungen und Behandlungsmethoden Schrecken und Wirksamkeit verloren oder verringert. Einen Arzt, Medikamente, Therapien, Kuren, Vorsorge sollte sich – jedenfalls in großen Teilen der Welt – heute jeder leisten können.

Auch das Verbrechen ist ein Stück weit gezähmt. Wenn dennoch über hohe Kriminalitätsraten geklagt wird und die Massenmedien täglich über Mord und Totschlag berichten, so lauert das Verbrechen doch nicht mehr hinter jeder Weggabelung und sind hohe Stadtmauern und Nachtwächter allenthalben nicht vonnöten, um uns ruhig schlafen zu lassen. Und selbst Klagen über die hohe Zahl von Verkehrstoten sind nicht Beleg dafür, dass die Zeiten, in denen die Postkutsche noch polternd Wege und Straßen dominierte, besser gewesen seien. Tatsächlich ist die Zahl der Unfalltoten (vgl. Abschn. 2.5.3) auf den Straßen in den letzten zwanzig Jahren erheblich gesunken.[23] Die Mehrheit der Bevölkerung hält das Leben heute (2011) dennoch für gefährlicher als früher.[24]

Zugleich wächst allerdings die Lust am Risiko. Nicht nur junge Menschen suchen in einer geregelten und scheinbar (über)behüteten Welt nach dem Abenteuer, sei es bei dem Genuss von Suchtmitteln, auf dem Motorrad, beim Drachenfliegen, Bergsteigen, der Ausübung von Extremsportarten usw.

Medizin: von der Ohnmacht zur Macht über das Leben
Die Medizin, obwohl seit der Antike bekannt und praktiziert, hatte bis in die Neuzeit hinein wenig Einfluss darauf, das Leben sicherer und langandauernder zu machen. Die Zahl der Ärzte[25] war klein und ihre Kunst bescheiden. Anlässlich um sich greifender Pandemien begrenzte sich ihre Weisheit nicht selten auf den Rat, das Heil in der Flucht zu suchen (Bergdolt 2006, S. 24). Ärzte waren wegen des engen Kontakts zu den Erkrankten oft selbst unter den Todesopfern. Schon aus räumlichen und Kostengründen – der Ruf nach einem Arzt und der Weg zum Kranken waren lang, mühsam und kostspielig – blieb er für die meisten unerreichbar. Die Versorgung Kranker erfolgte unter häuslichen Bedingungen,

---

[23]Seit Beginn der statistischen Erfassung der Zahl der jährlichen Verkehrstoten (1953) ist es zu einem erheblichen Rückgang gekommen. 1970 gab es 21.332 Verkehrstote (bisheriger Höchststand). 2016 waren es 3206. Vgl. https://www.destatis.de/DE/PresseService/Presse/Pressemitteilungen/2017/07/PD17_230_46241.html.

[24]Das Institut für Demoskopie Allensbach ermittelte (September 2011) im Rahmen einer repräsentativen Umfrage, dass 47 % der Westdeutschen und 58 % der Ostdeutschen das Leben zum Befragungszeitpunkt für gefährlicher hielten als vor 20 oder 30 Jahren. Eine Spitzenstellung in der „Angstskala" nimmt dabei die Angst vor unheilbaren Krankheiten ein (Frankfurter Allgemeine Zeitung, 21.09.2011, S. 5).

[25]Profession des Arztes und Heilkunde gehen bis in die griechische Antike zurück – vgl. den Eid des Hippokrates. Der Eid entstand während einer Pestepidemie in Athen (429 v. Chr.) (Bergdolt 2006, S. 20). Medizin gehörte bereits zu den Studienfächern der mittelalterlichen deutschsprachigen Universitäten (Ellwein 1997).

ohne jede fachliche Sachkunde und Verfügbarkeit bewährter Heilverfahren. Natürlich gab es tradiertes Wissen über die heilende Wirkung von Kräutern und selbst hergestellten Tinkturen. Ergänzungen kamen von fliegenden Händlern, den Wund- und Quacksalbern, die Salben und Kräuter verhökerten. Zwar existierten Hospitäler, Spitäler oder Hospize[26] schon seit dem Mittelalter, in Einzelfällen auch früher (Jetter 1987). Erste Einrichtungen waren im 12. und 13. Jahrhundert bei Klöstern und Kirchen errichtet worden. Bald folgten solche in größeren Städten. Im 14. und 15. Jahrhundert kam es zu ersten Gründungen auf dem Land. Diese „Siechenhäuser" dienten in erster Linie nicht der Heilung, sondern der Versorgung Sterbender und Armer, vor allem der zahlreichen Unverheirateten[27]. An ansteckenden Krankheiten Leidende wurden dort von der Allgemeinheit ausgeschlossen. Ärzte gab es dort anfänglich nicht.

Krankenbehandlungen fanden auch in den Badestuben statt. Erfolgversprechende Behandlungen im Krankheitsfall mit dem Ziel der Wiederherstellung der Gesundheit gab es aber erst am Vorabend der modernen Gesellschaft mit der Ausbreitung wissenschaftlich gewonnener medizinischer Erkenntnisse, d. h. seit dem ausgehenden 18. Jahrhundert.[28] Erst dann wurden Krankenhäuser im modernen Sinne errichtet.[29]

3.7 Der „Epidemiologische Übergang"

Der Prozess des Wandels der Todesursachen und der Entwicklung zu einem langen Leben, wird als *Epidemiologischer Übergang*[30] bezeichnet. Mit den Möglichkeiten einer erfolgreichen Bekämpfung ansteckender Krankheiten, die sich epidemisch ausbreiten konnten, gelang es, das Leben entscheidend zu verlängern (Fischer 2004, S. 28).

---

[26]Vgl. http://www.dhpv.de/themen_hospizbewegung.html.

[27]Der Bevölkerungsanteil Unverheirateter war in der vorbürgerlichen Gesellschaft erheblich. Die Heirat eines Mannes war vom Vorweisen einer „Stelle" –Voraussetzung für die Versorgung einer Familie – abhängig. Eine Frau ohne „Mitgift" hatte keine Heiratschance.

[28]Vgl. http://www.spital-waldshut.de/.

[29]Zur Geschichte der Versorgung Kranker (Wunderli 1986).

[30]Die Begriffsbildung ist angelehnt an die Bezeichnung *Demografischer Übergang,* der den Prozess der Veränderung von einer traditionellen Bevölkerungsweise mit hohen *Geburten- und Sterberaten* zu jeweils niedrigen in Europa im 18./19. Jahrhundert bezeichnet.

3.7 Der „Epidemiologische Übergang"

Voraussetzung für ein „langes Leben für alle" sind die „zivilisatorischen Errungenschaften" der modernen Gesellschaft. Gemeint ist das Folgende: In der modernen Gesellschaft sind die Voraussetzungen und Bedingungen entstanden, die es der Mehrheit der Bevölkerung ermöglichen, an diesen Errungenschaften teilzuhaben. Dazu gehört der *Sozial- und Wohlfahrtsstaat*[31] mit der Einführung eines allgemein zugänglichen *Gesundheitssystems*. Bedeutsam ist der gesetzliche Arbeitsschutz, der Gefährdungen am Arbeitsplatz zwar nicht ausschließt, aber doch verringert. Wichtig sind verlässliche unter Beteiligung der Arbeitnehmerseite zustande gekommene Arbeitszeit- und Urlaubsregelungen, die Muße und damit Erholung ermöglichen und diesbezügliche Willkür von Arbeitgeberseite verhindern. Weiterhin hat der sog. Massenwohlstand, wie er sich u. a. in Deutschland seit den 1950er Jahren ausgebreitet hat, die nötige Kaufkraft für eine bessere Ernährung, Gesundheitsdienstleistungen u. a. geschaffen, die ein weniger gefährdetes Leben möglich macht.[32] Angebote für gesunde Ernährung, Wellness und Rehabilitation sind Indikatoren eines „Gesundheitsmarktes", der ständig an Bedeutung gewinnt, nicht zuletzt, weil er Profite verspricht. Eine wichtige Voraussetzung für ein „langes Leben für alle" ist Bildung. Denn nur für „Gebildete" ist in der heutigen Gesellschaft ein Gesundheitsbewusstsein wahrscheinlich und Gesundheitswissen zugänglich.[33]

Aber die moderne Gesellschaft ist kein Schlaraffenland. Wir sind weit entfernt von gleichen Lebensbedingungen für alle. Noch immer korrespondiert die Chance auf ein „langes Leben" und eine gute Gesundheit mit der Höhe des Bildungsabschlusses, des Einkommens, der Wohnadresse und des Vermögens, d. h. des sozialen Status (vgl. Abschn. 2.5.5). Aber im Unterschied zu den lange Zeit herrschenden Bedingungen eines Ausgeliefertseins gegenüber einer Vielzahl völlig unkalkulierbarer natürlicher sowie von Menschen geschaffenen Gefährdungen, gibt es seit dem Übergang von den traditionalen Gesellschaften

---

[31]*Soziale Sicherung* betrifft nicht nur die Gesundheit, sondern auch die Umverteilung von wichtigen Ressourcen, mit dem Ziel einer menschenwürdigen und für legitim gehaltenen Partizipation aller. Es gibt verschiedene Modelle des Wohlfahrtsstaates. Der weltweit hoch geachtete deutsche Sozialstaat – das „paternalistische" Modell – begann mit den Bismarck'schen Sozialgesetzen 1883 (Schaper 2008, S. 115 ff.).

[32]Eine hohe Kaufkraft führt nicht automatisch zu einer besseren Ernährung und einem langen Leben. Vielmehr bewirkt sie auch Missbrauch, was zu „Zivilisationskrankheiten" führt.

[33]Anteil an der Vermittlung von Gesundheitswissen haben die Massenmedien, insbesondere inzwischen die „Neuen Medien". Zur Rolle der Massenmedien in der Gegenwartsgesellschaft vgl. Abschn. 2.7.2.

zur modernen Gesellschaft einen Entwicklungspfad, der hinführt zu einem weitgehend kalkulierbaren Lebensrisiko.[34] Die faktisch vom Tod Bedrohten, diejenigen, die stündlich mit ihm rechnen müssen, sind heute in den Ländern der westlichen Zivilisation Menschen im hohen Lebensalter (vgl. Abschn. 2.1).

3.8 Sterben in der Vergangenheit

Die Versorgung Sterbender oder Verstorbener in der vormodernen Gesellschaft war meist Aufgabe der Horde, der Familie, des Hauses, der Nachbarschaft, der Zünfte und Bruderschaften. Reiche Bürger, insbesondere Verwitwete, kauften sich seit dem Mittelalter in Stifte ein, wo sie versorgt dem Tod entgegensahen. Eine wichtige Rolle erfüllten Beginen, fromme unverheiratete Frauen, die ein Leben ähnlich wie Nonnen führten, ohne indes Mitglied eines Klosterordens zu sein. Während des Hoch- und Spätmittelalters, also lange bevor es zur „Veruflichung" (Professionalisierung) von Fürsorge und Pflege kam, übernahmen sie Aufgaben der Kranken- und Totenfürsorge (Fischer 2001, S. 22; Wulff 2013, S. 8 ff.).

Die bekannte Kritik an dem Phänomen der *Institutionalisierung des Sterbens* behauptet, dass diese zu einem Verlust der Würde des Sterbenden beitrage. Sie verkennt allerdings, dass das Sterben früher keineswegs immer eine von der Gemeinschaft würdevoll getragene Angelegenheit war. Schon die Häufigkeit der Todesfälle und die Eingebundenheit der Lebenden in die lebensnotwendigen und unaufschiebbaren Tagesverrichtungen, ließen für einen von gemeinsamer Sorge getragenen Übergang vom Leben zum Tod in Harmonie und Gelassenheit keine Zeit. Wenn der Sterbeprozess auch meist kurz war, muss er doch wegen des Fehlens wirksamer Schmerzmittel oft qualvoll gewesen sein. Hinzu kam die Ansteckungsgefahr, die eine Meidung engen Kontaktes bewirken musste. Im Licht des Glaubens an eine Erlösung mag eine kurze Zeit der Pein für den Sterbenden als hinnehmbar erschienen sein. Zum anderen werden Aberglaube und Unwissenheit düstere Vorstellungen von Dämonen und Hexenwerk oder einer „verdienten" Strafe beflügelt haben.

---

[34]Das Todesrisiko ist versicherbar. Auf der Basis statistischer Daten, die das Sterberisiko berechnen, können Lebensversicherungen mit entsprechend gestaffelten Prämien abgeschlossen werden.

Blickt man weiter zurück in die Geschichte unserer Vorfahren zu den archaischen Völkern, so zeigt sich, „dass die Möglichkeiten der Betrachtung von Leben und Tod offenbar unbegrenzt sind" (Vautz 2006, S. 21). Alte und Sterbende waren insbesondere für nomadische Völker eine Last. Man überließ sie sich selbst und damit dem Tod durch Verhungern oder Erschöpfung. Die „Entsorgung" der Leiche überließ man den Tieren und dem biologischen Kreislauf. Völkern der „hamitischen Kultur"[35] wird nachgesagt, dass sie ausgesprochen brutal mit ihren Sterbenden verfuhren. Diese wurden – ganz unabhängig von der Beziehung zu ihnen – immer zum Feind. Aus Furcht, dem Toten könnten böse Geister entweichen, verstopfte man ihnen Mund und Nase. Mit gebrochenem Rückgrat schnürte man den geschundenen Körper zu einem Bündel und bedeckte ihn mit einem Steinhaufen. Bei den Etruskern soll das Überschreiten einer gewissen Altersgrenze[36] bewirkt haben, dass die Seele als vom Körper getrennt verortet wurde und der Mensch von da ab als ein lebendiger Toter galt (ebd., S. 21 f.).

3.9 Schuld und Sühne. Die Todesstrafe in Vergangenheit und Gegenwart

Zu den Paradoxien des Todes gehört die Praxis der *Todesstrafe* als einer legitimen und staatlich institutionalisierten Form des Tötens. Diese ist zu unterscheiden von bloßer Gewalt, ebenso von verschiedenen Formen der Kriegsführung oder des Terrors, die eine „Vernichtung des Feindes", ggfs. unter Inkaufnahme des Todes von Unbeteiligten, der eigenen Person und der Zivilbevölkerung verfolgen.

Die von sog. Hochgerichten verhängte Todesstrafe hat ihren historischen Ausgang im Phänomen der Blutrache in archaischen Völkern. Auch in den antiken Kulturen wurde sie praktiziert. Schon im Römischen Reich wusste man, dass die öffentliche *Hinrichtung* nicht allein einen Abschreckungseffekt besitzt, sondern auch Unterhaltungswert. Die großen Amphitheater wurden zu Bühnen einer frühzeitlichen Form von „Reality Shows".

Obwohl das Christentum ursprünglich die Todesstrafe abgelehnte, wurden im christlich geprägten Mittelalter schuldig gesprochene Delinquenten in großer Zahl

---

[35]Die hamitische Kultur existierte in Afrika und verstand sich der schwarzen Bevölkerung überlegen. Vgl. http://universal_lexikon.deacademic.com/247458/Hamiten.

[36]Vautz spricht hier von siebzig Jahren (ebd.) Ein Alter also, welches wohl niemand – zuverlässige Zählung einmal angenommen – erreicht haben dürfte. So sind diese „Berichte" nicht mehr als eine vage Annäherung an das damalige Geschehen.

exekutiert. Der „Sachsenspiegel", das erste deutschsprachige Rechtsbuch im Mittelalter, stellte hier erstmals eine einheitliche Rechtsgrundlage her (Neurath-Sippel 2012). Die Todesstrafe verfolgte zwei Ziele: Sühne und Abschreckung. Eine rechtmäßige Verurteilung und Ausführung der Strafe waren ein Symbol für die Legitimität der Herrschaft. Zugleich verstand man sie als Wiedereinsetzung des Rechts und als „Versöhnung mit einer göttlichen Instanz" (Martschukat 2000, S. 185).

Noch bis weit in die Zeit der Aufklärung – also das 18. Jahrhundert – war die Hinrichtung ein öffentlich zur Schau gestelltes Spektakel. Dabei reichte die Bestrafung über den Tötungsakt hinaus, denn dem getöteten Straftäter wurde die christliche Bestattung auf dem Kirchhof versagt.[37] Er blieb – sichtbar für jeden – ausgeschlossen aus der Gemeinschaft und dies „in alle Ewigkeit". D. h. die „Tür zum Reich Gottes" blieb ihm demonstrativ verschlossen. Die Leichen von Hingerichteten beließ man dort, wo exekutiert wurde und verantwortete sie – vor aller Augen – aasfressenden Tieren und einer allmählichen Verwesung. Oder man verscharrte ihre Überreste notdürftig am Ort des Geschehens. Die Verweigerung der Totenehre oder der Würde[38] und des Seelenheils war im 16. Jahrhundert festgelegt durch die Kirchenordnungen. Allerdings wurden auch Ausnahmen gemacht (Düselder 2007, S. 256).

---

[37]Das Absprechen des Rechts auf einen angemessenen Bestattungsort ist auch gegenwärtig zumindest in Einzelfällen Praxis. Dabei geht es um Täter, deren Fehlverhalten eine politische Dimension enthält. So wurde der für das Attentat auf das World-Trade-Center in New York vom 11. September 2001 Beschuldigte Osama Bin Laden durch eine US-amerikanische „Sondereinheit" auf Befehl des amerikanischen Präsidenten in seinem Haus – einschließlich anwesender Personen – exekutiert. Sein Leichnam wurde verbrannt und Wochen später an unbekanntem Ort im Meer verstreut, ohne dass man Angehörige einbezogen hätte. Vgl. http://www.n-tv.de/politik/Wie-starb-Osama-bin-Laden-wirklich-article17581231.html.

Die politische Symbolik des Vorgehens wird dadurch verstärkt, dass die Verbrennung eines Leichnams eine Demütigung des Islams und der Gläubigen ist, da dieser Kremationen verbietet. Als im Oktober 2013 der wegen Massenmords im Zweiten Weltkrieg in Italien verurteilte frühere SS-Angehörige Erich Priebke hundertjährig in seinem Arrest in Italien verstarb, wurde ihm ein ordentliches Begräbnis verweigert. Der Leiter des Simon-Wiesenthal-Zentrums schlug vor, die Leiche zu verbrennen und die Asche ins Meer zu werfen (Frankfurter Allgemeine Zeitung, 18.10. 2013, S. 5). Die heute verbreitete Seebestattung sieht in Deutschland eine Urnenbeisetzung an festgelegter Stelle im Meer vor. Motiv für die Verweigerung der Totenruhe ist auch, verhindern zu wollen, dass Gräber zu „Wallfahrtsorten" für politisch missliebige Gruppen werden.

[38]Die Würde des Menschen gilt heute in demokratisch verfassten Gesellschaften als ein unveräußerliches Grundrecht.

3.9 Schuld und Sühne. Die Todesstrafe in Vergangenheit und Gegenwart

Am Grad ihrer Grausamkeit und der Häufigkeit ihrer Ausführung wird die hohe symbolische Bedeutung der Todesstrafe in vormodernen, aber auch gegenwärtigen Gesellschaften sichtbar. Die alten Zivilisationen verlangten, so der Sozialphilosoph Jürgen Habermas, nach einer hochgradigen Repression zur Aufrechterhaltung ihrer Herrschaftsverhältnisse (1995, S. 281). Doch mit dem frühen 18. Jahrhundert setzte ein Wandel ein, der die Vollstreckung der Todesstrafe zunächst aus der Öffentlichkeit verbannte und unter Verwendung neu entwickelter Tötungsmaschinen (z. B. des Fallbeils) die Exekution nun „diskreter", zugleich sicherer und – wie man vorgab – „humaner" inszenierte. Bis dahin war es allerdings zu einer Erweiterung des Katalogs von Delikten, die mit der Todesstrafe geahndet wurden, gekommen und ebenso zu einer Vermehrung ihrer Ausführungsformen.[39] Dabei hatte auch die Form der verordneten Qual ihren Stellenwert. Todesstrafe war nicht gleich Todesstrafe. Vielmehr sollten Schwere und Schändlichkeit des Delikts sich in der Hinrichtungsform widerspiegeln (Markutschat 2000) (vgl. Tab. 3.1).[40]

Die Abschaffung oder Reduzierung der Zahl durchgeführter Hinrichtungen geht in vielen Ländern mit der Durchsetzung der modernen Zivilisation einher. Folgt man Dieter Reicher und dem Zivilisationstheoretiker Elias (1991b), so hat der Rückzug der Todesstrafe mit dem Entstehen des modernen Staates und der Herausbildung des Gewaltmonopols seinen Zusammenhang. Mit dem Rückzug der Landesherren und dem durch sie ausgeübten Strafrecht verlor die Todesstrafe ihre bisherige Symbolik. Öffentliche Hinrichtungen wurden obsolet (Reicher 2003, S. 30 ff.).[41] Der Philosoph Michel Foucault (2008), der Funktion und Geschichte des Gefängnisses untersucht hat, beobachtet seit dem Ende des 18. Jahrhunderts eine veränderte Zielsetzung von legaler Bestrafung. Weg von der zur Schau gestellten Marterung des Körpers hin zur Restitution, zur Besserung und Heilung von Kopf und Seele.

---

[39]In Deutschland waren bis zur Reichsgründung 1871 die gesetzlichen Vorschriften für die Verhängung der Todesstrafe uneinheitlich. Danach wurde sie für Mord oder Mordversuch an Kaiser oder Landesherrn obligatorisch. Vgl. http://todesstrafe.amnesty.at/geschichte.php.

[40]Vgl. die ausführliche Darstellung der Geschichte der Todesstrafe zwischen dem 18. und dem 19. Jahrhundert am Beispiel der Stadt Hamburg (Haidinger 2007; Martschukat 2000).

[41]Der Zivilisationsprozess ist nach Elias (1991b) allerdings kein geradliniger. Er kann unterbrochen und rückläufig sein. Dies ist im Vergleich laut Reicher zwischen England und Österreich im 19. Jahrhundert bei der Anwendung der Todesstrafe zu beobachten (2003).

Tab. 3.1 Mittelalterliche Sühnepraxis. (Quelle: Ohler 2004, S. 204)

Folgen der Vergehen	Enthaupten	Ertränken	Hängen	Lebendig begraben	Pfählen	Sieden	Verbrennen	Vierteilen	Versenken im Moor
Todeswürdige Vergehen:									
Aufruhr	X								
Betrug			X			X			
Bigamie	X	X							
Blutschande	X	X	X			X			
Brandstiftung	X		X			X			
Diebstahl	X	X	X	X					
Ehebruch	X				X	X			
Frauenraub	X								
Gotteslästerung	X	X				X		X	
Grenzzeichen verrücken	X			X					
Heimsuche	X								

3.9 Schuld und Sühne. Die Todesstrafe in Vergangenheit und Gegenwart

Seit dem Ende des Zweiten Weltkriegs ist die Todesstrafe in Teilen der Welt auf dem Rückzug. Dennoch ist sie gegenwärtig in 57 Ländern der Welt gesetzlich legitimiert.[42] Viele der Länder, die heute die Todesstrafe vorsehen, sind keine Demokratien. Aber auch Japan, Indien und die Vereinigten Staaten gehören dazu. Da sich unter den Ländern besonders bevölkerungsreiche Nationen, wie China und Indien, befinden, lebten im Jahr 2000 „etwa neunzig Prozent der Weltbevölkerung unter der potenziellen Bedrohung durch die Todesstrafe" (Reicher 2003, S. 14).

In Westdeutschland wurde die Todesstrafe 1949 mit Inkrafttreten des Grundgesetzes abgeschafft. Einfluss auf die Entscheidung hatten die Erfahrungen während der NS-Zeit, in der die Todesstrafe zur massenhaften Anwendung gekommen war. Allerdings vollstreckte man in den Gefängnissen der US-Besatzungsmacht noch bis 1951 Todesurteile. In der DDR wurde die Todesstrafe erst 1987 aus den Gesetzen gestrichen.[43] Seit 1981 war sie nicht mehr vollstreckt worden.[44] Heute wenden laut Amnesty-Bericht weltweit noch 18 Staaten die Todesstrafe an. Dabei führt China – so wird vermutet, denn Daten sind nicht zugänglich – mit 1718 (2009) Vollstreckungen jährlich die Liste an. In der Parteiendiktatur im „Reich der Mitte" werden laut Amnesty inzwischen mehr Menschen exekutiert als in allen anderen Ländern zusammen.[45] Während heute vor allen in den islamisch dominierten und zahlreichen afrikanischen Staaten die Todesstrafe angewendet wird, ist das Festhalten seitens der USA aus europäischer Sicht nicht nachvollziehbar.[46] Nach einem Moratorium von 1972 wird dort seit

---

[42]Vgl. http://www.amnesty-todesstrafe.de/files/reader_wenn-der-staat-toetet_laenderliste.pdf.

[43]Ein anderes dunkles Kapitel der DDR-Geschichte sind die Erschießungen sog. „Republikflüchtlinge" an den Grenzanlagen zu Westdeutschland.

[44]Vgl. http://www.mz-web.de/mitteldeutschland/vor-35-jahren-hier-wurde-das-letzte-todesurteil-in-der-ddr-vollstreckt-24258712.

[45]Vgl. http://www.zeit.de/gesellschaft/zeitgeschehen/2016-04/amnesty-international-todesstrafe-hinrichtungen-todesurteil-anstieg.

[46]Zu diesen islamischen Ländern gehört Saudi-Arabien, Verbündeter des „Westens" im Kampf gegen den Terror der islamistischen Kämpfer des „Islamischen Staates". In Saudi-Arabien steigt derzeit die Zahl der Hinrichtungen. Dabei wird auch das Relikt der früher in Europa verbreiteten öffentlichen Hinrichtungen gepflegt. Die Exekutionen – Enthauptungen mit dem Schwert – finden „vor aller Augen" auf dem Marktplatz der Hauptstadt statt. Vgl. http://www.tagesspiegel.de/politik/todesstrafe-fuer-kriminelle-enthauptungen-in-saudi-arabien-im-namen-des-islam/10977368.html.

1976 wieder die Todesstrafe verhängt und exekutiert. Im selben Jahr wurden 1271 Menschen hingerichtet. In 35 Staaten der USA (2011) sieht sie der Gesetzgeber vor, in 15 wurde sie abgeschafft. 2006 sprach sich dort mit 66 % die Mehrheit der Bevölkerung gegen die Todesstrafe aus.[47]

3.10 Etappensieg über den unzeitigen Tod

Der Anstieg der Durchschnittlichen Lebenserwartung und das Zurücktreten des Todes aus der alltäglichen Lebenswelt markiert ein evolutionäres Ereignis. Dennoch hat der Tod nicht seinen Schrecken verloren. Vielmehr ist der Sieg über den „unzeitigen Tod" nur ein Etappensieg. Nach wie vor tangiert die Teilung der Welt in Arme und Reiche sowie gewaltsam ausgetragene politische Konflikte, die Chancen auf ein langes Leben. Noch immer wird in Ländern mit großen sozialen Ungleichheiten, hohen Armuts- und niedrigen Bildungsraten früher gestorben, sind die Chancen auf ein langes Leben ungleich verteilt, differieren die Todesursachen zwischen den Wohlstands- und Armutsgesellschaften und den sozialen Schichten. Zwar haben fast weltweit die „zivilisatorischen Errungenschaften" Einzug gehalten, doch verhindern autoritäre Herrschaftsstrukturen, mangelnde wirtschaftliche Entwicklung und fehlende Bildungspartizipation ein allgemeines Teilhaben am langen Leben. Auch regionale Rückschritte in der Folge von verschlechterten Umweltbedingungen, grassierenden Seuchen und Bürgerkriegen u. a. erschweren und blockieren in vielen Gebieten der Erde weiterhin den Sieg über den frühen Tod.

3.11 Folgen des langen Lebens

Verzeitlichung des Lebens
Nie zuvor in der Geschichte der Menschheit war eine derart lange Lebensdauer für die Mehrheit einer Bevölkerung möglich. Dadurch erhält erstmals das *Lebensalter* der Menschen mit seinen aufeinander folgenden Phasen – was uns heute selbstverständlich ist – eine Bedeutung. Es stellt eine temporäre Positionierung im Lebenslauf dar und ist, folgt man dem Soziologen Martin Kohli, nun eine

---

[47]Vgl. https://www.welt.de/kultur/article139399279/Amerika-verliert-die-Lust-an-archaischen-Strafen.html.

3.11 Folgen des langen Lebens

eigenständige gesellschaftliche Strukturdimension. Durch die heutige Bedeutung von Bildung und Erwerbsarbeit orientiert sich der *Lebenslauf* entsprechend, indem er in drei Phasen unterscheidet: Vorbereitung (auf das Erwerbsleben), Aktivität (im Erwerbsleben) und Ruhestand. Für und in den einzelnen Phasen entstehen Regelungen, wie z. B. die gesetzliche Festlegung der Schulpflicht oder das Verrentungsalter. Ähnliches gilt für den Familienzyklus, sodass mit Kohli von einer *Institutionalisierung des Lebenslaufes* gesprochen werden kann (1985, S. 2 ff.).[48]

„Bevölkerungsexplosion"
Mit dem Zuwachs an Lebensjahren ging ein Wachsen des Bevölkerungsvolumens einher. Denn seit dem Ende der hohen Säuglings- und Kindersterblichkeit überleben immer mehr Menschen die ersten Lebensjahre, um sich so später selber am Reproduktionszyklus beteiligen zu können. Die Aufhebung der feudalen Heiratsbeschränkungen im 19. Jahrhundert bewirkte eine nochmalige Steigerung der Geburtenzahl. Wesentlich ist, dass die Fertilitätsrate, also die durchschnittliche Kinderzahl pro Frau, erst mit der Verzögerung von einer Generation begann zurückzugehen. Währenddessen sank die Sterblichkeit weiter, was zu einem nochmaligen Anstieg des Geburtenüberschusses und damit einem Bevölkerungswachstum führte.

Folge war eine „Bevölkerungsexplosion". Diese fand im 18./19. Jahrhundert in den Ländern mit einer raschen industriellen Entwicklung statt. Danach aber dehnte sie sich weltweit aus. In den Industrieländern, z. B. in Deutschland, führte dies im 19. Jahrhundert trotz mehrerer Auswanderungswellen zu einer Übervölkerung, d. h. – neben anderem – zu einem Ungleichgewicht von Bevölkerungszahl und Nahrungsmittelproduktion (Höpflinger 1997, S. 18). Im Weltmaßstab: Während um 1800 schätzungsweise 900 Mio. Menschen auf der Erde lebten (ebd., S. 22), sind es heute ca. 7,5 Mrd.[49] Derzeit hält das Wachstum an. Dabei führt der afrikanische Kontinent, während in manchen anderen Regionen Stagnation oder Rückgang beobachtet werden. Die jährlichen Bevölkerungswachstumsraten sind weltweit inzwischen leicht rückläufig (ebd., S. 18 ff.). Dennoch wächst die Weltbevölkerung weiter.

---

[48]Der gegenwärtige Individualisierungsprozess hebt einzelne Elemente der Institutionalisierung auf (z. B. die starre Altersgrenze für den Übergang in die Ruhestandszeit).
[49]Vgl. https://de.statista.com/themen/75/weltbevoelkerung/.

Demografische Alterung
Mit dem Anstieg der Durchschnittlichen Lebenserwartung wächst das Durchschnittsalter der Bevölkerung und der Anteil alter Menschen. Dieser Trend verstärkt sich dadurch, dass die Kinderzahl seit Anfang der 1970er Jahre unterhalb des Reproduktionsniveaus der Bevölkerung liegt. D. h. die Zahl der Sterbefälle ist höher als die der Geburten. Käme es – wie in Deutschland – nicht zu einem Ausgleich des negativen Bevölkerungssaldos durch einen positiven Wanderungssaldo (mehr Menschen wandern ein als aus), so würde die Bevölkerung schrumpfen. Dazu Zahlen: Der Anteil der unter 20jährigen betrug 1950 30,5 %; 2011 waren es nur noch 19 %. Dagegen: der Anteil der Gruppe 60+ stieg in derselben Zeit von 14 auf 26,1 % (Deutschland in Zahlen 2013, S. 8).

Die *Demografische Alterung* führt zu erheblichen Problemen. Da der „Nachwuchs" fehlt, mangelt es mehr und mehr an Menschen im erwerbsfähigen Alter. Das sind jene, die das Bruttosozialprodukt erwirtschaften, Steuern an den Staat und Beiträge in das Sozialversicherungssystem einzahlen, die Alten und Kranken pflegen und letztlich die geografischen und sozialen Räume mit Leben füllen. Außerdem bewirkt der wachsende Anteil alter Menschen steigende Gesundheitskosten (vgl. Abschn. 2.9) und längere Bezugszeiten der Renten. Aber die Demografische Alterung ruft auch vorteilhafte Entwicklungen hervor. Das sind u. a. neue Arbeitsplätze in Pflege- und Rehabilitationseinrichtungen. Langfristig wird es jedoch zur Entvölkerung und Verbrachung wirtschaftlich unattraktiver Regionen kommen, wenn nicht durch Zuwanderung gegengesteuert wird.

Literatur

Beck, Ulrich (2015): Risikogesellschaft. Auf dem Weg in eine andere Moderne. 19. Aufl. Frankfurt am Main: Suhrkamp.
Bergdolt, Klaus (2006): Die Pest. Geschichte des schwarzen Todes. München: C.H. Beck Verlag.
Bevölkerungs-Ploetz (1966): Raum und Bevölkerung in der Weltgeschichte. Vom Mittelalter zur Neuzeit. Bd. 3. Bearb. Buchholz, Wolfgang Ernst. Würzburg: A.G. Ploetz-Verlag.
Bevölkerungs-Ploetz (1965): Raum und Bevölkerung in der Weltgeschichte. Bevölkerung und Raum in Neuerer und Neuester Zeit. 4. Bd. 3. Aufl. Bearb. von Kirsten, Ernst/Buchholz, Wolfgang Ernst/Köllmann, Wolfgang. Würzburg: A.G. Ploetz-Verlag.
Brocke vom, Bernhard (1998): Bevölkerungswissenschaft Quo Vadis? Möglichkeiten und Probleme einer Geschichte der Bevölkerungswissenschaft in Deutschland. Opladen: Leske+Budrich.
Deutschland in Zahlen. Ausgabe 2013. Erstellt vom Institut der deutschen Wirtschaft Köln.
Die Bibel nach der Übersetzung Martin Luthers (1985). Stuttgart: Deutsche Bibelgesellschaft.

Düselder, Heike (2007): „O Ewich is so lanck". Die Sozialtopographie des Kirchhofs in einem lutherischen Territorium – Das Beispiel der Grafschaft Oldenburg. In: Brademann, Jan/Freitag, Werner (Hrsg.): Leben bei den Toten. Kirchhöfe in der ländlichen Gesellschaft der Vormoderne. Münster: Rhema: S. 253–263.

Duncker, Arne (2003): Gleichheit und Ungleichheit in der Ehe: persönliche Stellung von Frau und Mann im Recht der ehelichen Lebensgemeinschaft 1700–1914. Köln/Weimar/Wien: Böhlau Verlag.

Elias, Norbert (1991a) (zuerst 1976): Über den Prozess der Zivilisation. Soziogenetische und psychogenetische Untersuchungen. Erster Band: Wandlungen des Verhaltens in den weltlichen Oberschichten des Abendlandes. Suhrkamp Taschenbuch Wissenschaft. 16. Aufl. Frankfurt am Main: Suhrkamp.

Elias, Norbert (1991b) (zuerst 1976): Über den Prozess der Zivilisation. Soziogenetische und psychogenetische Untersuchungen. Zweiter Band: Wandlungen der Gesellschaft. Entwurf zu einer Theorie der Zivilisation. Suhrkamp Taschenbuch Wissenschaft. 16. Aufl. Frankfurt am Main: Suhrkamp.

Ellwein, Thomas (1997) (zuerst 1985): Die deutsche Universität vom Mittelalter bis zur Neuzeit. Wiesbaden: Fourier Verlag.

Engels, Friedrich (1972) (zuerst 1845): Die Lage der arbeitenden Klasse in England. Berlin: Dietz-Verlag.

Fischer, Michael (2004): Ein Sarg und nur ein Leichenkleid. Sterben und Tod im 19. Jahrhundert. Zur Kultur- und Frömmigkeitsgeschichte des Katholizismus in Süddeutschland. Paderborn/München/Zürich: Ferdinand Schoeningh.

Fischer, Norbert (2001): Geschichte des Todes in der Neuzeit. Erfurt: Sutton-Verlag.

Foucault, Michel (2008) (zuerst 1994): Überwachen und Strafen. Die Geburt des Gefängnisses. 9. Aufl. Frankfurt am Main: Suhrkamp.

Habermas, Jürgen (1995) (zuerst 1987): Theorie des kommunikativen Handelns. Bd. 1. Handlungsrationalität und gesellschaftliche Rationalisierung. Frankfurt am Main: Suhrkamp.

Haidinger, Martin (2007): Von der Guillotine zur Giftspritze. Die Geschichte der Todesstrafe. Fakten, Fälle, Fehlurteile. 2. Aufl. Salzburg: Ecowin.

Höpflinger, Francois (1997): Bevölkerungssoziologie. Eine Einführung in bevölkerungssoziologische Ansätze und demographische Prozesse. Weinheim/München: Juventa.

Imhof, Arthur E. (1988): Die Lebenszeit – vom aufgeschobenen Tod und von der Kunst des Lebens. München: Beck.

Imhof, Arthur E. (1984): Die verlorenen Welten. Alltagsbewältigung durch unsere Vorfahren – und weshalb wir uns heute so schwer damit tun. München: Beck.

Imhof, Arthur E. (Hrsg.) (1975): Historische Demographie als Sozialgeschichte. Gießen und Umgebung vom 17. zum 19. Jahrhundert. Teil 1. Darmstadt/Marburg: Selbstverlag der Hessischen historischen Kommission Darmstadt und der historischen Kommission für Hessen.

Jetter, Dieter (1987): Frühe Xenodochien im Orient und im Abendland. In: Das europäische Hospital. Von der Spätantike bis 1800. 3. Kap. 2. Aufl. Köln: DuMont Buchverlag.

Klischies, Rainer/Panther, Ursula/Singbeil-Grischkat (2006): Hygiene und medizinische Mikrobiologie. Lehrbuch für Pflegekräfte. 4. Aufl. Stuttgart/New York: Schattauer.

Kohli, Martin (1985): Die Institutionalisierung des Lebenslaufs. Historische Befunde und theoretische Argumente. In: Kölner Zeitschrift für Soziologie und Sozialpsychologie. 37. Jg. Opladen: Westdeutscher Verlag: S. 1–29.

Luy, Marc (2002): Warum Frauen länger leben? Erkenntnisse aus einem Vergleich von Kloster- und Allgemeinbevölkerung. Wiesbaden: Bundesinstitut für Bevölkerungsforschung. Online unter: http://www.bibdemografie.de/SharedDocs/Publikationen/DE/Materialien/106.pdf%3F__blob%3DpublicationFile%26v%3D3www.oeaw.ac.at/vid/download/FB37.pdf, 05.06.17.

Martschukat, Jürgen (2000): Inszeniertes Töten. Eine Geschichte der Todesstrafe vom 17. bis zum 19. Jahrhundert. Köln/Wien: Böhlau.

Michel, Harald (2000): Sterblichkeitsrückgang im 18. Jahrhundert in Deutschland – Bestandteil, Voraussetzung oder Vorläufer der demographischen Transition? In: Zeitschrift für Bevölkerungswissenschaft (3–4/2000) 25 Jg.: S. 509–512.

Neurath-Sippel, Ulrike (2012): Galgen, Rad und Scheiterhaufen. Einblicke in Orte des Grauens. In: Friedhof und Denkmal. Zeitschrift für Sepulkralkultur. 57. Jg. Heft 2/2012: S. 27–32.

Ohler, Norbert (2004): Sterben und Tod im Mittelalter. 2. Aufl. Düsseldorf/Zürich: Patmos.

Polany, Karl (1978): Die große Transformation. Frankfurt am Main: Suhrkamp.

Reicher, Dieter (2003): Staat, Schafott und Schuldgefühl. Wiesbaden: VS Wiesbaden.

Schaper, Klaus (2008): Die soziale Sicherung alter Menschen in Deutschland. In: Thieme, Frank: Alter(n) in der alternden Gesellschaft. Eine soziologische Einführung in die Wissenschaft vom Alter(n). Wiesbaden: VS Verlag für Sozialwissenschaften: S. 115–158.

Sieder, Reinhard (1987): Sozialgeschichte der Familie. Frankfurt am Main: Edition Suhrkamp.

Vautz, Karl Heinz (2006): Die Naturvölker – Bestattungsriten des Verbotes. In: Roland, Oliver (Hrsg.): Friedhof – Ade? Die Bestattungskultur des 21. Jahrhunderts. Anthologie für Religion 5. Mannheim. AZUR Verlag: S. 21–41.

Wulff, Angelika (2013): Das Bestattungsgewerbe im Wandel der Zeit. Berufsbild und Image. In: Bestattungskultur (2013): S. 8–10.

Wunderli, Peter (Hrsg.) (1986): Der kranke Mensch in Mittelalter und Renaissance. 5. Bd. Düsseldorf: Studia Humaniora.

Zeitungen

Frankfurter Allgemeine Zeitung, 21.09. 2011, S. 5
Frankfurter Allgemeine Zeitung, 01.12. 2011, S. 6
Frankfurter Allgemeine Zeitung, 18.10. 2013, S. 5

Internetrecherche

http://www.lebenserwartung.info/index-Dateien/intvgl.htm, 28.05.17

Literatur

https://www.destatis.de/DE/ZahlenFakten/LaenderRegionen/Internationales/Thema/
Tabellen/Basistabelle_Saeuglingssterblichkeit.html;jsessionid=2D2EEFB7B7B4B-
70FEE9EAA8365E76049.cae2, 28.05.17

http://knoema.de/atlas/Angola/Fertilit%C3%A4tsrate, 29.05.17

https://www.welt.de/kultur/history/article13589616/Das-Protokoll-des-Tages-der-die-Welt-
veraenderte.html, 29.05.17

http:/www.talmud.de/tlmd/der-uebertritt-zur-juedischen-religion-der-gijur/, 04.07.17

https://www.destatis.de/DE/ZahlenFakten/Indikatoren/LangeReihen/Bevoelkerung/lrbev04.
html;jsessionid=2CD553513382114F23B58885A40F0F76.cae4, 09.07.17

http://www.umweltunderinnerung.de/index.php/kapitelseiten/vormoderne-umwelten/
23-die-kleine-eiszeit, 09.07.17

https://www.mpg.de/7257854/kartoffelfaeule, 09.07.17

http://www.universal_lexikon.deacademic.com/247458/Hamiten, 18.07.17

https://www.welt.de/kultur/history/article1526330/Friedrich-Barbarossa-ein-Kaiser-
ertrinkt.html, 12.07.17

http://www.zeit.de/2015/09/neolithische-revolution-landwirtschaft-viehzucht-sesshaft,
12.07.17

https://www.destatis.de/DE/PresseService/Presse/Pressemitteilungen/2017/07/
PD17_230_46241.html, 12.07.17

http://www.dhpv.de/themen_hospizbewegung.html, 18.07.17

http://todesstrafe.amnesty.at/geschichte.php, 23.11.16

http://www.n-tv.de/politik/Wie-starb-Osama-bin-Laden-wirklich-article17581231.html,
18.07.17

http://www.amnesty-todesstrafe.de/files/reader_wenn-der-staat-toetet_laenderliste.pdf,
23.08.17

http://www.spital-waldshut.de/, 05.09.17

http://www.bib-demografie.de/DE/ZahlenundFakten/08/Abbildungen/a_08_09_saeuglings-
sterblichkeit_d_ab1872.html, 06.09.17

http://www.n-tv.de/politik/Wie-starb-Osama-bin-Laden-wirklich-article17581231.html,
06.09.17

http://www.amnesty-todesstrafe.de/files/reader_wenn-der-staat-toetet_laenderliste.pdf,
12.09.17

http://www.mz-web.de/mitteldeutschland/vor-35-jahren-hier-wurde-das-letzte-todesurteil-
in-der-ddr-vollstreckt-24258712, 26.09.17

http://www.zeit.de/gesellschaft/zeitgeschehen/2016-04/amnesty-international-todesstrafe-
hinrichtungen-todesurteil-anstieg, 19.12.17

https://www.welt.de/kultur/article139399279/Amerika-verliert-die-Lust-an-archaischen-
Strafen.html, 19.12.17

https://de.statista.com/themen/75/weltbevoelkerung/, 19.12.17

http://www.tagesspiegel.de/politik/todesstrafe-fuer-kriminelle-enthauptungen-in-saudi-
arabien-im-namen-des-islam/10977368.html, 04.01.18

Trauer und Gedenken 4

Memento mori
Oder:
Herr, lehre uns bedenken, dass wir sterben müssen,
auf dass wir klug werden.
(Mose 39; 29, Die Bibel 1985)

Die individuelle Wahrnehmung des Todes und das damit ausgelöste Verhalten sind kulturell geprägt. Beides unterliegt Normen, die Teil einer *Trauerkultur* sind. Der Schweizer Psychiater Gion Condrau sieht in den Totenkulten und Trauerritualen den Beweis dafür, dass „der Tod Bestandteil des gesellschaftlich gelebten Lebens ist" (1991, S. 75).

Trauerkulturen variieren und sind dem Wandel unterworfen. Differenzierungen gibt es in Abhängigkeit von Bildung, Milieu- und Schichtzugehörigkeit, sowie im Vergleich von Regionen und ethnischen Gruppen.

Trauer ist ein Gemütszustand von (meist) vorübergehender Dauer. Zu unterscheiden ist von *Gedenken*, der Erinnerung, auch: *Memoria,* welche auf eine unbestimmte Dauer angelegt ist.

4.1 Trauer

Trauer ist ein Gefühl, welches Menschen empfinden, die den Verlust eines ihnen lieb und wertvoll erscheinenden Menschen hinnehmen müssen. Auch verlustig gewordene Tiere und Objekte werden betrauert, wenn zu ihnen eine emotionale Beziehung bestanden hat. Trauer hinterlässt Leere, Lustlosigkeit und Einsamkeit

(Lammer 2004, S. 9). Nicht selten ist sie Grund von Krankheiten. Sigmund Freud versteht unter Trauer:

> …eine tief schmerzliche Verstimmung, eine Aufhebung des Interesses für die Außenwelt… – soweit sie nicht an den Verstorbenen mahnt, – den Verlust der Fähigkeit, irgendein neues Liebesobjekt zu wählen – was den Betrauerten ersetzen hieße, – die Abwendung von jeder Leistung, die nicht mit dem Andenken des Verstorbenen in Beziehung steht (Freud 1967, S. 429; zit. n. Lammer 2004, S. 24).

Schon der nur temporäre Verlust, ebenso eine unerfüllte Liebe, kann Trauer auslösen. Oder, so Freud, im Verlust „[…] einer […] Abstraktion […] wie z. B. Heimat, Vaterland, Freiheit, ein[em] Ideal usw." (Freud 1994, S. 197) kann Grund für das Entstehen von Trauergefühlen liegen. Trauer überkommt Menschen, die ihren Lebenssinn verloren sehen, z. B. nach dem Verlust einer wichtig erscheinenden Aufgabe oder Rolle, etwa durch das Ausscheiden aus dem Beruf (Lammer 2004, S. 73 ff.).

Doch keineswegs zwingend folgt auf jedes erlebte Todesereignis die Trauer. Denn der Tod kann auch Gefühle der Befreiung, der Erleichterung, gar der Freude und des Triumphes bewirken. Das mag der Fall sein, wenn ein Feind oder ungeliebter Zeitgenosse verstirbt. War der Verstorbene nur flüchtig bekannt, wurde er nicht wertgeschätzt oder geliebt, war er gar sozial ausgeschlossen, so wird man dessen Tod mit Gleichmut begegnen. Oder: Stirbt ein Mensch nach langem Krankenlager, so wird sich ein Gefühl der Erleichterung und Befreiung bei den Hinterbliebenen einstellen. Der Tod war dann „Erlösung", gar „ein Segen".

Betroffenheit kennzeichnet die Reaktion, wenn das Verhältnis zum Verstorbenen nicht von intimer Nähe, stattdessen von Bekanntsein bestimmt war. Stirbt ein langjähriger Nachbar, Kollege, oder erfahren wir durch eine Dokumentation der Massenmedien vom tragischen Unfalltod einer uns bis dahin unbekannten Familie, so sind wir betroffen. Ein medial berichteter Todesfall, z. B. durch eine Gewalttat verursacht, kann Entsetzen bewirken.[1]

Trauer ist Krise. Das bedeutet im Wortsinn: Entscheidung, Wendung, Abbruch, Verlust aber auch Chance zum Neuanfang. Typische Anzeichen von Trauer sind „[…] Niedergeschlagenheit, das Fehlen von Interesse an der Außenwelt; Verlust von Liebesfähigkeit und Aktivitätshemmung" (Rando 2003, S. 174). Diese

---

[1]Zur Chronik des Terrors in Deutschland seit Juli 2016 vgl. http://www.epochtimes.de/politik/deutschland/chronik-des-terrors-seit-juli-2016-mehr-anschlaege-als-in-zehn-jahren-in-deutschland-a2005.269.html.

Stimmungen werden unbewusst ausgelöst und sind in Stärke und Ausprägung von der Persönlichkeit des Betroffenen abhängig. Auch Schuldgefühle gegenüber dem Verstorbenen können auftreten.

Phasen der Trauer
„Unkomplizierte Trauer" wird in drei Abschnitte unterteilt: Vermeidung, Konfrontation und Anpassung. In der ersten Phase ist der Trauernde schockiert, traumatisiert und weigert sich, die Begebenheit zu akzeptieren. In der zweiten Phase beginnt er sich der schmerzhaften Realität zu stellen. Emotionen brechen auf und es kann zu Aggressivität, Protest und Suchverhalten kommen. In der dritten Phase reduzieren sich diese Symptome allmählich. Der Trauernde akzeptiert das Geschehen. Er beginnt, sich auf eine künftige innere Interaktion mit dem Toten einzustellen, wobei er an Erinnerungen und gemeinsame Erlebnisse knüpft (Görke-Sauer 2006, S. 45 ff.; Rando 2003, S. 184 f.). Zum Abschluss kommt Trauer durch Anpassung an die neue Realität. Der Tod wird nicht mehr als Verlust wahrgenommen.

Gelungene *Trauerarbeit* hat nichts mit Vergessen zu tun. Freud erkennt, dass „[…] ein verlorenes Liebesobjekt niemals vollständig aufgegeben wird" (1994, S. 175 ff.).[2] Vielmehr wird die erloschene Beziehung als Teil der eigenen Lebensgeschichte akzeptiert.[3]

Scheitert Trauerarbeit, so können sich dauerhaft psychische und physische Beeinträchtigungen, wie Verzweiflung, Kummer, Melancholie und andere Krankheiten einstellen (Joisten 2008, S. 166; Lammer 2004, S. 24 ff.; Rando 2003, S. 181 ff.).

Melancholie
Melancholie ist nicht Trauer, sondern nach Freud, eine seelische Erkrankung infolge nicht gelungener Trauerarbeit. Zu den Merkmalen zählen u. a. die Aufhebung jeglichen Interesses für die Außenwelt, der Verlust von Liebesfähigkeit, Leistungshemmung und eine Herabsetzung des Selbstwertgefühls.

Trauer nach dem frühzeitigen Tod eines Kindes
Anders als in vormoderner Zeit, wo der Kindstod als ein häufiges Widerfahrnis hinzunehmen war, ist heute der *frühzeitige Tod* des leiblichen Kindes – im Prinzip

---

[2]Vgl. den Überblick zu Trauer aus psychologischer Sicht (Wittkowski 2003).
[3]Vgl. Beispiele zur Trauerbewältigung auf Basis der Forschungsarbeiten des Pioniers der US-Trauerforschung Erich Lindemann aus den 1940er Jahren (Lammer 2004, S. 24 ff.).

also das Dahinscheiden vor den Eltern – für diese ganz besonders schmerzlich. Fehl- und Totgeburten, die sog. „lautlosen (stillen) Geburten" (Schäfer 2002, S. 122) machen die Betroffenen oft sprachlos. Der frühe Kindstod fiel lange Zeit einer Tabuisierung anheim. Das schloss Ärzte und Pflegende ein. Besonders problematisch war, dass Totgeburten unter 500 g nur auf Antrag bestattet werden durften, üblicherweise also „entsorgt" wurden (ebd., S. 123). Inzwischen hat der Gesetzgeber hier eine Änderung vorgenommen (vgl. Abschn. 2.5).

4.2 Trauerverhalten und Trauernorm

Vom *Trauergefühl* ist das *Trauerverhalten* zu unterscheiden. Während das Wort Trauergefühl, wie oben beschrieben, den inneren Gemütszustand bezeichnet, ist Trauerverhalten der äußerlich wahrnehmbare Umgang von Menschen mit ihrer Trauer, also das Zeigen oder Nichtzeigen von Trauer. Trauerverhalten ist nicht beliebig. In seinen Grundlinien folgt es einer gesellschaftlichen *Norm*, die Menschen zum Teil unbewusst während ihrer lebenslangen Sozialisation erlernen und auch verändern. Unter Norm sollen hier die Erwartungen der Anderen verstanden werden, der Gesellschaft im Allgemeinen und ihrer Gruppen, darunter auch die Familie und Freunde, Kollegen. Verhaltensabweichungen sind Normverstöße und können mit negativen Sanktionen „bestraft" werden; d. h. die „Umwelt" reagiert, wenn Menschen „aus der Rolle fallen" (Kopp und Steinbach 2016, S. 256 ff.). Hinterbliebene zeigen Trauer, z. B. durch Gestik, auffällige Gemütsstimmungen, Sprache, vor allem Rückzug. Sie sorgen für eine Bestattung, tragen zur Trauerfeier eine angemessene Kleidung (in unserem Kulturraum: Schwarz)[4], bleiben für eine gewisse Dauer („Trauerjahr") fröhlichen Anlässen fern und unterlassen es, nach einer Verwitwung vor Ablauf eines Trauerjahres eine neue Partnerschaft einzugehen (vgl. Kap. 5). Formen und Symbolik, auch der Traueranzeige und der Trauerfeier u. a. repräsentierten die soziale Position des Verstorbenen und seiner Angehörigen, z. B. die Zugehörigkeit zu einer ethnischen oder religiösen Gruppe und den individuellen Geschmack.

---

[4]Kulturanthropologisch gesehen, dient die Trauerkleidung mit einer Verhüllung des Körpers dem Schutz vor den Toten und demonstrierte zugleich wegen der Verlusterfahrung eine äußere Abkehr vom Leben. Gebiets- und zeitweise entstanden Trauertrachten, die in einzelnen Regionen bis heute getragen werden. Erst seit dem 17. Jahrhundert begann sich Schwarz als Trauerfarbe durchzusetzen. Inzwischen sinkt die Bedeutung der Trauerkleidung (Großes Lexikon der Bestattungs- und Friedhofskultur 2002, S. 356).

Sitten und Bräuche

Trauerkultur nimmt Gestalt an in *Sitten* und *Bräuchen*. Sitten zeigen sich in regelmäßig wiederkehrenden Formen des Verhaltens, meist unreflektiert und auf Gewohnheit und unbewusster Nachahmung beruhend. Sitte ist der Konvention ähnlich. Nichteinhaltung wird nicht sanktioniert (Weber 1976, S. 15). In Bezug auf Trauer: Es ist Sitte, das Beileid auszusprechen und die Nachricht vom Tod zu verbreiten, in gebührender Form Abschied zu nehmen, die Gräber zu pflegen, der Verstorbenen zu gedenken[5] und nicht schlecht über sie zu reden.

Bräuche, Brauchtum sind durch Nachahmung erlernte, regelmäßig oder zu bestimmten Anlässen praktizierte Verhaltensweisen. Sie sind weniger verbindlich als Sitten, aber der Übergang ist fließend (ebd.). Zu den Bräuchen zählt das Feiern von Festen auch das Tragen einer bestimmten Kleidung zu einem bestimmten Anlass *(Tracht)*.

Der Umgang mit Sterben und Tod hat ein vielfältiges und regional z. T. sehr spezifisches Brauchtum entstehen lassen. Dazu gehört das Aufbahren des Toten, sowie die Verwendung von Licht und Grabschmuck (Blumen). Neben diesen allgemeinen Formen gibt es spezielle, regional oder von Gemeinschaften (z. B. religiös/konfessionellen Gruppen, Angehörigen eines Berufs oder Mitgliedern eines Vereins) praktizierte Bräuche (Großes Lexikon der Bestattungs- und Friedhofskultur 2002, S. 52 f.). Bräuche sind relativ dauerhaft, sodass oft die Entstehungsgründe nicht mehr bekannt sind. Dabei schafft die gemeinsame Ausübung von Bräuchen Verhaltenssicherheit. Alle Beteiligten wissen, worauf es ankommt.

Der Totentanz

In einigen Kulturen hatte ein in der westlichen Zivilisation heute meist fremd anmutendes Brauchtum, der *Totentanz,* einst einen hohen Stellenwert. Beim Totentanz spielen Bewegung und körperliche Nähe in Verbindung mit einer latenten Fröhlichkeit eine Rolle. Das gemeinschaftliche Tanzen, die Heiterkeit der Musik und die rhythmischen Bewegungen helfen, den Trauerschmerz zu vertreiben.

Der Totentanz hat eine lange Geschichte. Während des Mittelalters und regional noch in der ersten Hälfte des 19. Jahrhunderts, war er auch in West- und Mitteleuropa verbreitet.[6] So nahe wie der Tod den Menschen wegen der hohen

---

[5]z. B. am Todestag oder einem gesetzlichen oder kirchlichen Feiertag (z. B. Volkstrauertag; Totensonntag).
[6]Zur Geschichte des Totentanzes vgl. Knöll (2010, S. 155 ff.).

Sterblichkeit damals war, so eng wurde die Beziehung zu ihm im Totentanz. Im Tanz holt der Tod als verkleidete Gestalt den Menschen auf eine versöhnende – und umgekehrt führt der Mensch den Tod – auf eine provozierende Weise in einen Zustand der Distanzlosigkeit (Großes Lexikon der Bestattungskultur 2002, S. 339). Auch in der Lyrik fand der Totentanz seinen Platz. In künstlerischen Darstellungen, z. T. in Kirchen, zeigen Bilder, wie die Beschwingtheit des Tanzes Leid und Hoffnungslosigkeit durch Sinnesfreude überwindet. Dabei spielt im 16. Jahrhundert in künstlerischen Darstellungen das Motiv „Tod und Mädchen" eine Rolle. Totentänze erhalten dadurch als Zeichen der Sinnesfreude auch eine erotische Note (Großes Lexikon der Bestattungs- und Friedhofskultur 2002, S. 311).[7] Das geschah vielleicht dort, wo in Zeiten des Massensterbens der christliche Auferstehungsglaube allein nicht mehr ausreichte, um Lebensmut zu gewinnen.

Trauerrituale
Rituale (Riten) sind ein Teil von Kultur. Im allgemeinen Sinne werden darunter gemeinschaftlich zu bestimmten Anlässen durchgeführte, regelhafte, häufig formalisierte Handlungsabläufe mit bestimmten Sinnkonnotationen, repräsentiert durch Zeichen und Symbole, verstanden (Kopp und Steinbach 2016, S. 287). Rituale ermöglichen sprachlose Kommunikation.

Im christlichen Trauerritual haben der Umgang mit Kreuz und Licht sowie bestimmte Handlungen, wie gemeinsame Gebete und Gesänge, die „Fürbitte"[8] und das letzte Geleit zum Grab – der *Kondukt* (s. u.) – besondere Bedeutung. Sie versinnbildlichen die „Erlösung" vom Tod und ein Ende der durch das Sterben empfundenen „Finsternis". Damit spenden sie den Gläubigen Trost und Hoffnung. Einen hohen Stellenwert hat auch der dreimalige „Erdwurf" der Trauernden am offenen Grab. Er ist ein Zeichen des endgültigen Abschieds vom Verstorbenen. Die sterblichen Überreste werden damit dem irdischen Zerfalls- und Kreislaufprozess übergeben, die Seele aber der Gnade Gottes und somit der Ewigkeit anvertraut (Großes Lexikon der Bestattungs- und Friedhofskultur 2010, S. 112).[9]

---

[7]Beispiel: Danse Macabre (dt. „Totentanz") von Camille Saint-Saëns op. 40, eine Sinfonische Dichtung von 1872 (Knöll 2011).

[8]Die „Fürbitte" ist ein Gebet, worin um Gottes Segen für die Anderen, hier: die Verstorbenen gebetet wird. Der katholische Ritus bezieht die Toten ein. Dies auch an den Gedenktagen, insbesondere dem Todestag.

[9]Anstelle des Erdwurfes tritt heute oft der Blumenwurf als ein Zeichen für die den Tod überdauernde Liebe (Großes Lexikon der Bestattungs- und Friedhofskultur 2010, S. 70).

Bekanntheit und Bedeutung des Kondukts (Trauerzug) sind weitgehend verloren gegangen. Im Kondukt, bzw. an dessen Spitze, werden die sterblichen Überreste des Verstorbenen im Sarg oder der Urne vom Ort der Aufbahrung, heute meist die Leichenhalle, zum Ort der Trauerfeier gebracht. Dabei ist eine bestimmte Reihenfolge der Personen, in Gestalt einer Rangordnung, einschließlich der Beteiligung der Öffentlichkeit, einzuhalten (Großes Lexikon der Bestattungs- und Friedhofskultur 2002, S. 176).

Entlastung durch Rituale
Rituale sind über längere Zeit stabil und entsprechend eingeübt (Görke-Sauer 2006, S. 55). Luhmann bezeichnet als die „fraglosen Selbstverständlichkeiten des Alltagslebens". Sie helfen, „Zweifel oder Ängste kleinzuhalten" (1987, S. 613 f.).

Die Mitwirkung an Ritualen vermittelt Gefühle von Zugehörigkeit, Geborgenheit und kollektiver Identität, z. B. in der Familie, Nachbarschaft, einer (ethnischen) Gruppe, einem Verein, einem Unternehmen, einer Religionsgemeinschaft, einem Volk, einer Nation. Rituale regeln und zelebrieren die sog. Schnittstellen, die „Übergänge" des Lebens *(Rites de passage)* und verleihen ihnen Bedeutung.[10] Beispiele für Übergänge sind der Eintritt in das Erwachsenenalter, das Schließen einer Ehe, Beginn und Abschluss von Schule und Berufslaufbahn. Die zentralen „Übergänge" aber sind Beginn und Ende des Lebens.[11] Der Philosoph und Soziologe Arnold Gehlen (1977) sieht in Trauer-, Bestattungs- und Erinnerungsritualen die Funktion der „Entlastung". Rituale helfen über den Schmerz hinweg, weil dieser mit Anderen geteilt wird. Sie holen Verstorbene symbolisch zurück in die Welt der Lebenden und helfen sich „richtig" zu verhalten.

Ist Trauer weiblich?
Trauernormen weisen geschlechtsspezifische Differenzierungen auf. Von Frauen wird aufgrund einer ihnen zugeschriebenen größeren Emotionalität eine stärkere Sichtbarmachung von Trauer erwartet. Frauen dürfen nicht nur, sondern sie sollen Trauer zeigen. Andernfalls wird ihnen „Gefühlskälte" nachgesagt. Männer dagegen sollen ihre Emotionen beherrschen. Sie „brauchen die Erlaubnis der Gesellschaft, Gefühle zeigen und schwach sein zu dürfen". Auch das Reden über Trauer wird meist den Frauen überlassen (Görke-Sauer 2005, S. 24 f.).

---

[10] Zu Ritualen im Rahmen von „Übergängen" vgl. Fuchs-Heinritz (1973); Joachim-Meyer (2004); Nassehi und Weber (1989).
[11] Die Bedeutung von Ritualen hat zuerst die ethnologische Forschung am Beispiel von Naturvölkern nachgewiesen (van Gennep 1986; Turner 1989).

Das Phänomen von Geschlechterzuschreibungen im Rahmen der Trauerkultur hat eine lange Tradition. Ein Gang über alte Friedhöfe demonstriert eine „Wahlverwandtschaft" zwischen Weiblichkeit und Trauer. Teil der bürgerlichen Trauer- und Bestattungskultur um 1900 waren ästhetisierte Frauengestalten zur figürlichen Dekoration der Gräber. Sie galten als Symbol für Seelenschmerz. Für die Verbreitung dieser anmutigen Gestalten sorgte die Galvanoplastik[12] (Großes Lexikon der Bestattungs- und Friedhofskultur 2002, S. 105).

4.3 Individualisierung der Trauerkultur

Im Umgang mit Sterben und Tod spiegeln sich Kultur, gesellschaftliche Strukturen und Prozesse. Maßgeblich für einen Wandel der Trauerkultur sind die Prozesse der Individualisierung und der Säkularisierung. Mit der „Entzauberung" der christlichen Trauersemantik ist es, so die Soziologen Peter Berger und Thomas Luckmann (1969), zum Verschwinden todesaffiner „symbolischer Sinnwelten" gekommen (zit. n. Nassehi 2007, S. 123). Doch es gibt Elemente des Beharrens. Überlieferte Traditionen werden nicht vollständig entwertet, sondern sie werden Option und damit in den Individualisierungsprozess integriert.

Dies zeigen die Beispiele zwei beliebter Lieder.

So nimm denn meine Hände und führe mich bis an mein selig Ende und ewiglich. Ich mag allein nicht gehen, nicht einen Schritt, wo du wirst gehen und stehen, da nimm mich mit (Evangelisches Gesangbuch 1996, S. 376).

Time to say goodbye. Places that I've never seen or experienced with you. Now I shall, I'll sail with you upon ships across the seas, seas that exist no more, it's time to say goodbye.[13]

---

[12]Die Galvanoplastik, auch in anderen Gestaltformen (Christus; Engel u. a.), wurde industriell und damit relativ preiswert hergestellt. Für den Durchschnitt der Bevölkerung erschwinglich war sie jedoch nicht (Großes Lexikon der Bestattungs- und Friedhofskultur 2002, S. 105).

[13]Es handelt sich hier um den Refrain des Liedes mit dem Titel „Time To Say Goodbye" (Single) gesungen von Sarah Brightman und Andrea Bocelli; CD erschien am 10. Dezember 1996, Label: EastWest Records. Vgl. http://www.lyrics007.com/Sarah%20 Brightman%20Lyrics/Time%20To%20Say%20Goodbye%20%28English%20Version%29%20Lyrics.html.

4.3 Individualisierung der Trauerkultur

Die oben abgedruckten Verse können wohl als die Charts der aktuellen „Hitparade" deutscher Trauermusik bezeichnet werden. In beiden geht es um Abschied und Vertrauen. Doch während das erste zum Traditionsbestand der christlich-protestantischen Trauerkultur bzw. deren Liedgut gehört, verfügt das zweite über keinen weltanschaulichen oder religiösen Hintergrund. Die so gegensätzlich erscheinenden Musikstücke weisen auf die Richtung des derzeitigen Wandels der Trauernorm hin: An die Stelle fester Standards tritt die Option. Religiöse Inhalte werden zurückgedrängt zugunsten weltlicher Inhalte oder solchen aus fernöstlichen Religionen. Sie verschwinden allerdings nicht.

Ein Merkmal der neuen Trauernorm ist ihre „plurale Struktur" (Benkel und Meitzler 2014). Diese zeigt sich einerseits in den Freiheitsräumen der Gestaltung einer Trauerfeier, z. B. mit Ansprachen oder musikalischen Beiträgen von Angehörigen. Laut Bestattungsstudie 2012, nutzt bisher ein knappes Drittel der Hinterbliebenen diese Möglichkeit, insbesondere, wenn der Verstorbene männlich und relativ jung war (Thieme 2016, S. 73). Andererseits kann eine prekäre soziale Lage oder das Fehlen von Angehörigen handlungsleitend im Sinne einer sparsamen Ausgestaltung der Bestattung sein.

Verlust des kirchlichen „Bestattungsmonopols"
Die Rolle der Kirche war über lange Zeit, dem Tod einen Sinn zu geben. Jahrhundertelang, bis zum Beginn der bürgerlichen Epoche, verfügte die Kirche sowohl über die Instrumente für die praktisch-technische Versorgung des Leichnams, als auch über Mittel für die mentale Bewältigung des Todes. Die Kirche hatte ein „Bestattungsmonopol" und Beisetzungen fanden bis auf Ausnahmen auf einem kirchlichen Friedhof statt. Die Trauerfeier war Gottesdienst, in dem ein „gnädiger Gott" angerufen wurde und der Tod durch das „Jenseitsversprechen" nicht das letzte Wort behielt.

Mit der Herausbildung des modernen Verwaltungsstaates ging die Verantwortung für die Toten auf staatliche Institutionen und Professionen über (Fischer 1996; 2001, Happe 2012; Sörries 2005). Auch wenn die Kirche im rituellen, seelsorgerlichen und praktischen Sinne noch immer ein wichtiger institutioneller Akteur ist, zeigt der vor etwa einer Generation einsetzende neuerliche Schub der Entkirchlichung, deutliche Wirkung (vgl. Abschn. 2.7.2).[14] Der Anteil von Kirchenmitgliedern ist in Deutschland seit Jahren rückläufig und lag 2016

---

[14]Die römisch-katholische und die ev. Kirche sind Friedhofsträger, d. h., sie verfügen über erhebliche Grabflächen.

bei 55 %[15] der Bevölkerung. Unter den Kirchenmitgliedern verlieren Glaubensfragen und Jenseitserwartungen an Relevanz (EKD 2014, S. 86).

Traurigkeit oder Pragmatismus statt Trost
Fehlt der Auferstehungsglaube, so ist mit dem Tod schlicht „alles aus". Jeder sucht dann individuell nach Strategien der Trauerbewältigung. Und wo aufgrund wachsender Kirchenferne religiöses Basiswissen nicht mehr zur nachfolgenden Generation transportiert wird, gerät es in Vergessenheit. Nicht mehr die Aufnahme des Verstorbenen in das „himmlische Reich" und in die Gemeinschaft mit Gott wird erwartet und symbolisch im *Trauergottesdienst* zelebriert. Vielmehr wird der Tod als unaufhebbares Ereignis und als das Ende einer individuellen Existenz betrauert und/oder pragmatisch-nüchtern hingenommen.

Die Trauerfeier als öffentliche oder private Veranstaltung?
Die kirchliche *Trauerfeier* ist ein Gottesdienst mit öffentlichem Charakter. Nicht der Abschiedsschmerz prägt das Geschehen, sondern hier steht die Verbreitung von Hoffnung durch Glaube unter der Zusage göttlicher Gnade im Zentrum. Inzwischen ist auch in der kirchlichen Feier die Persönlichkeit des verstorbenen Individuums der Mittelpunkt (Thieme 2013, S. 328 ff.). Dessen Foto steht während der Trauerfeier neben Sarg oder Urne und ist Indiz für die Verschiebung der symbolischen „Mitte" – weg vom „Auferstandenen" hin zum Verstorbenen.[16] Zu beobachten ist, dass die durch eine Trauerfeier bewirkten Eindrücke bei den Teilnehmern eher die Trauergefühle verstärken oder diffuse Wirkung haben. So antwortete im Rahmen einer 2016 durchgeführten repräsentativen Befragung (Teilnehmer: Deutsche ab 18 Jahre) die größte Gruppe (35 %) auf die Frage: „Gibt es trotz des traurigen Anlasses etwas, das Sie als positiv

---

[15]Vgl. http://www.kirchenaustritt.de/statistik.

[16]Eine Zäsur im Umgang mit dem Tod und dem Beginn eines Trends zur Individualisierung sieht der Sozial- und Kulturhistoriker Norbert Fischer bereits mit Beginn der Neuzeit und der nachfolgend sich entwickelnden bürgerlichen Gesellschaft. Mit der Auflösung des Bildes vom „Fegefeuer" als ein Element der Läuterung zur Erlangung der Reinheit, um zu Gott zu gelangen, entfiel für die Lebenden der Grund der Fürbitte für die Toten. In der protestantischen Laienpredigt wurden die Hinterbliebenen zum Adressaten. Die Antwort auf die Frage nach dem ewigen Heil oder der Verdammnis lag damit allein in der Gnade Gottes. Die Römisch-katholische Kirche hat sich erst in jüngster Zeit dahingehend angepasst, den Verstorbenen in die „Mitte" der Trauerfeier zu stellen. Protestantismus und später die Philosophie der Aufklärung gehören zu den Wurzeln der sich seit dem frühen 19. Jahrhundert entwickelnden bürgerlichen Trauerkultur (2001, 2004).

4.3 Individualisierung der Trauerkultur

oder schön wahrgenommen haben?" Die Antwort: „Habe nichts als positiv wahrgenommen". Die Hälfte der Befragten konnte allerdings Teilen der Bestattung, so der Gestaltung der Trauerfeier, der Musik oder der Ansprache, eine positive Wirkung attestieren (Bundesverband Deutscher Bestatter e. V. 2016).

Leichenschmaus/Kaffeetrinken
Zum Brauchtum gehört der sog. *Leichenschmaus,* oder in ortsungebundener Sprache: das „Kaffeetrinken". Es findet direkt nach der Beisetzung statt und ist der Rahmen für das Abschiednehmen der Öffentlichkeit[17] vom Verstorbenen. Häufiger wird inzwischen beobachtet, dass auf ein Kaffeetrinken verzichtet wird. Oft deshalb, weil es Verwandte oder Nahestehende nicht gibt oder auch, weil es an Geld fehlt. Die Bestattungsstudie 2012 ermittelte allerdings für überraschende 81 % aller Bestattungsfälle ein Stattfinden dieses Beisammensein (Thieme 2016, S. 78). Dort geht es keineswegs nur traurig zu. Und mancher Trauernde mag hier für ein paar Stunden seinen Schmerz vergessen, auch weil es hilfreich ist, in dieser Situation über die Wertschätzung des Verstorbenen zu erfahren. Und schließlich handelt es sich um ein gesellschaftliches Ereignis und oft auch ein Familientreffen. Je älter der Verstorbene, desto häufiger findet das Kaffeetrinken statt. In Zahlen: 70 u. älter = 84 %; bis 39 = 62 %. Während für Verheiratete in 86 % der Fälle zum Leichenschmaus geladen wird, sind es bei Alleinstehenden und Geschiedenen nur 64 % (ebd., S. 79).

„Zivilisierte" Emotionalisierung
Der Beginn der Abkehr von der christlichen Trauersemantik liegt einige Zeit zurück (Fischer 2003, 2004).[18] Er geht mit der politischen Emanzipation des Bürgertums im 18./19. Jahrhunderts einher. Soziale Beziehungsgefüge und Partnerschaften, wie z. B. die Ehe, erhielten nun neben ihrem Zweckmäßigkeits- und Rechtscharakter eine emotional-romantische Bedeutung („Liebesheirat"). Stirbt der geliebte Partner, so kommt es zu einem intensiven Abschiedsschmerz. Als Surrogat für das obsolet gewordene christliche Jenseitsversprechen erweist sich die semireligiöse Hoffnung auf ein künftiges leibhaftiges Wiedersehen mit dem geliebten Verstorbenen. Trost rekrutiert sich also aus der Fortsetzung einer

---

[17]Die Öffentlichkeit wird allerdings häufig reglementiert, indem Personen einzeln eingeladen werden.
[18]„Der flüchtige Tod und Bestattungsrituale im Übergang". Symposium zum Thema Sterben und Tod (Oktober 2003). Vgl. www.postmortal.de/Diskussion/Mediengesellschaft/mediengesellschaft.html.

Gefühlsbeziehung über den Tod hinaus. Die Toten bleiben in der Ewigkeitsperspektive lebendig (Fischer 2004, S. 52 ff.), die Emotionen den Blicken der Öffentlichkeit verborgen.

Rückzug ins Private
Zu den Zeichen des Wandels zählt der Rückzug des Trauernden aus der Öffentlichkeit (Meitzler 2012, S. 32). Der öffentliche Raum ist nicht länger Ort, Gefühle der Trauer (an)zu zeigen. Nur noch selten wird durch das Tragen schwarzer Trauerkleidung für die Dauer eines Trauerjahres demonstriert, dass „man in Trauer ist" und sowohl Rücksichtnahme als auch Trost von anderen erwartet. Man will vermeiden, sich seiner Trauer vor Anderen zu schämen, als schwach und unbeherrscht zu erscheinen und einer tröstenden Zuwendung zu bedürfen.[19] Emotionen bleiben auf die Innenwelt gerichtet. Auf die Frage: „Was hat Ihnen in Ihrer Trauer geholfen?", antworteten 52 % in der bereits zitierten repräsentativen Befragung: „Gespräche mit Familienangehörigen" und 37 %: „Gespräche mit Freunden" (Bundesverband Deutscher Bestatter e. V. 2016).

Elias sieht in der Steigerung des Schamgefühls eine Zunahme des Selbstzwangs im Rahmen der Entwicklung der modernen Zivilisation (1991) (vgl. Abschn. 2.7.2). Sprachlosigkeit breitet sich aus, wo Worte und Einfühlungsvermögen fehlen. „Wird schon wieder", ist eine häufig gehörte Floskel, die für Trauernde kaum hilfreich ist. Die Verdrängung des Todes und die Verschiedenheit der Todesbilder spiegeln sich in der schon erwähnten Hilflosigkeit des Trauerdiskurses und der Unsicherheit der Trauernden wider. „Ich finde, dass Trauer im Privaten und nicht in der Öffentlichkeit abgehalten werden sollte", sagten laut einer qualitativen Studie 22,6 % der Befragten, die einen Todesfall erlebt hatten. Und 50,3 % fühlen sich wohler, wenn sie ihre Trauer „für sich behalten" können (Jakoby et al. 2013, S. 268).

Keine Zeit
Trauer braucht Zeit. Erwerbstätigen werden heute im familiären Trauerfall in der Regel zwei Tage Sonderurlaub gewährt.[20] Zu wenig für die „Abwicklung" der Bestattung und Ruhe für Trauer zu finden (Schäfer 2002, S. 107). Folgt man der These des Soziologen Hartmut Rosa von der „Beschleunigten Gesellschaft", dann

---

[19]Vgl. hierzu die These von Elias, nach der ein Merkmal der Zivilisierung die Zunahme von Selbstkontrolle ist (1991a) (vgl. Abschn. 2.7.2).
[20]Der Anspruch auf Sonderurlaub im Todesfall besteht nur dann, wenn er den ersten Verwandtschaftsgrad betrifft (Tod eines Elternteils, des Ehepartners oder des Kindes). Vgl. https://www.bestattungen.de/ratgeber/todesfall/sonderurlaub-im-todesfall.html#anspruch.

4.3 Individualisierung der Trauerkultur

lässt der Wandel der Zeitstrukturen ein Sich-Zeit-nehmen für eine intensive Wahrnehmung des Todes und für die reflektierte Teilnahme an Trauerritualen kaum mehr zu (2009, S. 26 ff.).

Einsamkeit des Trauerns
Der Rückzug ins Private ist für viele ältere Frauen keine Option, sondern eine Unvermeidlichkeit. Aufgrund der höheren Durchschnittlichen Lebenserwartung erleben Frauen im Alter häufig das Schicksal von Einsamkeit dann, wenn der Partner vorzeitig verstorben ist. 300.000 Menschen sind jährlich in Deutschland davon betroffen. Sie erfahren in der Öffentlichkeit offenbar geringeres Verständnis und Mitgefühl als z. B. Eltern, die ein Kind verloren haben. Der verstorbene Partner scheint ersetzbar (Thieme 2015).

Nicht selten findet heute erst Wochen oder Monate nach einer Trauerfeier die Beisetzung „in aller Stille" statt. Die Urnenbeisetzung ist für das Hinausschieben geradezu ideal. Dahinter stehen oft fehlende soziale Kontakte, auch infolge von Hochaltrigkeit und Partnerverlust. Über den Tod eines betrauerten Menschen zu reden kann nicht gelingen, wenn Gesprächspartner fehlen. In einer qualitativen Studie sagten 28,4 %, dass Gesprächspartner nicht verfügbar seien; 42,2 % wollten „diese Personen nicht belasten" und 31,9 % gaben an, dass „diese Personen sich nicht über meine Trauer erkundigt hätten" (Jakoby et al. 2013, S. 270).

Fehlende Mittel
Vielfach fehlen die monetären Mittel zur Ausgestaltung einer die Öffentlichkeit einbeziehenden Bestattung. Gründe dafür sind knappe Haushaltslagen, mangelnde Vorsorge und die Streichung des gesetzlichen Sterbegelds zum Jahresende 2015 im Rahmen der Sozialreform Agenda 2010 (vgl. Abschn. 5.3).

Mit Toten reden
Wo Gesprächspartner fehlen, bleibt manchem nur das Selbstgespräch. 17 % aller Männer und 31 % aller Frauen sprechen laut einer repräsentativen Umfrage mit den Toten. Dazu mag dann das Anzünden einer Kerze (40 %) und das Anschauen von Fotos gehören (Chrismon 2014, S. 9). Nicht selten errichten Trauernde in ihren Privaträumen eine kleine Gedenkstätte, eine Art Altar, auf dem dann ein Foto, persönliche Erinnerungsgegenstände und stets frische Blumen an den Verstorbenen erinnern.

Spuren der Stabilität: das kirchliche Begräbnis
Noch überwiegt in Deutschland das kirchliche und nicht das sog. *freie Begräbnis*. Konträr zum Trend der Säkularisierung bilden Bestattung und Beisetzung für

die christlichen Kirchen eine „Nische" (Brandes 2011, S. 61). Laut Bestattungsstudie 2012[21] finden bei 87,7 % aller untersuchten Bestattungsfälle Trauerfeiern[22] statt. Davon wurden 71,8 % nach kirchlichen Ritus durchgeführt (Thieme 2016, S. 67, 85).

Die Daten laden allerdings zu Fehlinterpretationen ein. Denn überwiegend waren die Toten der zitierten Untersuchung im höheren Lebensalter[23], also einer Generation angehörig, die mit der christlichen Religion zumeist noch vertraut ist. Das gilt bekanntlich für die jüngeren Generationen nicht mehr. Von daher sind Veränderungen in der Zukunft zu erwarten.

Ambivalenz des Trauerverhaltens
Der Prozess der Individualisierung als Hauptmerkmal der gegenwärtigen Trauernorm führt zu Freiheiten, aber auch zu Irritationen (Offerhaus et al. 2013, S. 277). Denn die Realität des Trauerverhaltens ist nicht nur plural, sie ist auch ambivalent. Während einerseits die Öffentlichkeit ausgeschlossen wird, ist die *Todesbenachrichtigung*[24] als ein Instrument der Veröffentlichung eines Sterbefalls nicht verschwunden. Laut Bestattungsstudie (2012) gab es in 41 % der Todesfälle eine postalische und/oder für 70,7 % eine in der Zeitung erscheinende *Traueranzeige*[25] (Thieme 2016, S. 76). Dabei sind neben emotionsbezogenen auch christliche Inhalte präsent:

> Jesus Christus spricht: Ich bin die Auferstehung und das Leben, wer an mich glaubt, der wird leben, auch wenn er stirbt (Johannes 11, 25, Die Bibel 1985).

---

[21]Diese Studie ist, wie bereits an anderer Stelle angemerkt, nicht repräsentativ, sondern war eine Vollerhebung unter den ca. 3000 Mitgliedern des Bundesverbands Deutscher Bestatter e. V.

[22]Grundsätzlich ist eine Trauerfeier öffentlich. Das bewirkt u. a. die Todesanzeige. Verhindert wird Öffentlichkeit durch Verzicht auf die Trauerfeier bzw. ein „Abschiednehmen im engsten Kreis".

[23]Das durchschnittliche Sterbealter lag dort bei 74,5 Jahren (Thieme 2016, S. 39).

[24]Die Todesbenachrichtigung in Gestalt der Traueranzeige in der Tagespresse und/oder dem Trauerbrief ist ein Mittel zur soziologischen Erforschung, da sie z. B. durch Größe und Sprache über eine reiche Symbolik verfügt. Eine umfassende Studie ist nicht bekannt (Sprang und Nöllke 2009).

[25]Die Traueranzeige in Zeitungen ist seit dem 19. Jahrhundert bekannt (Fischer 2001, S. 26 ff.).

4.3 Individualisierung der Trauerkultur

Wenn ihr mich sucht, sucht mich in euren Herzen. Habe ich dort eine Bleibe gefunden, werde ich immer bei euch sein (Rainer Maria Rilke).[26]

Digitale Trauerbewältigung

Während der Arbeit an diesem Manuskript in der Mitte des Jahres 2015 informierte eine große deutsche Tageszeitung über die Nutzung der virtuellen Medien durch die Geschäftsführerin des sozialen Netzwerkes Facebook. Im mittleren Alter stehend, war sie völlig unerwartet Witwe geworden. Ihre Trauergefühle legte sie mit sehr persönlichen Einträgen auf der Seite ihres Arbeitgebers über Wochen täglich einer Welt-Öffentlichkeit vor. Facebook bietet inzwischen an, persönliche Profile verstorbener Facebook-Nutzer zum Element einer digitalen Gedenkstätte zu machen.[27]

Die Nutzung digitaler Medien ist ein neuer Weg des Trauerns und eine Kombination von privater und öffentlicher Rahmung (Gebert 2009). Die tatsächliche Verbreitung der virtuellen Trauer scheint allerdings geringer zu sein als es Mutmaßungen, genährt durch die mediale Berichterstattung, nahelegen (Schäfer 2002, S. 138). Laut einer repräsentativen Umfrage aus dem Jahr 2014 schauen sich 5 % aller Trauernden entsprechende Websites an (Chrismon 2014, S. 9). Aber immerhin würden – einer Umfrage von 2016 folgend – 35 % im Internet nach einem Bestatter suchen (Bundesverband Deutscher Bestatter e. V. 2016). Zu den Ursachen dieses neuen Phänomens gehört der Privatisierungstrend im Trauerverhalten. Auch wenn eine Nutzeranalyse fehlt, sind Zusammenhänge z. B. mit dem Sozialstatus und dem Alter der Nutzer zu vermuten. Es ist anzunehmen, dass die „Digitale Revolution" das Trauerverhalten bereichern und den Pluralisierungs- und Privatisierungstrend verstärken wird. Die Versorgung der Verstorbenen und die körperliche Bestattung wird sie selbstredend nicht leisten können. Die Verlagerung des Trauerortes in die digitale Welt dürfte die Bedeutung des realen Grabs verringern. Das wird sich auf Grabwahl, Gestaltung und Laufzeit auswirken. Der Trauerkommunikation wird eine neue Plattform geboten. Die virtuelle Öffentlichkeit des Netzes könnte so zum Äquivalent für die schwindende reale Öffentlichkeit werden. Virtuelle Gräber, nach eigenen Vorstellungen quasi kostenfrei gestaltet, versehen mit unbegrenzter Nutzungsdauer, bieten die Möglichkeit via „Maus-Klick" jederzeit und „für alle Ewigkeiten" am virtuellen Ort des Trauerns zu verweilen, Trauerkerzen virtuell zu entzünden und mit anderen über Trauergefühle zu kommunizieren, sodass sich digital virtuelle „Selbsthilfegruppe" bilden können.

---

[26]Vgl. https://trauer.sueddeutsche.de/trauerhilfe/trauer-ratgeber/gedichte-kondolenz.
[27]Vgl. hierzu Frankfurter Allgemeine Zeitung (05.06.2015, S. 20).

Trauern im Netz
Die Nutzung neuer Medien zum Zweck des Trauerns ist Teil des an anderer Stelle in diesem Buch beschriebenen „Medialisierungsprozesses" (Offerhaus et al. 2013, S. 277 f.; vgl. Abschn. 2.7.3). In einer qualitativen Studie wurde als Motiv für die Nutzung der digitalen Medien zur Kommunikation von Trauer angegeben, dass es in der realen Welt an Kommunikationspartnern fehle, bzw. man niemanden mit seinen Gefühlen belasten wolle. Auch könne dort offen – ohne Peinlichkeitsschwellen zu übertreten – über religiöse Fragen gesprochen werden. Online-Foren erleichtern nicht nur den „Gang" zum virtuellen Grab des verstorbenen Angehörigen oder Freundes, sondern auch zu den Gräbern nicht persönlich bekannter Menschen. Hierbei können die herkömmlichen Rituale, z. B. das Verfassen eines Nachrufes gepflegt werden (ebd., S. 284 ff.). Ohne Bedeutung bleibt indes der tote Körper, denn das Internet ist ein „entkörperlichter Ort von Trauer und Gedächtnis" (Fischer 2001, S. 90).

Multikulturelle Trauerkultur?
Die pluralisierte Trauerkultur ist Signum einer ethnisch, kulturell und religiös inhomogenen Gesellschaft (vgl. Abschn. 5.4). 2016 lebten in Deutschland 22,5 % Menschen mit einem Migrationshintergrund.[28] 55 % der Bevölkerung gehörten 2016 in der bis vor wenigen Jahrzehnten noch ausschließlich vom Christentum geprägten Gesellschaft einer der christlichen Kirchen an; Tendenz fallend. Knapp 5 % waren zu diesem Zeitpunkt Muslime und weniger als 3,9 % hatten ein anderes religiöses Bekenntnis. Dagegen gehörten 36,2 % überhaupt keiner Religionsgemeinschaft an.[29] Daraus folgert, dass die künftige Trauerkultur voraussichtlich immer weniger von christlicher Semantik und ihren Ritualen geprägt sein wird. Muslimische Einflüsse und solche fernöstlicher Religionen werden zunehmen und ein weiter steigender Anteil der Bevölkerung wird über kein religiöses Bekenntnis verfügen.

Repräsentative Untersuchungen über das Trauerverhalten von Angehörigen nichtchristlicher Religionsgemeinschaften in Deutschland liegen nicht vor.[30] Bekannt ist, dass ein erheblicher Teil der Bestattungen von Muslimen nach wie vor in ihren Herkunftsländern stattfindet (vgl. Abschn. 5.4). Allerdings gibt es einzelne Kommunen, wo inzwischen Strukturen geschaffen wurden, die zum

---

[28]Vgl. https://www.destatis.de/DE/PresseService/Presse/Pressemitteilungen/2017/08/PD17_261_12.511.html.
[29]Vgl. https://fowid.de/meldung/religionszugehoerigkeiten-deutschland-2016.
[30]Zum Bestattungsverhalten von Minderheiten in Deutschland vgl. Kuhnen (2012).

Anstieg der Zahlen von Bestattungen für Angehörige des Islam und anderer Religionsgemeinschaften geführt haben. Mit Bedingungen sind entsprechende Landesgesetze[31] und Regelungen der Friedhofsordnungen sowie eine hinreichende Infrastruktur gemeint.[32] Zu vermuten ist, dass die in Deutschland geborenen und aufgewachsenen Migranten sich künftig in größerer Zahl hier – und nicht im Herkunftsland – bestatten lassen werden. So dürfte es zu einem Nebeneinander unterschiedlicher Trauerkulturen auf deutschen Friedhöfen und auch einer Vermischung der Rituale kommen.

4.4 Kollektive/Öffentliche Trauer

Seit einer Reihe von Jahren schon fallen sie ins Auge: die Kreuze am Straßenrand, von der zuständigen staatlichen Einrichtung geduldet und meist geschmückt mit frischen Blumen. Sie künden, manchmal für Jahre, der vorbeifahrenden Öffentlichkeit vom Unfalltod eines Menschen (Fischer 2001, S. 96 f.).

Der Öffentlichkeit den privaten Tod anzuzeigen, ist nicht neu. So wurden vor Jahrzehnten nach Grubenunglücken mit vielen zu beklagenden Unfallopfern, Gedenkstätten mit Namenstafeln an öffentlichen Plätzen aufgestellt. Es gehört heute zu den Paradoxien im Umgang mit dem Tod, dass er auf der einen Seite im Privaten verborgen bleibt, während man ihn auf der anderen Seite in der Öffentlichkeit – vor aller Augen – demonstriert. Der Kulturwissenschaftler Matthias Meitzler kommentiert: „Aufgrund der augenscheinlichen Ambivalenz zwischen Intimität und Öffentlichkeit oszilliert der Umgang mit dem Tod in der modernen Gesellschaft gewissermaßen zwischen einer Privatisierung des Öffentlichen und einer Veröffentlichung des Privaten" (2012, S. 32).[33] Mit anderen Worten: Ist auf der einen Seite ein Rückzug ins Private verbreitet, so führt auf der anderen Seite das Dahinscheiden persönlich völlig unbekannter Menschen – Prominenter, Stars, aber auch „Durchschnittsmenschen", die auf spektakuläre Weise um ihr Leben kamen – zu massenhaften Demonstrationen öffentlicher und gemeinschaftlich geteilter Trauer.

---

[31]Für das Bestattungsgesetz sind die Bundesländer zuständig (Deinert et al. 2010).

[32]Diese Informationen erhielt der Autor durch ein Experteninterview mit einem Bereichsleiter der Friedhöfe Dortmund, Stadt Dortmund (10.01.2014).

[33]Die Unterscheidung zwischen Privatheit und Öffentlichkeit steht im Zusammenhang des Heraufkommens der „Bürgerlichen Gesellschaft" im 18./19. Jahrhundert (Habermas 2004).

Eher anteilslos lesen wir meist über die Namen Verstorbener in den Todesanzeigen der Tageszeitungen hinweg. Allenfalls ein sehr jung oder sehr alt zu Tode Gekommener mag uns für einen Moment berühren. Niemals kämen wir auf die Idee ihrer Bestattung beizuwohnen, ihr Grab zu besuchen oder ihrer im Stillen zu Hause oder an einer extra geschaffenen Erinnerungsstätte zu gedenken. Und doch legen wir für uns persönlich unbekannte Menschen, deren Name freilich „jeder" (durch die Massenmedien) kennt, Blumen am Ort des Todesgeschehens nieder, wohnen gemeinsam mit massenhaft versammelten Menschen Trauer- oder Gedenkfeiern in oder vor öffentlichen Gebäuden, auf Plätzen oder in Kirchen bei, die zeitgleich von den Massenmedien in die privaten Wohnzimmer getragen werden.

Massenmedien und inzwischen auch den digitalen Netzwerken kommt eine zentrale Rolle bei der Inszenierung kollektiver Trauer zu. Sie liefern Bilder und Geschichten ins Haus, die Neugierde, aber auch Betroffenheit auslösen. Dabei geht es um den Tod Prominenter[34], aber auch um in der Öffentlichkeit unbekannte Personen, die infolge eines tragischen Unglücks oder einer Gewalttat um ihr Leben gekommen sind. Erinnert sei beispielsweise an das Eisenbahnunglück in Eschede[35] (1998), den Amoklauf des Schülers Robert Steinhäuser in Erfurt[36] (2002) oder an das Attentat auf das Pariser Satiremagazin „Charlie Hebdo" (2015).[37]

Kollektive Trauer ist kein neues Phänomen. Wohl zu allen Zeiten und in geografisch ferneren Zivilisationen bis heute, wird der Tod von Herrschern und religiösen bzw. politischen Charismatikern öffentlich betrauert.[38] Moderne Staaten kennen die Staatstrauer oder ein Staatsbegräbnis.[39] In Diktaturen wird den Unter-

---

[34]Ein Beispiel: Zur Berichterstattung über den Tod (2009) des Popstars Michael Jackson („King of Pop") vgl. die Bildergalerie der Fernsehanstalt ARD. Vgl. https://www.tagesschau.de/multimedia/bilder/jackson110.html.

[35]Vgl. https://www.ndr.de/kultur/geschichte/chronologie/Wie-Unglueck-von-Eschede-geschah,eschede18.html.

[36]Vgl. http://www.spiegel.de/panorama/der-amoklaeufer-von-erfurt-das-raetsel-um-steini-a-193.937.html.

[37]Zur großen, öffentlichen und offiziellen Anteilnahme vgl. http://www.zeit.de/feature/attentat-charlie-hebdo-rekonstruktion.

[38]Zu Herrschertod und -begräbnis vgl. Reimann (2002).

[39]Welche Formen auch heute jenseits moderner Gesellschaften Staatstrauer annehmen kann, zeigte im Oktober 2017 die Kremation und Beisetzung des thailändischen Königs Bhumibol. Er war vor einem Jahr verstorben und einbalsamiert worden. Vgl. https://www.welt.de/vermischtes/article169992.676/Bhumibols-Beisetzung-ein-ueberirdisches-Spektakel.html.

tanen öffentliche Anteilnahme abgenötigt. Diese Formen bezwecken die Huldigung und Legitimierung von Personen aus dem Machtzentrum. Sie sind Symbole der Macht.[40]

Kollektives Trauern als Surrogat
Was veranlasst Menschen – massenhaft und öffentlich – ihnen völlig unbekannte Personen zu betrauern? Massenveranstaltungen anlässlich von Todesfällen prominenter Personen bieten die Möglichkeit, private Gefühle in der Öffentlichkeit unter der Zusicherung von Gemeinschaft zu präsentieren. Der Sozialpsychologe Gerhard Vinnai (1998) erklärt das wie folgt: „In durch kollektive Identifikationen hergestellten Massensituationen können Gefühle und Sehnsüchte freigesetzt werden, die bei Einzelnen eher der Verdrängung verfallen."[41] Kollektive Trauer ist ein Ausweg, um dem Selbstzwang zu entkommen.

Orientierungssuche als Folge der Individualisierung
Die Frage nach den Gründen für die Orientierungssuche in der modernen Gesellschaft hat der US-amerikanische Soziologe David Riesman 1950 in seinem vielfach aufgelegten Buch mit dem Titel „The lonely crowd" (deutsch: „Die einsame Masse") versucht zu beantworten. Die Gesellschaft des 20. Jahrhunderts sieht Riesman in der Folge der Auflösung der Feudalgesellschaft als amorphe Masse, d. h. ohne Stände und Klassen, Gruppen und tradierte Strukturen, innerhalb derer das Individuum Handlungsorientierung erfahren konnte. Der moderne Mensch, Riesman nennt ihn „Weltbürger", ist auf Außenlenkung durch die (Massen-)Medien angewiesen (2001). Diese liefern eine Fülle von Informationen über Leitfiguren, die es den Informationsempfängern erlauben, sich ein vermeintlich lebensechtes Bild zu konstruieren. Der Medienstar wird jedem Einzelnen in der Masse auf dieselbe Weise bekannt und vertraut gemacht. Dabei können medial entworfene Bilder vermittelt werden, die Fiktionen sind. Stirbt das Idol, löst dieses Ereignis massenhaft Trauer aus. Da viele nun gleichzeitig denselben Grund zum Trauern haben, verliert sich die Scham. Gefühle dürfen gezeigt werden und in gemeinsam ausgeübten Ritualen wird Trost gesucht. Kollektives Trauern kompensiert die entstandene Leere des individuellen Trauerns.

---

[40] Zu den symbolischen Formen der Macht vgl. Bourdieu (2015).
[41] Vgl. http://www.vinnai.de/diana_syndrom.html.

4.5 Totengedenken (Memoria)

Zum Wesen des Menschen gehört die Fähigkeit des Erinnerns. Für das von Trauer geleitete Erinnern hat sich in der Forschung der Begriff *Memoria* etabliert. Erinnern setzt ein Gedächtnis und als Medium Sprache voraus (Großes Lexikon der Bestattungs- und Friedhofskultur 2005, S. 248). Gedenken ist gerichtetes Erinnern. Es kann auf Personen oder Ereignisse bezogen sein und ist individuell oder kollektiv zu begehen. Seinen geistigen und materiellen Ausdruck findet es in ritualisierten Formen, z. B. einer besonderen Feier. Öffentliche – nationale, gesetzlich oder kirchlich festgelegte Totengedenktage – sind z. B. der seit dem 11. Jahrhundert an jedem 2. November begangene „Allerseelentag"[42] oder (als protestantische Entsprechung) der im 19. Jahrhundert eingeführte „Ewigkeits- oder Totensonntag".[43] Gedenktage sind in den letzten Jahren in Erinnerung an die Massenmorde des 20. Jahrhunderts entstanden.

Kollektives Gedenken
Kollektives Erinnern ist gemeinsames Erinnern. Es ist häufig institutionalisiert, d. h. es bestehen durch den Staat, die Kirche oder Organisationen festgelegte Formen, z. B. Aufmärsche, Kranzniederlegungen und Ansprachen. Das gilt auch für den Termin. Ursprünglich dienten sowohl der Volkstrauertag als auch der Totensonntag dem Zweck nationalen Gedenkens und damit auch der Huldigung des Staates bzw. seines politischen Systems. Der Totensonntag wurde in Preußen nach den Befreiungskriegen eingeführt, der Volkstrauertag nach dem Ersten Weltkrieg auf Betreiben der „Deutsche Kriegsgräberfürsorge".[44] In der NS-Zeit wurde dieser Tag zu einem „Heldengedenktag" verklärt (Großes Lexikon der Bestattungs- und Friedhofskultur 2002, S. 231, 375 f.).

---

[42]Der katholische Feiertag „Allerheiligen" war ursprünglich ein Märtyrergedenktag" (Großes Lexikon der Bestattungs- und Friedhofskultur 2010, S. 10). Da der Protestantismus Heiligenverehrung ablehnt, wurde der „Ewigkeitssonntag/Totensonntag" eingeführt (Großes Lexikon der Bestattungs- und Friedhofskultur 2002, S. 338).

[43]Der „Totensonntag" wurde 1816 durch den Preußenkönig Friedrich Wilhelm III eingeführt (ebd., S. 339).

[44]Die Deutsche Kriegsgräberfürsorge wurde als gemeinnütziger Verein 1919 gegründet. Dieser hat sich die Pflege von Gräbern im Ausland um ihr Leben gekommener Soldaten gemacht. Vgl. https://www.volksbund.de/presse/volksbund.html.

4.5 Totengedenken (Memoria)

Individuelles Gedenken

Individuelles Totengedenken wird oft mit (bestimmten) Geburts- oder Todestagen in Verbindung gebracht. Zugleich ist Gedenken eine Praxis für das Besinnen auf die eigene Identität und der Vergewisserung der Zugehörigkeit zu einer Gemeinschaft. Auch eignet es sich als Anstoß für das Bedenken des eigenen Verhaltens – ein Memento mori – und eines zeitlich noch unbestimmten Todes (Großes Lexikon der Bestattungs- und Friedhofskultur 2002, S. 221).

Entlastung von der Wucht des Todes kann das gemeinsame Gedenken bewirken. Z. B. durch die Teilnahme an einem Gottesdienst anlässlich des Todestages eines Verstorbenen oder an nationalen Gedenktagen wie dem „Totensonntag".

des Toten, der erst nach dem Zweiten Weltkrieg zu Ende ging (ebd., S. 335).

Totenmaske und Totenportrait

Totengedenken hat vieler Art Gestalt. So in Denkmalen, *Totenmasken* und *Totenportraits*. Seit der Antike bekannt, wurden Totenmasken im Mittelalter im Rahmen eines höfischen Bestattungsrituals gefertigt. Die Abformung des Gesichts, unmittelbar nach Eintreten des Todes aus Gips oder Wachs, diente seit der Renaissance als Vorlage für die Anfertigung plastischer Portraits. Im 18. Jahrhundert erfüllte die Totenmaske auch medizinische Zwecke. Besondere Bedeutung erfuhr sie im Rahmen der bürgerlichen Erinnerungskultur und des Geniekultes des 19. Jahrhunderts. Totenmasken von bekannten Persönlichkeiten wurden nun in größerer Stückzahl produziert und fanden Eingang in die Häuser des Bildungsbürgertums, wo sie deren gehobenen Status repräsentierten (ebd., S. 334).

Den gleichen Zweck erfüllen Totenportraits, die vor dem Aufkommen der Fotografie ein Privileg höherer sozialer Schichten und Stände waren. Seit der Mitte des 19. Jahrhunderts entwickelte sich ein regelrechter Kult um die möglichst lebensechte Abbildung

Individualisierung von Gedenkritualen

In den Zusammenhang des gegenwärtig zu beobachtenden Bedeutungsverlustes von Traditionen gehört der Rückgang überlieferter *Gedenkrituale*. Die Gründe wurden bereits genannt. Der Niedergang der christlichen Trauersemantik hat nicht nur Ratlosigkeit und Desorientierung hinterlassen, sondern auch das schöpferische Potenzial von Menschen stimuliert (Schäfer 2002, S. 119).

Dazu ein Beispiel aus dem lesenswerten Buch von Dörthe Kaiser. Die Autorin versucht, den Tod ihres Mannes, des bekannten Soziologen Karl Otto

Hondrich, durch einen einfühlsamen Bericht – erschienen als Buch über sein langes Sterben – zu bewältigen. Eine Leseprobe.:

> Nach Bandol bin ich wegen Karl Ottos Geburtstag am 1. September gefahren. Karl Otto war mein Mann. Er ist am 16. Januar dieses Jahres gestorben (Kaiser 2010, S. 9).

Aus einmaligem Handeln kann eine Art individuelles „Ritual" werden. Nämlich dann, wenn Ort, Zeit und Ablauf immer wieder einem bestimmten Muster folgen. Dörthe Kaiser wird vielleicht künftig jährlich – immer zum Geburtstag ihres verstorbenen Mannes – mit derselben Zugverbindung und vom selben Bahnhof aus nach Bandol fahren. Sie wird froh sein, es zu tun und ihre Trauer wird sich mildern. Und niemand in der Öffentlichkeit, in Bandol oder im Zug, wird an dem Grund ihrer Reise Interesse finden.

Ein wichtiger Ort des Gedenkens für die Mehrheit der Menschen sind die Gräber. Ihre Bedeutung als symbolischer Ort der Erinnerung ist jedoch rückläufig. Ein Teil der Toten erhält kein – für Angehörige und Öffentlichkeit – erkennbares, weil anonymes, Grab. Derzeit allerdings ist das sichtbare Grab noch die Regel (vgl. Kap. 5) und 68 % der Trauernden besuchen zumindest gelegentlich die Beisetzungsstätte der verstorbenen Angehörigen oder Freunde (Chrismon 2014, S. 9).

Literatur

Benkel, Thorsten/Meitzler, Matthias (2014): Trauer und Transzendenz. Das Gemeinschaftsstiftende Potenzial von Begräbnisritualen. In: Löw, Martina (Hrsg.): Vielfalt und Zusammenhalt. Verhandlungen des 36. Kongresses der Deutschen Gesellschaft für Soziologie. Frankfurt am Main/New York Campus: S. 16.
Berger, Peter L./Luckmann, Thomas (2007) (zuerst 1969): Die gesellschaftliche Konstruktion der Wirklichkeit. Eine Theorie der Wissenssoziologie. 21. Aufl. Frankfurt am Main: S. Fischer.
Bourdieu, Pierre (Hrsg.) (2015) (zuerst 1992): Die verborgenen Mechanismen der Macht. Schriften zu Politik und Kultur 1. Hamburg: VSA.
Brandes, Marina (2011): Wie wir sterben. Chancen und Grenzen einer Versöhnung mit dem Tod. Wiesbaden. Springer VS Verlag für Sozialwissenschaft.
Bundesverband Deutscher Bestatter e. V. (2016): Bestattung und Bestattungskultur. Bonn/Berlin: Fachverlag des deutschen Bestattungsgewerbes GmbH.
Chrismon. Das evangelische Magazin 11. 2014. Frankfurt am Main.
Condrau, Gion (1991): Der Mensch und sein Tod. Certa Moriendi condicio. Zürich: Kreuzverlag.

Deinert, Horst/Jegust, Wolfgang/Lichtner, Rolf (2010): Todesfall- und Bestattungsrecht. Sammlung bundes- und landesrechtlicher Bestimmungen. 4. Aufl. Düsseldorf: Fachverlag des deutschen Bestattungsgewerbes.

Die Bibel nach der Übersetzung Martin Luthers (1985). Stuttgart: Deutsche Bibelgesellschaft.

Elias, Norbert (1991) (zuerst 1976): Über den Prozess der Zivilisation. Soziogenetische und psychogenetische Untersuchungen. Erster Band: Wandlungen des Verhaltens in den weltlichen Oberschichten des Abendlandes. Suhrkamp Taschenbuch Wissenschaft. 16. Aufl. Frankfurt am Main: Suhrkamp.

Evangelisches Gesangbuch (1996): Gütersloh u. a.: Gütersloher Verlagshaus/Luther-Verlag/ Neukirchen-Vluyn.

Evangelische Kirche in Deutschland (EKD) (Hrsg.) (2014): Engagement und Indifferenz – Kirchenmitgliedschaft als soziale Praxis – V. EKD-Erhebung über Kirchenmitgliedschaft. Hannover.

Fischer, Michael (2004): Ein Sarg und nur ein Leichenkleid. Sterben und Tod im 19. Jahrhundert. Zur Kultur- und Frömmigkeitsgeschichte des Katholizismus in Süddeutschland. Paderborn/München/Zürich: Ferdinand Schöningh.

Fischer, Norbert (2001): Geschichte des Todes in der Neuzeit. Erfurt: Sutton-Verlag.

Fischer, Norbert (1996): Vom Gottesacker zum Krematorium. Eine Sozialgeschichte der Friedhöfe in Deutschland seit dem 18. Jahrhundert. Köln: Böhlau-Verlag.

Freud, Sigmund (1994) (zuerst 1975): Psychologie des Unbewußten. Studienausgabe. Bd. 3. 7. Aufl. Frankfurt am Main: S. Fischer.

Fuchs-Heinritz, Werner (1973): Todesbilder in der modernen Gesellschaft. Frankfurt am Main: Suhrkamp.

Gebert Karin (2009): Carina unvergessen. Erinnerungskultur im Internetzeitalter. Marburg: Tectum Verlag.

Gehlen, Arnold (1977): Urmensch und Spätkultur. Frankfurt am Main: Akademische Verlagsgesellschaft Athenaion.

Gennep van, Arnold (1986): Übergangsriten (Les rites de passage). Frankfurt am Main: Campus Verlag.

Görke-Sauer, Martina (2006): Im Land der Trauer. Abschiedsrituale. Düsseldorf: Pathmos Verlag.

Görke-Sauer, Martina (2005): Wenn Männer trauern. In: Bestattungskultur 57/Heft 7: S: 24–25.

Großes Lexikon der Bestattungs- und Friedhofskultur (2010): Wörterbuch zur Sepulkralkultur. Zentralinstitut für Sepulkralkultur Kassel. Bd. 3. Frankfurt am Main: Fachhochschulverlag.

Großes Lexikon der Bestattungs- und Friedhofskultur (2005): Wörterbuch zur Sepulkralkultur. Zentralinstitut für Sepulkralkultur Kassel. Bd. 2. Frankfurt am Main: Fachhochschulverlag.

Großes Lexikon der Bestattungs- und Friedhofskultur (2002): Wörterbuch zur Sepulkralkultur. Zentralinstitut für Sepulkralkultur Kassel. Bd. 1. Frankfurt am Main: Fachhochschulverlag.

Habermas, Jürgen (2004): Strukturwandel der Öffentlichkeit. 9. Aufl. Frankfurt am Main: Suhrkamp.

Happe, Barbara (2012): Der Tod gehört mir. Die Vielfalt der heutigen Bestattungskultur und ihre Ursprünge. Berlin: Reimer-Verlag.

Jakoby, Nina/Haslinger, Julia/Gross, Christina (2013): Historische und gegenwärtige Perspektiven. In: SWS Rundschau (2013): S. 254–274.

Joachim-Meyer, Sandra (2004): Sinnbilder von Leben und Tod. Die Verdrängung des Todes in der modernen Gesellschaft. Marburg: Tectum-Verlag.

Joisten, Karen (2008): Vom Abschiednehmen, der Trauer und dem philosophischen Erzählen. In: Robertson-von Trotha, Caroline Y. (Hrsg.): Tod und Sterben in der Gegenwartsgesellschaft. Eine interdisziplinäre Auseinandersetzung. Baden-Baden: Nomos: S. 157–169.

Kaiser, Dörthe (2010): Chanson triste. Abschied von meinem Mann. Freiburg/Basel/Wien: Herder.

Knöll, Stefanie (2010): Die Vermarktung des Todes: Der Basler Totentanz im 19. Jahrhundert. In: Groß, Schweikardt (Hrsg.): Die Realität des Todes zum gegenwärtigen Wandel von Totenbildern und Erinnerungskulturen. Frankfurt am Main. Campus Verlag: S. 155–172.

Knöll, Stefanie A. (Hrsg.) (2011): Mixed Metaphors: The Danse Macabre in Medieval and Early Modern Europe. Newcastle: Cambridge Scholars Publishing.

Kopp, Johannes/Steinbach, Anja (Hrsg.) (2016): Grundbegriffe der Soziologie. 11. Aufl. Wiesbaden: Springer VS.

Kuhnen, Corinna (2012): Fremder Tod. Bestattung muslimischer, jüdischer, buddhistischer, hinduistischer und yezidischer Religionsangehöriger in Deutschland. Düsseldorf: Fachverlag des deutschen Bestattungsgewerbes.

Lammer, Kerstin (2004): Trauer verstehen. Formen, Erklärungen, Hilfen. Neukirchen-Vluyn: Neukirchener Verlagshaus.

Luhmann, Niklas (1987): Soziale Systeme. Grundriß einer allgemeinen Theorie. Suhrkamp Taschenbuch Wissenschaft. Frankfurt am Main: Suhrkamp.

Meitzler, Matthias (2012): Tot sind immer nur die anderen. Das eigene Lebensende zwischen Sterblichkeitswissen und Nicht-Erfahrbarkeit. In: Studentisches Soziologie Magazin: S. 22–38.

Nassehi, Armin (2007): Todesexperten. In: Schneider, Werner/Nieder, Ludwig (Hrsg.): Die Grenzen des menschlichen Lebens. Lebensbeginn und Lebensende aus sozial- und kulturwissenschaftlicher Sicht. Studien zur interdisziplinären Thanatologie. Bd. 10. Hamburg: LIT Verlag: S. 123–134.

Nassehi, Armin/Weber, Georg (1989): Tod, Modernität und Gesellschaft. Entwurf einer Theorie der Todesverdrängung. Opladen: Westdeutscher Verlag.

Offerhaus, Anke/Keithan, Kerstin/Kimmer, Alina (2013): Trauerbewältigung online – Praktiken und Motive der Nutzung von Trauerforen. In: SWS: S. 274–297.

Rando, Therese A. (2003): Trauer: Die Anpassung an Verlust. In: Wittkowski, Joachim (Hrsg.): Sterben, Tod und Trauer. Grundlagen, Methoden, Anwendungsfelder. Stuttgart: W. Kohlhammer Verlag: S. 173–192.

Reimann, Dirk (2002): Vom Himmel erwählt. Herrschertod und Herrschergräbnis im Zeitalter Ludwigs XIV. Kasseler Manuskripte zur Sepulkralkultur 1. Arbeitsgemeinschaft Friedhof und Denkmal e. V. Berlin: Technical.

Riesman, David (2001) (zuerst 1950): The Lonely Crowd New haven/London: Yale University Press.

Rosa, Hartmut (2009): Jedes Ding hat keine Zeit? Flexible Menschen in rasenden Verhältnissen. In: King, Vera/Gerisch, Bengina (Hrsg.): Zeitgewinn und Selbstverlust. Folgen und Grenzen der Beschleunigung. Frankfurt am Main: Campus Verlag: S. 21–39.

Schäfer, Julia (2002): Tod und Trauerrituale in der modernen Gesellschaft. Perspektiven einer alternativen Trauerkultur. Stuttgart: ibidem-Verlag.

Sörries, Rainer (2005): Der weite Weg zum Friedhof – Entwicklung der Friedhofskultur um 1800. In: ICOMOS. Hefte des Deutschen Nationalkomitees. Hrsg. vom Nationalkomitee der Bundesrepublik Deutschland. Regensburg: Schnell und Steiner: S. 8–10.

Sprang, Christian/Nöllke, Matthias (2009): Aus die Maus: Ungewöhnliche Todesanzeigen. Köln: Kiwi-Taschenbuch.

Thieme, Frank (2016): Bestattung zwischen Wunsch und Wirklichkeit. Eine soziologische Studie zum Wandel des Bestattungsverhaltens in Deutschland. Düsseldorf: Fachverlag des deutschen Bestattungsgewerbes.

Thieme, Frank (2015): Alleine leben, alleine sterben? Eine Analyse des Schicksals von Witwen und Witwern als soziales Phänomen. In: Bestattungskultur. Heft 5/2015: S. 32–34.

Thieme, Frank (2013): Der gegenwärtige Wandel der deutschen Bestattungskultur als Widerspiegelung gesellschaftlicher Entwicklungstrends. In: SWS Rundschau: S. 320–336.

Turner, Victor (1989): Das Ritual. Struktur und Anti-Struktur. Frankfurt am Main: Campus Verlag.

Vinnai, Gerhard (1998): Das Diana-Syndrom – Über eine Unfähigkeit zu trauern. In: „Widersprüche. Zeitschrift für sozialistische Politik im Bildungs-, Gesundheits- und Sozialbereich." Heft 68. Juni 1998. Bielefeld: Kleine-Verlag. Online unter: http://www.vinnai.de/diana_syndrom.html, 08.01.18.

Weber, Max (1976): Wirtschaft und Gesellschaft. Grundriss der verstehenden Soziologie. 5. Aufl. Tübingen: J.C.B. Mohr (Paul Siebeck).

Wittkowski, Joachim (Hrsg.) (2003): Sterben, Tod und Trauer. Grundlagen, Methoden, Anwendungsfelder. Stuttgart: W. Kohlhammer.

Zeitungen

Frankfurter Allgemeine Zeitung, 05.06.2015, S. 20.

Internetrecherche

http://www.lyrics007.com/Sarah%20Brightman%20Lyrics/Time%20To%20Say%20Goodbye%20%28English%20Version%29%20Lyrics.html, 15.09.17

http://www.postmortal.de/Diskussion/Mediengesellschaft/mediengesellschaft.html, 15.09.17

http://www.zeit.de/feature/attentat-charlie-hebdo-rekonstruktion, 15.09.17

http://www.epochtimes.de/politik/deutschland/chronik-des-terrors-seit-juli-2016-mehr-anschlaege-als-in-zehn-jahren-in-deutschland-a2005269.html, 04.01.18

http://www.postmortal.de/Diskussion/Mediengesellschaft/mediengesellschaft.html, 05.01.18

https://trauer.sueddeutsche.de/trauerhilfe/trauer-ratgeber/gedichte-kondolenz, 05.01.18

https://www.bestattungen.de/ratgeber/todesfall/sonderurlaub-im-todesfall.html#anspruch, 08.01.18

https://www.destatis.de/DE/PresseService/Presse/Pressemitteilungen/2017/08/PD17_261_12511.html, 08.01.18

https://fowid.de/meldung/religionszugehoerigkeiten-deutschland-2016, 08.01.18

https://www.tagesschau.de/multimedia/bilder/jackson110.html, 08.01.18

https://www.ndr.de/kultur/geschichte/chronologie/Wie-Unglueck-von-Eschede-geschah,eschede18.html, 08.01.18

http://www.spiegel.de/panorama/der-amoklaeufer-von-erfurt-das-raetsel-umsteini-a-193937.html, 08.01.18

https://www.welt.de/vermischtes/article169992676/Bhumibols-Beisetzung-ein-ueberirdisches-Spektakel.html, 08.01.18

https://www.volksbund.de/presse/volksbund.html, 25.01.18

Bestattungs- und Friedhofskultur 5

Bestattung ist vielfältig. Angefangen mit der Aussetzung der Toten in Höhlen oder im Wasser, über das Hausbegräbnis oder ein Erdbegräbnis bis zur Verbrennung. Auch Kombinationen sind möglich, wie z. B. das Begräbnis mumifizierter Leichen oder der Asche und Gebeine (Gaedke 1992, S. 1).

Von jeher aber unterliegt die Bestattung Normen und Regelungen, aus denen sich Formen und Rituale abgeleitet haben. Diese variieren im zeitgeschichtlichen und kulturellen Kontext und sind der Veränderung unterworfen. Für die Gesamtheit wird von *Bestattungs- und Friedhofskultur* gesprochen (Kuhnen 2012, S. 9).

In diesem Kapitel geht es um die aktuellen Formen der Bestattung und der Gräber und wichtige gesetzliche Regelungen. Nach einem Blick in die Geschichte der Bestattungskultur, soll das gegenwärtige Bestattungsverhalten dargestellt und erklärt werden.

Sepulkralkultur

Umfassender als der Begriff Bestattungskultur ist die Bezeichnung *Sepulkralkultur*.[1] Damit sind zum einen die Formen und Deutungen im Blick, die sich auf die kulturell geprägten Handlungen mit und am toten Körper beziehen, zum anderen sind es Umgang und Auseinandersetzung mit dem Sterben, den Sterbenden, der Trauer und generell dem Tod (Mickan 2015, S. 65 ff.).

Der Friedhof

Der *Friedhof* im heutigen Sinn ist eine Beisetzungsstätte für Verstorbene und ein Ort der Trauer und des Gedenkens für Hinterbliebene. Er ist ein öffentlicher

---

[1]Aus dem Lateinischen: Sepulcrum = Grabstätte (Duden 1974, S. 662).

Ort, der jedem zugänglich ist. Zugleich ist er ein kultureller und oft auch historischer Ort. In der Gegenwart wird der Friedhof auch als Erholungs- und Freizeitort definiert (Großes Lexikon der Bestattungs- und Friedhofskultur 2010, S. 144). Träger des Friedhofs sind „Körperschaften des öffentlichen Rechts"[2]. In Deutschland liegt die Trägerschaft zu zwei Drittel bei den Kommunen und zu einem Drittel bei den beiden christlichen Kirchen (Friedhofskultur 2017, S. 6). Durch die Liberalisierung der Gesetze ist auch eine unternehmerische Trägerschaft des Friedhofs und des Krematoriums möglich. Der traditionelle Friedhof hat Konkurrenz bekommen. Trotz Anwachsen der Sterblichkeit wird mit einer Verkleinerung der Friedhofsflächen gerechnet (Großes Lexikon der Bestattungs- und Friedhofskultur 2010, S. 146).

5.1 Rechtliche Regelungen

Rechtlicher Rahmen: Friedhofs- und Bestattungsrecht
Grundlegend für die Bestattung in Deutschland ist das *Friedhofs- und Bestattungsrecht*. Es ist öffentliches Recht, das den Bundesländern unterstellt ist. Ausnahmen sind die Gebiete des Infektionsschutzes und des Erbrechts sowie internationale Abkommen über die Beförderung von Leichen.

Bestattung
Die Form der Übergabe der sterblichen Überreste eines Menschen an eines der sog. vier Elemente: Erde, Feuer, Wasser und Luft ist abhängig von der Grabart/-form. Die entsprechenden mehr oder weniger komplexen Vorgänge werden mit dem Begriff *Bestattung* bezeichnet.

Es wird zwischen zwei Formen – kirchlicher und „freier" Bestattung – unterschieden. Im ersten Fall ist die Trauerfeier ein christlicher und d. h. grundsätzlich öffentlicher Gottesdienst, im zweiten Fall eine weltanschaulich ungebundene und weitgehend nach eigener Vorstellung gestaltbare Veranstaltung.[3] Die kirchliche Bestattung ist an die Kirchenmitgliedschaft gebunden. Hier gibt es heute aber Ausnahmen.

---

[2]Körperschaften des öffentlichen Rechts sind Einrichtungen, die staatliche Aufgaben unter staatlicher Aufsicht wahrnehmen. Vgl. http://wirtschaftslexikon.gabler.de/Definition/koerperschaft-des-oeffentlichen-rechts.html.
[3]Heute werden in Deutschland auch Bestattungen nach anderen religiösen Bekenntnissen durchgeführt (Kuhnen 2012; vgl. Abschn. 5.7).

Beisetzung

Unter *Beisetzung* hingegen wird die Verbringung des *Sarges* oder der *Urne,* also des Gefäßes mit den sterblichen Überresten des Leichnams, an einen bestimmten Ort, in der Regel ist es ein *Grab* auf einem Friedhof, verstanden. Nur im Fall einer *(Ganz-) Körperbestattung*[4] (in der Regel: *Sargbestattung*) sind Bestattung und Beisetzung identisch.

Beerdigung

Der geläufige Begriff *Beerdigung* wird synonym für beide Bestattungsarten – Sarg- und Urnenbestattung – verwandt (Großes Lexikon der Bestattungs- und Friedhofskultur 2010, S. 44).

Bestattungszwang

Im Allgemeinen herrscht in Deutschland für die sterblichen Überreste eines Verstorbenen ein per Gesetz geregelter *Bestattungszwang,* wobei umgekehrt auch ein Recht auf Bestattung abzuleiten ist. Das ist insofern wichtig, weil andernfalls, z. B. aus Gründen einer bestimmten Religionszugehörigkeit, die Bestattung verweigert werden könnte. Sarg oder Urne müssen im Sinne einer ethischen Pflicht einem der vier Elemente (s. o.) übergeben werden. Allerdings gibt es Ausnahmen. Eine solche besteht z. B. für Leichenteile, die in der Anatomie im Rahmen der klinischen Ausbildung der Anschauung dienten (vgl. Abschn. 2.8.1). Ausgenommen sind ebenfalls die präparierten Leichen der Ausstellung „Körperwelten" von Gunther von Hagens (vgl. Abschn. 2.7.3). Im Fall dissoziativer Beisetzungen, bei denen ein Teil der Asche nicht beigesetzt werden muss, ist dies für den anderen Teil zwingend vorgesehen (z. B. Weltraumbestattung oder Aschediamant). Das Bundesland Bremen hat den obligatorischen Bestattungszwang im Rahmen einer Gesetzesänderung aufgehoben, verlangt allerdings eine genehmigungspflichtige Ausnahmebegründung.

---

[4]Die Körperbestattung kann auf vielen Friedhöfen in Deutschland seit einigen Jahren auch mit einem Leichentuch erfolgen. Damit sind muslimische Bestattungen, die auf einen Sarg verzichten, möglich (ebd., S. 44).

Friedhofszwang

Mit dem Bestattungszwang ist in Deutschland der *Friedhofszwang* verbunden. D. h. Sarg oder Urne müssen auf einem Friedhof oder einer vergleichbaren zugelassenen Einrichtung (z. B. ein Wald oder ein *Kolumbarium*[5]) bestattet bzw. beigesetzt werden. Für die Seebestattung (s. u.) besteht eine weitere Ausnahmeregelung. Ein Aufbewahren der Urne auf Privatgelände (Wohnung, Garten) oder dort das Verstreuen der Asche, ist vom Gesetzgeber nur in bestimmten Fällen erlaubt.[6] Die Bestattung im Sarg darf frühestens 48 h nach Einritt des Todes und nicht später als 96 h danach vorgenommen werden *(Bestattungsfrist)* (Deinert et al. 2010, S. 595 f.).[7]

Sargzwang

Der *Sargzwang* sieht die Bestattung in einem Sarg, traditionell aus Holz gefertigt, vor.[8] Ein Sarg ist aber auch bei der Kremation Vorschrift und wird – dann häufig als einfacher Fichtensarg – zusammen mit dem Leichnam verbrannt (Großes Lexikon der Bestattungs- und Friedhofskultur 2010, S. 370 f.). Sarg und Urne erfüllen nicht allein praktische Funktion. Sarg oder Urne sind auch Statussymbol.

Ausnahmen, d. h. ein Umgehen des Sargzwangs, sind möglich, bzw. sie werden stillschweigend geduldet. Letzteres z. B. für islamische Bestattungen, für die aus religiösen Gründen eine Tuchbestattung vorgeschrieben ist.

Totenruhe

Verstorbene haben ein Recht auf *Totenruhe*. Dem Schutz unterliegen das Grab und die Aufbewahrungsstätte für die sterblichen Überreste *(Leichenhalle)*. Die Störung der Totenruhe wird bestraft (Großes Lexikon der Bestattungs- und Friedhofskultur 2010, S. 458).

---

[5]Ein Kolumbarium ist ein Ort mit Nischen zum sichtbaren Abstellen der Urnen.

[6]Im Bundesland Bremen erlaubt das neue 2015 rechtskräftig gewordene Friedhofs- und Bestattungsrecht erstmals in Deutschland unter bestimmten Auflagen das Verstreuen der Totenasche im Garten. Vgl. http://www.sueddeutsche.de/panorama/abschaffung-des-friedhofszwangs-in-bremen-zu-hause-ists-am-schoensten-1.2231461.

[7]Ausnahmen sind auf Antrag möglich. Für Urnenbestattungen gelten andere Fristen.

[8]Inzwischen sind auch Pappsärge erlaubt (Großes Lexikon der Bestattungs- und Friedhofskultur 2010, S. 336). Metallsärge dienen dem Transport von Unfallopfern, werden aber nicht für die Beisetzung verwandt (ebd., S. 370).

Nutzungsfristen

Nutzungsfristen bestimmen den Zeitraum, in dem ein Grab als Erinnerungsstätte genutzt (gestaltet, besucht) werden darf (ebd., S. 325). Die Frist variiert nach Grabart (s. u.) zwischen 15 und 30 Jahren. Für Wahlgräber (s. u.) ist sie (im Prinzip) immer wieder verlängerbar (ebd., S. 366).[9]

Ruhefrist

Unter *Ruhefrist (Ruhezeit)* ist eine zeitliche Limitierung zu verstehen, vor deren Ablauf ein Grab nicht neu belegt werden darf. Damit wird eine angemessene Frist zur *Totenehrung* gesetzt und zugleich der Notwendigkeit Rechnung getragen, dass der Leichnam verwesen bzw. die Urne sich zersetzen kann, bevor es u. U. an derselben Stelle zu einer Neubeisetzung kommt (ebd., S. 367).

5.2 Grabarten (-formen)

Sarg- und Feuerbestattung

Die heute am meisten verbreiteten Grabarten sind das *Sarg-* (Erd-) und das *Urnengrab*. Während bei der *Sargbestattung* der unversehrte Leichnam in einem hölzernen Behälter der Erde übergeben wird, ist es bei der *Feuerbestattung (Kremation/Aschebeisetzung)* die in einem Gefäß, (Urne) befindliche Asche des im Krematorium (Feuerbestattungsanlage) verbrannten Leichnams.

Nachdem die katholische Kirche über viele Jahrhunderte die Kremation abgelehnt hat (vgl. Abschn. 5.4), erheben heute beide Konfessionen keine Bedenken mehr. Trotz des höheren technisch-betrieblichen Aufwands ist die Feuerbestattung wegen des kleineren Formats der Grabstelle und des dadurch geringeren Pflegeaufwands die preiswertere *Bestattungsform*.[10] Außerdem kann flexibel mit dem Beisetzungstermin verfahren werden. Der Beisetzung von Sarg oder Urne geht zumeist eine Trauerfeier voraus (vgl. Abschn. 4.2).

---

[9]Zu beachten ist, dass Regelungen und Gebühren je nach Träger abweichen können.

[10]Hinzu kommen heute die Auflagen wegen Umweltbelastung durch Freisetzung von Schadstoffen während der Verbrennung und im Fall der Sargbestattung durch den Verwesungsvorgang des Körpers (Großes Lexikon der Bestattungs- und Friedhofskultur 2010, S. 485 f.).

Wahl- und Reihengräber
Für Sarg und Urne besteht die Wahl zwischen *Wahl-* und *Reihengrab*. Für das *Wahlgrab* (mit einer oder mehreren Grabstellen) ist der Ort/die Stelle des Grabes wählbar, während er beim *Reihengrab* von der Friedhofsverwaltung zugewiesen wird. Die Gestaltung ist im ersten Fall im Rahmen der Friedhofsordnungen durch den Pächter bestimm- und ausführbar; im zweiten ist sie vorgeschrieben.[11] *Reihengräber* gibt es auch pflegefrei; d. h. eine einfache Einheitsbepflanzung und Dauerpflege sind im Kaufpreis eingeschlossen.[12] Die Nutzungsfrist ist in der jeweiligen Friedhofsordnung bestimmt und endet meist nach 20 bis 30 Jahren. Nach dem Verstreichen einer *Ruhefrist* kann das Grab neu belegt werden.

Die Nutzungsfrist von Wahlgräbern ist im Allgemeinen unbegrenzt verlängerbar.[13] Sie eignen sich deshalb für eine dauerhafte Familiengrab- und Gedenkstätte.[14] Auf einigen Friedhöfen können *Grabstellen* schon vor Eintritt des Todesfalls erworben werden (Großes Lexikon der Bestattungs- und Friedhofskultur 2010, S. 357, 367, 509 f.).

Seebestattung
Bei der *Seebestattung* (eigentlich Seebeisetzung) handelt es sich um die Versenkung der mit der Asche des Verstorbenen gefüllten Urne von einem Schiff aus, in einem dafür zugelassenen Hochseegebiet.[15] Die Seebestattung ist in Deutschland seit den 1960er Jahren zulässig und erheblich verbreitet. Sie zählt inzwischen zu den konventionellen und preislich durchschnittlichen Bestattungsmöglichkeiten

---

[11]Die Gestaltung und Pflege von Gräbern ist heute ebenfalls weitgehend professionalisiert und Aufgabe von Friedhofsgärtnern und Steinmetzen.

[12]Die von den einzelnen Friedhofsträgern angebotenen Grabarten variieren. Dies auch hinsichtlich Laufzeit und Gebührengestaltung.

[13]Friedhöfe können aus unterschiedlichen Gründen nach Schließung *entwidmet* werden (Großes Lexikon der Bestattungs- und Friedhofskultur 2010, S. 109). Ebenso können Umgestaltungspläne Grund für die Verweigerung einer Nutzungsfristverlängerung sein. Auch zu Verlegungen von Friedhöfen ist es schon gekommen, z. B. im Zusammenhang des Braunkohlentagesabbaus. Die sterblichen Überreste wurden dazu exhumiert und an anderen Ort wieder beigesetzt. Vgl. http://www.aachener-zeitung.de/lokales/heinsberg/der-tagebau-rueckt-naeher-1000-tote-werden-umgebettet-1.366892.

[14]In früheren Zeiten erfüllte das sog. Erbbegräbnis den Zweck eines die Generationen überdauernden mehrstelligen Grabs. Die Nutzungsrechte wurden auf unbestimmte Zeit erworben (Großes Lexikon der Bestattungs- und Friedhofskultur 2010, S. 110).

[15]Die *Flussbestattung oder Binnenseebestattung* ist in Deutschland nicht erlaubt, allerdings im Ausland auch für deutsche Staatsbürger möglich (ebd., S. 386 f.).

(Großes Lexikon der Bestattungs- und Friedhofskultur 2010, S. 21). Die Seebestattung ist keine anonyme Bestattung. Eine Urkunde zertifiziert die Lokalität der Urnenbeisetzung. Eine Trauerfeier kann an Bord des Bestattungsschiffes stattfinden. Ebenso sind Gedenkfahrten an den Ort der Beisetzung möglich.

Anonyme Bestattung
Bei der *anonymen Bestattung* (eigentlich *anonyme Beisetzung*) wird die Urne (vereinzelt ist örtlich auch eine *anonyme Sargbestattung* möglich) ohne namentliche Kennzeichnung auf dem Urnenfeld/Urnenwiese eines Friedhofs beigesetzt. Bei der strengen Form der anonymen Bestattung findet diese unter Ausschluss einer *Trauergemeinde,* d. h. ohne *Trauerfeier* und Benachrichtigung über den Sterbefall, statt. Hier weiß, mit Ausnahme der Friedhofsverwaltung, niemand Zeit und Ort der *Beisetzung* (Großes Lexikon der Bestattungs- und Friedhofskultur 2010, S. 27 ff.). Im Fall einer sog. „halbanonymen" Beisetzung werden die Hinterbliebenen über den nicht gekennzeichneten Ort der Beisetzungsstelle informiert. Ein Schmücken der Grabstelle ist offiziell untersagt, wird oft aber geduldet.

Warum anonym?
Welche Gründe führen zur Nachfrage nach einer anonymen Bestattung? Auf der einen Seite ist es soziale Isolation der Verstorbenen, infolge von Alleinleben, Hochaltrigkeit u. a. Eine repräsentative Umfrage hat 1998 ermittelt, dass die Befragten hinter der Entscheidung für ein anonymes Grab die mangelhafte Integration der Person vermuten (Assig 2007, S. 26). Auf der anderen Seite ist es Pragmatismus. Der Tod wird (s. o.) als unvermeidliches Geschehen nüchtern hingenommen. „Erinnerungsaufwand" zu betreiben gilt als zwecklos. Schließlich ist es die persönliche Haushaltslage und häufig kommen mehrere Faktoren zusammen. Die anonyme Bestattung ist die preiswürdigste Möglichkeit „unter die Erde zu kommen". Da das Konkurrenzverhalten der Firmen auf dem Bestattungsmarkt zugenommen hat, werden heute „Komplettangebote" unter 1000€ beobachtet (Akyel 2013). Eine Variante der anonymen Beisetzung ist das Verstreuen der Asche auf einer dafür ausgewiesenen „Streuwiese" innerhalb des Friedhofsgeländes, oder – bei der *Flugbestattung* – großflächig das Verstreuen von einem Flugzeug oder – aus großer Höhe – von einem Ballon aus (Großes Lexikon der Bestattungs- und Friedhofskultur 2010, S. 47 ff.; Sörries 2008, S. 32; Thieme 2016, S. 11).

Alternative und Naturnahe Bestattungsformen

Jenseits der konventionellen und anonymen Formen sind seit den 1990er Jahren – zunächst außerhalb der kommunalen und kirchlichen Friedhöfe[16], z. B. in Wäldern[17] – sog. *alternative Bestattungsformen* entstanden (Sörries 2008, S. 10). Häufig handelt es sich dabei um sog. *naturnahe Bestattungen,* auch *Naturbestattungen* genannt. Die *Urnen* oder *Aschekapseln* werden – z. B. bei einem *Baumgrab* – im Wurzelbereich eines alten oder frisch gepflanzten Baumes versenkt, bzw. bei einer „Almwiesenbestattung" in die Wiesenfläche abgelassen (Großes Lexikon der Bestattungs- und Friedhofskultur 2010, S. 19). Wird eine Namenstafel angebracht, so ist das – immer pflegefreie – „Grab" selbstredend nicht anonym. Die Nutzungsdauer ist meist auf 20 Jahre limitiert. Gemeinschaftsgräber sind möglich (Assig 2007, S. 83).

Unter den alternativen Bestattungsarten hat die Baumbestattung, insbesondere, wenn sie in einem „Ruheforst" oder „Friedwald"[18] durchgeführt wird, lebhafte, vielfach zustimmende Diskussionen ausgelöst. Das Bestattungskonzept und der Name stammen aus der Schweiz und sind patentrechtlich geschützt. Erste Baum-/Waldbestattungen fanden in Deutschland 2001 statt (Assig 2007, S. 8). Die Kirchen haben ihre zunächst ablehnende Haltung – sofern die Bestattung nicht anonym ist – inzwischen aufgegeben. Doch nicht wenige Beobachter sehen hier ein in Konkurrenz zum traditionellen Friedhof wachsendes Konzept.

Im Gegensatz zum Friedhof, der ein öffentlicher Raum ist, sind unternehmergeführte Anlagen private Einrichtungen, d. h. nicht für jedermann zugänglich. Inzwischen bieten auch Kommunen und kirchliche Träger Baumgräber und „Ruhehaine" an.

Natur als Religionsersatz

Was erklärt die beträchtliche Aufmerksamkeit für die Waldbestattung? Offenbar korrespondieren neuzeitliche Todesbilder mit dem Mythos Wald. Der Baum gilt als Sinnbild des Lebens (ebd., S. 108 ff.). Der Wald symbolisiert Natur, in die der

---

[16]Das Friedhofs- und Bestattungsrecht sah lange Zeit als Träger von Friedhöfen in der Regel nur Körperschaften des öffentlichen Rechts vor. Im Rahmen einer Liberalisierung des Friedhofs- und Bestattungsrechts der Bundesländer werden heute auch gewerbliche Betreiber von Begräbnisanlagen zugelassen (Ritter 2009).

[17]Von kommerziellen Betreibern z. B. als „Ruheforst" bezeichnet (Großes Lexikon der Bestattungs- und Friedhofskultur 2010, S. 366).

[18]Es handelt sich hierbei um Namensgebungen durch die kommerziellen Betreiber dieser Einrichtungen.

Mensch mit dem Tod zurückkehrt und zugleich gilt er als ein Ort der Ruhe und Andacht.

Hinter der Idee der Naturbestattung steht eine zeittypische Art mit dem Tod umzugehen. Sylvie Assig erblickt im „Friedwald" die gegenwärtigen gesellschaftlichen Entwicklungen der Anonymisierung und Individualisierung (2007). Andrea Gerhardt sieht im Konzept des Friedwaldes neben dem Aspekt „Natur" den „ökologischen Kreislauf" in „nahezu radikaler Weise" betont (2007, S. 131). Nichts erinnert im „Friedwald" an einen Friedhof. Blumenschmuck an den nicht erkennbaren Gräbern wird nicht geduldet. Lediglich hölzerne also rasch verwitternde Namenstafeln sind möglich (ebd.).

Weitere alternative Formen

In jüngster Zeit sind gartenarchitektonisch z. T. aufwendige und repräsentative *Urnengemeinschaftsgräber* auf konventionellen Friedhöfen entstanden, die zumindest in Großstädten derzeit rasch an Beliebtheit gewinnen. Die Pflege ist im Kaufpreis eingeschlossen und auf Grabplatten oder Gemeinschaftsgrabmalen bzw. Stelen sind die Namen der Beigesetzten aufgeführt (Großes Lexikon der Bestattungs- und Friedhofskultur 2010, S. 23; Sörries 2008).[19] Eine Möglichkeit zur Verlängerung der Nutzungsdauer (meist 20 Jahre) besteht nicht.

Urnennische

Wachsendes Interesse findet eine Grabform, die an historische Vorbilder anknüpft: die *Beisetzung* der *Urne* in der (verschlossenen oder offenen) *Urnennische* eines *Kolumbariums*.[20] Als Räumlichkeit beliebt sind historische entwidmete Kirchengebäude. Ein Namensschild an der Außenseite des Gefäßes gibt Auskunft über den Verstorbenen (Großes Lexikon der Friedhofs- und Bestattungskultur 2010, S. 258). Die Nutzungszeit ist nicht verlängerbar. Die Urne ist sichtbar aufgestellt und leicht transportabel.[21] Nach Ablauf der Nutzungsdauer wird das Grab aufgehoben und die Asche entweder in einem regulären Urnengrab beigesetzt oder in ein gemeinsames Sammelgefäß des Kolumbariums geschüttet und so mit der Asche der Anderen vermischt (ebd.).

---

[19]Diese Gemeinschaftsgräber gibt es auch als anonyme Gräber, dann ohne Namenstafeln.

[20]Kolumbarium = Baulichkeit mit Wandnischen (Großes Lexikon der Friedhofs- und Bestattungskultur 2010, S. 258). Man findet sie z. T. auf historischen Friedhöfen. Beispiel: Stadtgottesacker in Halle an der Saale. Vgl. http://www.halle.de/de/Kultur/Tourismus/Sehenswertes/Friedhoefe-entdecken/Stadtgottesacker/.

[21]Im Falle eines Umzugs der Angehörigen, kann die Urne mitgenommen und einem neuen adäquaten Ort zugeführt zu werden.

Außergewöhnliche Formen
Darüber hinaus gibt es extravagante und spektakuläre Formen, bei denen ein erkennbares Grab gar nicht existiert, bzw. in welches nur ein Teil der Asche gelangt. Auch diese Grabarten werden als „alternativ" bezeichnet. Dazu gehört der *Aschediamant*. Für dessen Herstellung wird ein Teil der Totenasche zu einem steinartigen Gebilde gepresst. Dieses wird in einen Ring eingelassen, den jener, der mag, am Finger tragen kann. Näher kann man dem Toten nicht sein.

Weitaus aufwendiger ist die „Weltraumbestattung", bei der Ascheanteile des Verstorbenen mit einer Rakete in die Erdumlaufbahn geschossen werden. Die restliche Asche muss in beiden Fällen bei diesen sog. *dissoziativen* (getrennt, gespalten) Formen in einer Urne konventionell bestattet werden.[22]

Andere, in einigen Ländern erlaubte alternative Bestattungsformen sind in Deutschland verboten. Dazu gehören die *Gefrierbestattung (Hydrolyse)*, die *Kryonik* (vorübergehende Konservierung der Leiche mit der Absicht eines späteren Wiederauftauens[23]) und die *Promession* (Gefriertrocknen und anschließende Kompostierung (Sörries 2008, S. 34 ff.). Eine Beschleunigung der Kompostierung und gleichzeitige Entgiftung des Körpers kann mit einem aus den USA stammenden Verfahren, dem *Burial Suit*, dass zugleich gerühmt wird, nachhaltig umweltschonend[24] zu sein, erreicht werden. Entsprechende Wirkung entfaltet ein mit Pilssporen behafteter Beerdigungsanzug.[25]

Ebenfalls umweltschonend verspricht das Verfahren einer „flüssigen Einäscherung" zu sein, welches an verschiedenen internationalen Universitäten entwickelt wurde. Mittels eines chemischen Prozesses, genannt *alkalische Hydrolyse*, löst sich der Körper auf, sodass lediglich eine kleine Menge von Knochen aus brüchigem Kalk übrig bleibt. Diese können gemahlen und auf unterschiedliche

---

[22]Dissoziative Formen (Aufbewahrung von Ascheteilen an verschiedenen Orten) waren früher für Könige und „Heilige" üblich (Sörries 2008, S. 39). Die Asche galt als Medium der Macht oder des Glaubens.

[23]Grundsätzlich ist es Ziel, die Leichen wiederzubeleben.

[24]Die Belastung der Umwelt durch Friedhöfe ist ein aktuelles Thema. Es gehen Belastungen sowohl von den im Erdreich verwesenden Leichen als auch von der Asche aus. In Krematorien regulieren Filteranlagen das Austreten von Emissionen.

[25]Vgl. http://www.ecowoman.de/24-natur-umwelt/5269-oekologische-bestattung-im-infinity-burial-suit-macht-umweltfreundliche-begraebnisse-moeglich.

Weise beigesetzt werden.[26] Das Verfahren ist derzeit in Großbritannien sowie in vierzehn US-Staaten und drei kanadischen Provinzen erlaubt.[27]

Bestattung von Totgeburten
Der Tod einer Leibesfrucht nach der 28. Schwangerschaftswoche wird als *Totgebur*t bezeichnet (vor dieser Frist als *Abort* oder *Fehlgeburt*). Leibesfrüchte unter 1000 g wurden früher als Klinikabfall entsorgt. 1994 wurde die Gewichtsgrenze allerdings auf 500 g gesenkt. Für diese Feten sind heute Bestattungen in vielen Bundesländern rechtlich möglich, wovon auch Gebrauch gemacht wird. Zugleich gibt es Initiativen von Betroffenen, die erreichen wollen, dass unabhängig vom Elternwillen eine würdevolle Bestattung erfolgen muss (Großes Lexikon der Bestattungs- und Friedhofskultur 2010, S. 459 f.; Rogge 2006, S. 41 ff.).

5.3 Tierbestattungen

Dem heute oft emotional geprägten Verhältnis zu Haustieren entspricht der Wandel im Umgang mit Kleintierkadavern. Beisetzungen von Tieren hat es zwar zu allen Zeiten gegeben, doch handelte es sich meist um *Grabbeigaben*. Bis vor wenigen Jahrzehnten war es üblich, tote Haustiere zur Verarbeitung Tierkörperverwertungsanstalten (Abdeckereien) zu überbringen.[28] Dort wurden sie wie ihre großen Artgenossen aus den Zoos, der Landwirtschaft oder dem Transportwesen, zu Seife, Leim, Viehfutter u. a. verarbeitet. Tierkörperbeseitigung ist aber auch heute eine Notwendigkeit, die aus hygienischen Gründen gesetzlich geregelt ist.

Nachdem es über Jahrzehnte lediglich eine behördliche Duldung von Tierbeisetzungen gab, ist es inzwischen in allen größeren Städten zur Einrichtung von *Tierfriedhöfen* gekommen. Örtlich ist die Kleintierbeisetzung auch auf privatem Grund erlaubt. Unter einem Tierfriedhof wird seit 2004 gemäß EU-Verordnung

---

[26] Vgl. http://www.heise.de/newsticker/meldung/Aufloesen-statt-Verbrennen-Beerdigungen-sollen-umweltfreundlicher-werden-3814891.html.

[27] Vgl. http://www.wired.co.uk/article/alkaline-hydrolysis-biocremation-resomation-water-cremation-dissolving-bodies.

[28] Eine Ausnahme war bekanntlich der Preußenkönig Friedrich II., der seine „Windspiele", so der Name der von ihm bevorzugten Hunderasse, in unmittelbarer Nähe zu seinem eigenen Grab bestatten ließ. Vgl. https://www.focus.de/wissen/mensch/geschichte/biografien/tid-24853/300-jahre-friedrich-der-grosse-die-windspiele-friedrich-der-grosse-hundenarr_aid_705965.html.

ein Gelände verstanden, auf dem ausschließlich die Körper toter Kleintiere bestattet werden dürfen.

In Deutschland entstanden die ersten Tierfriedhöfe vereinzelt um 1900. Ein deutlicher Trend für Neugründungen wird seit den 1990er Jahren beobachtet. In München wurde 1970 das erste Tierkrematorium geöffnet. Die Asche kann in einem Behältnis beigesetzt, verstreut oder auch zu Hause aufbewahrt werden. Es werden auch Sammeleinäscherungen angeboten.

Gründe für einen heute oft von Emotionen geprägten Umgang mit dem toten Haustier, dürften u. a. am Phänomen der Vereinsamung und der Kinderlosigkeit liegen. In kinderlosen Paarbeziehungen aber auch Familien mit Kindern, wird das Haustier zum „evidenten Subjekt". Doch auch grundsätzlich ist von einem Wandel der Mensch-Tier-Beziehung auszugehen (Brucker et al. 2015). Das zeigt sich daran, dass der Tod bestimmter Tiere – also keineswegs aller – anders als in der Vergangenheit, heute betrauert wird (Großes Lexikon der Bestattungs- und Friedhofskultur 2010, S. 438 ff.).

Tiere als Grabbeigabe
Inzwischen ist in Deutschland allgemein möglich, was in weit zurückliegenden Zeiten königlichen Häuptern vorbehalten war, nämlich das geliebte Tier mit in das eigene Grab zu nehmen. Seit 2015 besteht auf einigen Friedhöfen die Möglichkeit der Urne von „Frauchen" oder „Herrchen" die Urne des Haustiers beizugeben. Eine gemeinsame, also das tote Tier einbeziehende Trauerfeier ist möglich und für die gemeinsame Bestattung ist der Kauf eines „Freundschafts- oder Familiengrabs" notwendig. Die Kirchen haben sich kritisch gegen diese Bestattungsform ausgesprochen, sodass eine kirchliche Beisetzung wohl nicht oder nur schwerlich zustande kommen dürfte.

5.4 Geschichte der Bestattung im christlich geprägten Kulturraum

Zu den ältesten erhaltenen Zeugnissen der Kulturgeschichte gehören Tempel und Grabanlagen.[29] Funde zeigen, dass zumindest die Angehörigen der höheren Stände stets bestattet wurden. In vielen Regionen sind sog. *Hügelgräber* bei

---

[29]Bei Teilen dieses Kapitels handelt es sich um den nur wenig veränderten Nachdruck von Kap. 3 aus meinem Buch „Bestattung zwischen Wunsch und Wirklichkeit" (2016). Verfasser dankt dem Kuratorium Deutsche Bestattungskultur e. V. und dem Fachverlag des deutschen Bestattungsgewerbes GmbH für die freundliche Genehmigung des Nachdrucks.

5.4 Geschichte der Bestattung im christlich geprägten Kulturraum

Ausgrabungen gefunden worden. Das „gemeine Volk" jedoch wurde oft verbrannt oder in Massengräbern verscharrt. Älteste Ausgrabungen von Grabanlagen datieren auf das Neolithikum. Zu den eindrucksvollsten historischen Vermächtnissen gehören neben den bis zu 4500 Jahre alten Pyramiden Ägyptens, die durchschnittlich noch etwa 1000 Jahre älteren Großsteingräber der Megalithkultur. Grabanlagen befanden sich in der vorchristlichen Zeit meist außerhalb der Siedlungen. Der Aufwand für manche vorchristliche Grabanlage zeigt, dass dem Tod größere Aufmerksamkeit zu Teil wurde als dem Leben (von Barloewen 1996, S. 9). Die Toten waren von den Lebenden getrennt. Eindrucksvolles Beispiel dafür sind die Nekropolen (Happe 2012, S. 18), Totenstädte vor den Toren der antiken Orte. Angehörige höherer Stände fanden dort in aufwendig gestalteten Grabgebäuden, Mausoleen, einen sozial angemessenen Ort der ewigen Ruhe (Großes Lexikon der Bestattungs- und Friedhofskultur 2005, S. 219 f.).

Die Formen und Orte der Bestattung waren vielgestaltig. Sie reichen von der Aussetzung der Toten über das Höhlen-, Wasser- und Hausbegräbnis, bis hin zum Erdbegräbnis und der Verbrennung. Auch die künstliche *Mumifizierung* von Leichen ist im Altertum in Einzelfällen Praxis gewesen und ebenso Kombinationen – z. B. das Begräbnis mumifizierter Toter – hat es gegeben (Gaedke 2010, S. 1 f.).

Christliche Bestattungskultur

Bestattung ist also kein einheitliches, alle Kulturen und Zeitläufte unverändert überdauerndes Phänomen.[30] Einschneidend für den christlich dominierten Raum war ein Dekret Kaiser Karl des Großen zum Verbot der bis dahin allgemein verbreiteten Leichenverbrennung. Sie galt nun als „heidnische Sitte" und wurde fortan unter Todesstrafe gestellt. Diese Zäsur zeigte lange Zeit Wirkung. Die Kremation war bis ins auslaufende 19. Jahrhundert Christen bei Strafe verboten (Bestattung in Deutschland 2008, S. 23; Großes Lexikon der Bestattungs- und Friedhofskultur 2010, S. 177 ff.; Happe 2012).

Friedhöfe sind eine Erscheinung der bürgerlichen Gesellschaft. „Der Friedhof, wie wir ihn in Deutschland und anderen Ländern heute kennen, ist gerade einmal 200 Jahre alt [...]" (Sörries 2007, S. 8). Lange wurde der Begriff anders gedeutet als heute. Gemeint war nicht ein „Ort des Friedens". Intendiert war vielmehr Schutz. Der Friedhof ist ein umfriedeter oder eingefriedeter, somit ein sicherer Ort.

Vorgänger des Friedhofs war der *Kirchhof*. Dieser war ebenso von einer Mauer umgeben. Ausgestattet mit einem Torhaus, stellte er zusammen mit der Kirche den Mittelpunkt des Dorfes oder der Stadt dar. Der Kirchhof galt, wie

---

[30]Vgl. zur Geschichte der Bestattungskultur Mickan (2015, S. 83 ff.).

noch heute das katholische Gotteshaus, als ein geweihter und somit heiliger Ort. Die Verbindung zum Heiligen wurde durch die Reliquien, die sterblichen Überreste eines heiliggesprochenen Menschen, meist ein Märtyrer, die sich in jeder Kirche befanden, symbolisiert (Großes Lexikon der Bestattungs- und Friedhofskultur 2005, S. 258). Anfänglich wurden alle Verstorbenen im Vorhof der Kirche bestattet. Später fanden die Begräbnisse außen um die Kirche herum – auf dem Kirchhof[31]– statt. Gemeinsam mit den Lebenden befanden sich die Toten hier in Gemeinschaft und in der Nähe zu Gott, vereinigt im Glauben an Auferstehung und ewiges Leben (Gaedke 2010, S. 4).

Die Ummauerung markierte den Raum des Kirchhofs als einen öffentlichen und zugleich privaten Ort. Aber der Kirchhof hatte nicht nur liturgische Bedeutung (Kaspar 2007, S. 295). Die Toten sollten dort auch vor Dämonen bewahrt werden (Großes Lexikon der Bestattungs- und Friedhofskultur 2005, S. 89). Den Lebenden bot er Schutz vor Feinden und grassierenden Seuchen. Verfolgten konnte er aufgrund seines besonderen Rechtsstatus Asyl gewähren (Brademann und Freitag 2007, S. 24 ff.). Der Kirchhof erfüllte somit vielfältige Aufgaben. Vor allem aber war er ein Ort der Frömmigkeit und des versprochenen Seelenheils. Denn die Heilserlangung war gekoppelt an eine Bestattung auf dem Kirchhof und die fortdauernde Fürbitte der Christengemeinschaft für die Verstorbenen. Andererseits war der Kirchhof nicht ausschließlicher Ort der Bestattung. Noch bis in das 10. Jahrhundert waren Einzelbestattungen auch anderswo, etwa auf eigenem Grund und Boden, möglich (Gaedke 1992, S. 4).

Delinquenten Personen, dazu zählten „konfessionelle Abweichler" und von der Kommunion Ausgeschlossene sowie Selbst-[32] und Kindesmörder, war dieser Ort verwehrt, was sie zugleich von der Heilserlangung ausschloss (Gaedke 1992, S. 38; Happe 2012, S. 34; Reitemeier 2007, S. 133).[33] Zuständig für die Bestattung der Toten und die Spende des Trostes für die Trauernden war die Kirche. Erst mit der Durchsetzung staatlicher Reformen in der bürgerlichen Gesellschaft seit

---

[31]Seit dem Mittelalter ist in verschiedenen Regionen auch der Begriff „Gottesacker" gebräuchlich. Regional war auch die Bezeichnung Totenhof üblich (Großes Lexikon der Bestattungs- und Friedhofskultur 2002, S. 116).

[32]Der missglückte Suizidversuch wurde mit dem Tod bestraft und dem Delinquenten die christliche Bestattung verweigert.

[33]Diese Regelung bestand bis ins 19. Jahrhundert hinein. Das Begehen eines Verbrechens verwirkte das Recht auf ein ordentliches Begräbnis und damit die Hoffnung auf das „Seelenheil" (Ohler 2004).

5.4 Geschichte der Bestattung im christlich geprägten Kulturraum

dem späten 18. Jahrhundert verlor sie ihr „Bestattungsmonopol". Neben der Verkündigung der Heilsbotschaft, bestand dieses vor allem aus rechtlichen Regelungen, Ritualen und Praktiken und der Verfügung über den Ort für die Versorgung der Toten.

Nie war der Tod ein „Gleichmacher". Der Kirchhof repräsentierte vielmehr die ständische Ordnung (Düselder 2007, S. 256 f.). Während ein großer Teil der Toten namenlos in anonymen Massengräbern verschwand, nur in ein „Leichtuch" gehüllt, übereinandergestapelt und eher notdürftig verdeckt als würdig begraben, beanspruchten die Angehörigen der höheren Stände individuelle Gräber, oder gleich eine „Familiengrablege" (Isaiasz et al. 2007, S. 235).

Kirchhöfe waren kein malerischer, Pietät ausstrahlender Ort. Eher präsentierten sie sich als schmucklose, oft wüste Räume. Bedeutsam war die Lage des Grabs. Geistliche, später auch weltliche Würdenträger bestattete man als Zeichen ihrer besonderen Nähe zu Gott innerhalb der Kirche, oder an/in einer Kirchenmauer. Grabplatten mit Inschriften geben bis heute Auskunft über den Toten und seinen sozialen Status. Die sterblichen Überreste bettete man in Sarkophage, die man in Grüfte[34], in größeren Kirchen auch in seitliche Nischen des Kirchenschiffes verbrachte (Ströbl 2014, S. 17).

Ein sich verschärfendes Problem war auf Dauer der Mangel an Platz. Dies war eine Folge des Bevölkerungswachstums und der hohen Sterblichkeit. Nach Seuchen, Hungersnöten und Fehden fehlte es innerhalb der Städte und Siedlungen zunehmend an Raum für die Toten.[35] Oft konnten sie in überfüllten Gräbern nur notdürftig mit Erde abgedeckt werden. Gestank und mangelhafte Hygiene verdichteten sich zu einem massiven Übel.

Särge wurden erst seit dem 18. Jahrhundert allgemein verwandt (Großes Lexikon der Bestattungs- und Friedhofskultur 2005, S. 262; Ströbl 2014). Eine gewisse Abhilfe bewirkten die zwischen dem 15. und 18. Jahrhundert benutzten „Beinhäuser". Darin wurden die Knochen verwester Leichen, nachdem sie oft schon wenige Jahre nach der Beisetzung aus den Gräbern entfernt worden waren, platzsparend übereinander geschichtet. So war Raum für weitere Bestattungen geschaffen (Fischer 2001; Kaspar 2007, S. 304).

---

[34] „Gruften" sind ausgemauerte Räume, Gewölbe oder Gebäude auf Friedhöfen, auch Kirchen, Burgen und Schlössern, in die man steinerne, später auch hölzerne Särge (Sarkophage) stellte (Großes Lexikon der Bestattungs- und Friedhofskultur 2010, S. 208 f.; Ströbl 2014, S. 15).

[35] Für Opfer von Pestepidemien wurden Friedhöfe schon während des Mittelalters aus Hygienegründen in gebührendem Abstand zu den Ortschaften errichtet (Fischer 2001, S. 16).

Reformation: Trennung von Kirche und Grab
Mit der Ausbreitung der Reformation kam es erstmals in den protestantisch dominierten Gebieten zu Schließungen von Kirchhöfen und „zu einer Welle von Friedhofsneugründungen außerhalb der Städte und Siedlungen" (Düselder 2007; Happe 2003, 2012). Neben dem Problem der Überfüllung, dem Grassieren von Seuchen und dem damit verbundenen Hygieneproblem, war dies vor allem Folge einer reformatorischen Auslegung des christlichen Erlösungsversprechens. Die Vorstellung von der Grabstätte als Teil eines heiligen Raumes und damit verbunden, die Bedeutung der Gemeinschaft von Lebenden und Toten, hatte darin keinen Platz mehr. Kirchenbestattungen wurden gar als Missbrauch angesehen und um 1800 verboten (Happe 2012, S. 44), ohne dass sie damit allerorts beendet waren. Zu einem Ausgleich der Interessen zwischen Katholiken und Protestanten war nach dem dreißigjährigen Krieg erstmals der Staat gefragt und im „Westfälischen Frieden" (1648) kam es zu entsprechenden Regelungen (Gaedke 1992, S. 5 f.).

Anfänge bürgerlicher Grabkultur
Eine Besonderheit sind solche Friedhöfe, die nach dem Vorbild des italienischen „Campo Santo" in der Folgezeit der Reformation außerhalb der Ortschaften entstanden sind. Auf dem nach strengen geometrischen Prinzipien gestalteten Begräbnisplatz befanden sich die Gräber oberirdisch, in Arkaden oder Grufthäusern, die Verstorbenen in Sarkophage[36] gebettet. Die vornehmen Grabstätten waren dabei nicht im Zentrum, sondern repräsentativ an den Außenrändern der Anlage platziert (Denk 2007; Großes Lexikon der Bestattungs- und Friedhofskultur 2005, S. 152). Der „Campo Santo" sollte sich zu einem Ort postmortaler städtisch-bürgerlicher Repräsentation entwickeln. Nach diesem Vorbild entstanden allerdings nur wenige in Deutschland (Denk 2007).

Adlige Grabkultur im 18./19. Jahrhundert
Seit dem 18. Jahrhundert begann ein Teil des grundbesitzenden Adels unter dem Eindruck des „Hygienediskurses"[37] sowie des Wunsches nach Nähe zur Natur auch im Tod, seine Verbindung mit dem Land zu repräsentieren. Das bedeutete

---

[36]Sarkophage sind Steinsärge, verwandt seit der Antike für Mitglieder der höheren Stände (Großes Lexikon der Bestattungs-und Friedhofskultur 2005, S. 318).
[37]Der Hygienediskurs wurde vornehmlich unter Medizinern geführt. Ziel waren Hygienevorschriften, um dem seuchenbedingten Sterben entgegen zu wirken.

Distanz und Distinktion zur kirchlichen Trauersemantik und ihren sakralen Räumen. Innerhalb der oft aufwendig gestalteten Landschaftsgärten[38] entstanden respektable Naturgrabanlagen, gleichsam „Tempel der Natur" (Happe 2012, S. 50 f.). Seit dem Ende des 18. Jahrhunderts baute sich der Adel nach antikem Vorbild auch Mausoleen. Gestaltet waren diese nach den strengen Prinzipien des Klassizismus. Sie fanden sich als Anbauten an vorhandene Gebäude, z. B. Kirchen, in freier Natur oder den Landschaftsgärten als Solitärbauten wieder (Großes Lexikon der Bestattungs- und Friedhofskultur 2010, S. 202).

Bürgerliche Friedhofskultur im 19. Jahrhundert
Das frühe 19. Jahrhundert markiert eine Zäsur im Umgang mit dem Tod, nämlich das Ende des kirchlichen „Bestattungsmonopols" und den Beginn einer weltlichen Bestattungskultur. Äußeres Merkmal des Wandels ist der bürgerliche Friedhof. Dieser ist nicht nur räumlich von der Kirche entfernt; er ist vor allem ein „säkularer Ort" (Happe 2012, S. 60). Mit dem Ende der umfassenden Zuständigkeit der Kirche für alle mentalen, semantischen und praktischen Fragen im Zusammenhang mit dem Tod, wird ein Zeichen der „Entzauberung" (Weber 1968) gesetzt (Bestattung in Deutschland 2008, S. 25). Schon zuvor hatte es vereinzelt Eingriffe seitens der staatlichen Obrigkeit gegeben, vor allem, wenn es um die Beseitigung von Missständen oder die Frage der gleichberechtigten Bestattung der Angehörigen beider Konfessionen ging. Mit der Konsolidierung des bürgerlichen Verwaltungsstaates sollte die Bewältigung des Bestattungsproblems nun vor allem rationalen Prinzipien folgen. Dies bedeutete, dass der Staat mit Gesetzen und Verordnungen eingriff und regulierte. So ersetzte er weitgehend Kirche, Familie und Bruderschaften (Fischer 2001, S. 22) und schuf damit den „reglementierten Friedhof" (Sörries 2007, S. 9). Im Verlauf des 19. Jahrhunderts sollte sich in der Folge der Durchsetzung der bürgerlichen Kultur auch die bürgerliche Bestattungskultur auf andere sozialen Schichten ausbreiten (Fischer 2004, S. 51). Damit einher geht eine Schwächung der christlichen Todesdeutung und eine Emotionalisierung (ebd., S. 52). Andererseits entwickelte auch die Arbeiterbewegung mit einem nichtchristlichen Todesverständnis eine eigene

---

[38]Idee und Umsetzung des „Landschaftsgartens" kamen aus England. Diese Architektur setzte sich weitgehend gegen den adeligen Barockpark durch. Die Wahrnehmung und Deutung der Natur war zeitgleich ein dezidiertes Merkmal der Romantik. Diese beherrschte seit dem 18. Jahrhundert große Teile des Geisteslebens und gilt als Reaktion auf die sich ausbreitende technische Rationalität (Siegmund 2002).

Bestattungskultur und betrieb z. B. Bestattungsunternehmen (Bestattung in Deutschland 2008).

Zugleich begann die Professionalisierung der Bestattung. Die 1869 in Preußen eingeführte Gewerbefreiheit bereitete den Boden für die Gründung von an Handwerke gebundene Bestattungsbetriebe. Damit übernahmen erstmals Angehörige eines bestimmten Berufes die Bestattung (Gaedke 2010, S. 5 f.; Großes Lexikon der Bestattungs- und Friedhofskultur 2005, S. 43 f.). Der Bestatter als Beruf war eine neue Erscheinung. Meist rekrutierte er sich aus solchen Berufen, die bisher schon Teilleistungen im Rahmen der Bestattung geliefert hatten (z. B. Tischler, Schreiner) (Großes Lexikon der Bestattungs- und Friedhofskultur 2005, S. 42). Infolge von Überfüllung wurden in dieser Zeit viele innerörtliche Friedhöfe geschlossen und neue in kommunaler Trägerschaft stehende Begräbnisorte geschaffen. Im Rahmen dieses, als „Kommunalisierung des Friedhofs" bezeichneten Prozesses, war auch die Aufbahrung der Leiche neu geregelt. Diese hatte nun in einer öffentlichen Leichenhalle zu erfolgen und nicht mehr im Haus des Verstorbenen.

Mit dem bürgerlichen Friedhof beginnen die Leitlinien der Industrialisierungsepoche – Rationalisierung und Technisierung – auch den Umgang mit dem Leichnam zu bestimmen. Bahnbrechend hierfür war die Zulassung von *Kremation* und *Aschebeisetzung*. Das erforderte den Bau von *Krematori*en, die in Deutschland seit 1876 errichtet wurden (Fischer 1996, 2001, 2011, S. 3 f.). Für die Zulassung der Kremation hatten sich seit 1870 Vereine eingesetzt, deren Mitglieder meist bürgerlichen Schichten, insbesondere dem Stand der Ärzte[39], entstammten. Allerdings gab es auch Arbeiter-Feuerbestattungsvereine, die sich oft als dezidiert anti-christlich verstanden und von denen einige sogar Bestattungsunternehmen betrieben (Bestattung in Deutschland 2008, S. 25).

Der Anteil der *Einäscherungen* blieb zunächst jedoch gering (Fischer 2001, S. 53 f.). Das hatte neben Anderem seinen Grund im Widerstand der Kirche. Insbesondere trifft dies für die Katholische Kirche zu. Erst 1964, rund hundert Jahre später, wurde mit dem Zweiten Vatikanischen Konzil die Kremation erlaubt (Bestattung in Deutschland 2008, S. 169; Großes Lexikon der Bestattungs- und Friedhofskultur 2002, S. 180 f.). In den 1920er Jahren wuchs jedoch deren Bedeutung und in den Großstädten kam es bald zum Ansteigen der Zahlen. So betrug der Anteil in Hamburg 1930 schon 27,8 % (Bestattung in Deutschland

---

[39]Das Interesse der Ärzte an der Kremation erklärt sich aus deren Rolle im „Hygienediskurs" (s. o.).

5.4 Geschichte der Bestattung im christlich geprägten Kulturraum

2008, S. 169; Happe 2012, S. 88). Der Einfluss der Kremation auf den Wandel der Bestattungskultur ist immens. So waren mit einem Schlag die Probleme mit Hygiene und Platzbedarf gelöst. Urnengräber ließen sich außerdem leichter in Größe und Gestaltung normieren und konnten somit helfen, den bürgerlichen Friedhof zu einem geordneten und homogenen Ort zu machen. Das schien willkommen, nachdem es im Verlauf des 19. Jahrhunderts zu einem zunehmend kritisierten Bild der Uneinheitlichkeit gekommen war (Fischer 2001, S. 64; Happe 2012, S. 72).

Der genormte Friedhof um 1900
Hauptmerkmal des Friedhofs um 1900 war seine strengen Normen untergeordnete Gestaltung. Ohne Zukunft blieb indes das Konzept des *Zentralfriedhofs,* als eines einzigen zentralen großstädtischen Friedhofs für alle. 1877 wurde in Hamburg-Ohlsdorf der erste dieser Art in Deutschland eingeweiht. Auch darin folgte man einem Trend der Zeit. Dem sprunghaften und vielerorts ungeregelten Wachstum der Städte durch die an Tempo rasant gewinnende Industrialisierung und den massenhaften Zuzug von Menschen, sollte durch Planung, Gestaltung und Zentralisierung wichtiger kommunaler Aufgaben im Städtebau Paroli geboten werden (Großes Lexikon der Bestattungs- und Friedhofskultur 2002, S. 386 f.).

Zurück zur Natur
Das gehobene Bürgertum entdeckte seit Beginn des 19. Jahrhunderts seine Affinität zur Natur. Am Rand städtischer Zonen wurden z. T. nach dem Muster der Landschaftsparks gartenarchitektonisch aufwendig gestaltete Naturfriedhöfe errichtet (Sörries 2007, S. 8). Sie dürften Vorbild für die in Deutschland bis heute typische gärtnerische Gestaltung der Gräber sein. Neben einer Referenz zur Natur als Metapher für einen ständigen Kreislauf von Leben und Tod, ging es bei Größe und Gestaltung der Gräber zugleich um eine Demonstration besitzbürgerlichen Wohlstands und gesellschaftlichen Einflusses (Fischer 2001, S. 34 f.). Leitmotive und künstlerisch-repräsentative Umsetzung folgten dem Vorbild des Adels (s. o.) und eindrucksvoll gestaltete *Grabmonumente* versinnbildlichten Macht und Ansehen des neuen Standes. Großindustrielle errichteten im Park ihres Anwesens für ihre Familien *Mausoleen* als einen distinguierten Ort der letzten Ruhe. Auch die *Gruft* kam zu neuer Bedeutung.[40]

---

[40]Prominentes Beispiel für den Einbau von Gruften ist die Hamburger St. Michaeliskirche (Ströbl 2014).

Individualisierung des Friedhofs
War schon der mittelalterliche Kirchhof eine Spiegelung sozialer Ungleichheit, so blieb dieses Merkmal für den bürgerlichen Friedhof bestehen und verstärkte sich noch. Anstelle namenloser Massengräber wurde das individuelle Grab immer häufiger. Damit folgt die Bestattungskultur einem gesellschaftlichen Trend des 19. Jahrhunderts, der beginnenden Individualisierung. Deutlich wird dies an der Verbreitung und Gestaltung von Grabsteinen (Fischer 2001, S. 40; Happe 2007, S. 25). Bedeutende Personen des Besitz- und Bildungsbürgertums ließen sich auf ihren *Grabmahlen* förmlich „verewigen". Neben einem Portrait, persönlichen Daten und biblischen oder philosophischen Versen wurden dort oft auch Lebensverlauf, Werke und Bedeutung vor dem Betrachter präsentiert. Das bürgerliche Grab war damit zu einem individuellen Bestattungs- und – für die Hinterbliebenen – Erinnerungsort stilisiert (Assig 2007, S. 45; Happe 2012, S. 69). Diese Wendung zum Individuum, zu seiner Persönlichkeit, findet sich auch in der Trauerrede, in die neben die christliche Symbolik die Würdigung der Person des Verstorbenen getreten ist (vgl. Abschn. 4.3).

Das hier gezeichnete Bild verwischt allerdings die Konturen der Wirklichkeit. Noch zu Beginn des 20. Jahrhunderts wurden auf großstädtischen Friedhöfen 80 % der Verstorbenen in einheitlichen Reihengräbern ohne namentliche Kennzeichnung bestattet. Bis zu neun Särge stapelte man übereinander (Happe 2012, S. 71). Merkmal dafür, dass die sich auflösende Ständegesellschaft nun zu einer Klassengesellschaft mutierte. Deren Kennzeichen sind starkes Bevölkerungswachstum, Verstädterung und eine Verschärfung der sozialen Gegensätze.

Soldatenfriedhöfe
*Soldatenfried*höfe wurden erstmals während des amerikanischen Sezessionskrieges (1861–1866) angelegt. Bis dahin ließ man die Toten einfach auf dem Schlachtfeld liegen. Oder man stapelte die Leichen, um sie aus hygienischen Gründen zu verbrennen bzw. setzte sie in Massengräbern bei. Ein gründliches Umdenken setzte langsam seit dem späten 18. Jahrhundert mit der Einführung von nationalen Volksheeren ein (Großes Lexikon der Bestattungs- und Friedhofskultur 2002, S. 107). In Deutschland und Europa entstanden erste Friedhöfe für „Gefallene", oft als Helden verehrt, im Verlauf des Ersten Weltkriegs. Im Anschluss an den deutsch-französischen Krieg von 1870/1871 kam es zwischen beiden Staaten zu einer gegenseitigen Verpflichtung zur Pflege der *Soldatengräbe*r auf dem jeweiligen Territorium. 1915 wurde in Frankreich ein Gesetz erlassen, dass allen Kriegstoten das Recht auf „ewige Ruhe", also einen unlimitierten Bestandsschutz des Grabes zusichert. Dem folgten andere Staaten,

so auch Deutschland. Nach dem Ersten Weltkrieg kam es zu nichtstaatlichen Initiativen[41], deren Ziel bis heute die Einrichtung und Pflege von Soldatenfriedhöfen ist (Fischer 2001, S. 69 ff.).

5.5 Bestattung heute

Pluralisierung und symbolische Repräsentation
Die gegenwärtige Bestattungskultur spiegelt sich in einer Pluralität von Bildern wider. Diese wechseln zwischen einfachen Formen und ebenso variantenreichen wie kreativen „Gedächtnislandschaften" (Fischer 2011, S. 5; Helmers 2012, S. 3). Aber auch repräsentative Grabanlagen, die über mehrere Generationen genutzt werden, verkünden von Wohlstand und Ansehen, der dort zu Grabe Getragenen. Meist finden sie sich an den Hauptwegen der Friedhöfe und bewirken schon durch ihre Lage und Größe Aufmerksamkeit. Auch heute sind Gräber die symbolische Repräsentation der Persönlichkeit der dort Bestatteten und ihrer sozialen Milieus[42]. Zumeist gilt: wie man gelebt hat, so wird man zu Grabe getragen. Gräber „kommunizieren" die soziale Position, die ökonomischen Verhältnisse, Bildung, Werteorientierungen und Lebensstile der Verstorbenen und – wenn es sie gibt – ihrer Angehörigen. Und selbst die Urnenwiese und das Aschestreufeld haben trotz oder wegen ihrer „Gleichmacherei" eine Botschaft, die zwischen prekärer Herkunft und nüchternem Pragmatismus oszilliert. In Anlehnung an den französischen Soziologen Pierre Bourdieu: in der letzten Ruhestätte eines Menschen spiegelt sich dessen Habitus[43] wider.

Stirbt der Friedhof?
Naht das Ende des Friedhofs (?), ist eine in der Branche des Bestattungsgewerbes häufig gestellte Frage. Und tatsächlich hat die fehlende Auslastung trotz Anstieg der Sterbefälle schon zu Schließungen geführt (vgl. Kap. 2). Die Verbreitung der gegenüber den Sargbestattungen weniger Platz bedürfenden Urnengräbern sorgt

---

[41]Zu den Initiativen gehört der 1916 gegründete Volksbund Deutsche Kriegsgräberfürsorge e. V. Vgl. http://www.volksbund.de/home.html.

[42]Zur Bedeutung des sozialen Milieus für die Bestattung vgl. Thieme (2016).

[43]Unter Habitus wird – hier verkürzt dargestellt – in Anlehnung an Bourdieu (1987) das äußere Erscheinungsbild eines Menschen, seine Einstellungen und Verhaltensweisen verstanden, die sozial vermittelt sind und die Herkunft widerspiegeln.

ebenso wie die Konkurrenz der Bestattungswälder für Freiflächen auf den Friedhöfen. Hinzu kommt, dass – möglich geworden durch die Liberalisierung der Friedhofs- und Bestattungsgesetze – kommunale und kirchliche Friedhöfe mit günstigen Gebühren sich untereinander Konkurrenz machen und Krematorien inzwischen auch gewerblich betrieben werden können.

Feuer vor Erde
Die Feuerbestattung ist ein Merkmal der modernen säkularen Bestattungskultur und der darin verbreiteten pragmatischen Einstellung zum Tod. Kurz nach der Jahrtausendwende wandelte sich die Präferenz hinsichtlich der Frage: „Erde oder Feuer"? Über 55 % der Verstorbenen – so die Bestattungsstudie 2012 – werden heute in Deutschland kremiert (Thieme 2016, S. 34). Weitgehend verschwunden sind die Differenzen zwischen dem Norden und dem Süden Deutschlands. Dass gilt ebenso im Vergleich ländlicher und städtischer Regionen. Aber es bleiben Unterschiede. So ist die Kremationsquote in Ballungsräumen besonders hoch. Deutlich differieren die Bilder im Vergleich der neuen und alten Bundesländer. So beträgt die Kremierungsquote in den neuen Ländern 77,4 %; in den alten liegt sie bei 50,9 % (ebd., S. 46).

Anonyme Gräber
Die anonyme Bestattung ist kein Novum. Zumindest in Zeiten von Not und Gewalt widerfuhr den Angehörigen der unteren sozialen Stände und Klassen das Schicksal eines „ortlosen" Begräbnisses.

Der Anteil anonymer Gräber ist in den alten Bundesländern mit 8,4 % dennoch bis heute gering geblieben. Das überrascht, hatte es doch seit den 1990er Jahren die Beobachtung zunehmender Verbreitung gegeben (Happe 2012; Helmers 2004). In den neuen Ländern werden allerdings erhebliche 23,4 % ausgewiesen. Dies dürfte mit dem Nachhall der sozialistischen Ideologie, die für Gleichheit auch im Tod plädierte, zusammenhängen (Thieme 2016, S. 52 ff.).

Alternative (naturnahe) Bestattungspraxis
Die alternative Bestattungskultur erfreut sich im Bestattungsdiskurs eines regen Interesses. Gefördert wird dies durch Meinungsumfragen, welche regelmäßig Umfragewerte zu Bestattungswünschen liefern. Die Bestattungsrealität indes ist noch immer in erheblichen Teilen traditionell orientiert. Das mag sich künftig ändern. Denn die Toten von morgen sind mit ihren Wertepräferenzen andere als die Toten von heute. Die gegenwärtige Bestattungsrealität (Bestattungsstudie 2012) zeigt Tab. 5.1. „Alternativ" bestattet wurden 13,5 %. Diese Summe ergibt sich aus der Addition der Werte für folgende Grabarten: Hain- und Baumgrab,

5.5 Bestattung heute

Tab. 5.1 Gewählte Grabart (2012). (Quelle: Thieme 2016, S. 43)

Grabart	Häufigkeit	Prozent
Erdwahlgrab	467	34,1
Erdreihengrab	80	5,8
Erdreihengrab, pflegefrei	48	3,5
Urnenwahlgrab	246	18,0
Urnenwahlgrab, pflegefrei	47	3,4
Urnenreihengrab	61	4,5
Urnenreihengrab, pflegefrei	66	4,8
Haingrab	6	0,4
Baumgrab	83	6,1
Urnennische	50	3,7
Aschestreufeld, anonym	2	0,1
Anonyme Urnenbeisetzung	121	8,8
Urnengemeinschaftsanlage, anonym	10	0,7
Urnengemeinschaftsanlage mit namentlicher Nennung	16	1,2
Urnenrasengrab	9	0,7
Urnenbeisetzung in vorhandenem Erdwahlgrab	10	0,7
Urnenbeisetzung in vorhandenem Erdreihengrab	1	0,1
See	29	2,1
Sonstiges	16	1,2
Gesamt	1368	100,0

(N = 1368)

Urnennische, Urnengemeinschaftsanlage mit namentlicher Nennung und Seebestattung (Thieme 2016, S. 65). Überraschen mag, dass die konventionellen Wahlgräber die meistpräferierten sind, während anonyme und alternative Gräber nur mäßig nachgefragt wurden.

Soziale Merkmale der Bestattungsentscheidung
Die nachfolgenden Abbildungen zeigen auf der Grundlage der Bestattungsstudie 2012 (Thieme 2016), den Einfluss sozialer Merkmale auf die Bestattungsentscheidung, hier am Beispiel alternativer Grabarten.

Die niedrigste Quote erreichten alternative Gräber unter den Selbstständigen (11 %) (vgl. Abb. 5.1). Von Beamten und höheren Angestellten wurde dagegen die höchste erreicht (19 %) (vgl. Abb. 5.1). Auch der Bildungsabschluss ist relevant. Für Hochschulabsolventen wurde ein Anteil von 18 % ermittelt; ohne diesen Abschluss dagegen 13 % (vgl. Abb. 5.2). Den höchsten Zuspruch zu den

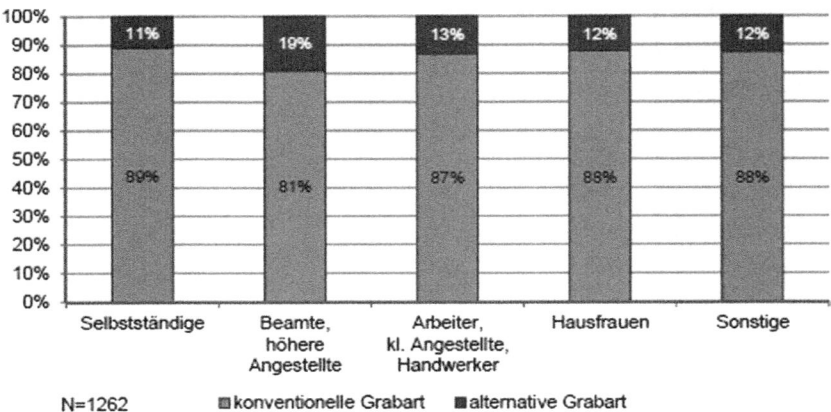

Abb. 5.1 Alternative Bestattung und Beruf (2012). (Quelle: Thieme 2016, S. 65)

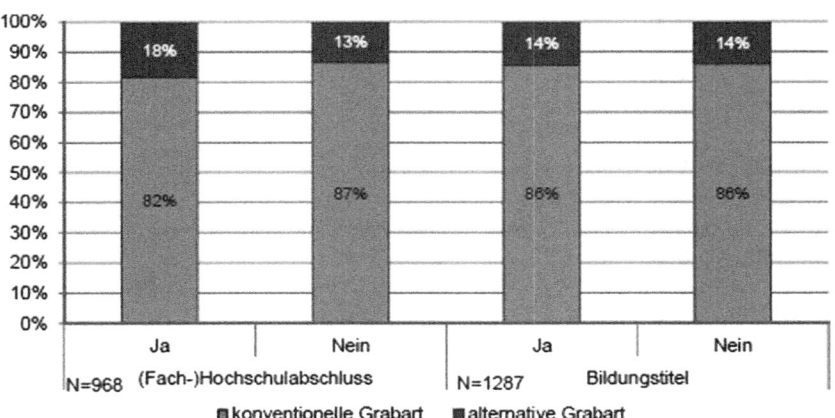

Abb. 5.2 Alternative Bestattung und Bildung (2012). (Quelle: Thieme 2016, S. 66)

5.5 Bestattung heute

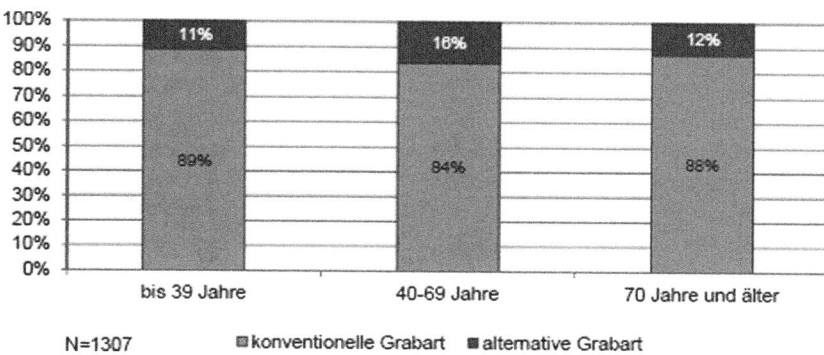

Abb. 5.3 Alternative Bestattung und Alter (2012). (Quelle: Thieme 2016, S. 66)

alternativen Grabarten zeigt die mittlere Altersgruppe (40−69jährigen) (vgl. Abb. 5.1 und 5.3; Thieme 2016, S. 65 f.).

Finanzieller Aufwand
Die Kosten für eine Bestattung sind in den letzten Jahren durchschnittlich nicht gestiegen (Sieweck 2016, S. 187). Das erstaunt zunächst. Die Gründe liegen u. a. am Phänomen der „Vermarktlichung" des Bestattungswesens, d. h. der Verbreitung von Konkurrenz und wettbewerbsorientiertem Verhalten auf Anbieter- und Nachfrageseite. Veränderte Todesbilder (vgl. Abschn. 2.7), vor allem das „pragmatische Handlungskalkül", sind Veranlassung für knappe Kalkulation. Aber auch die in Teilen der Gesellschaft nachlassende Bedeutung von Partnerschaft und Gemeinschaft zeigt Wirkung. Schließlich haben prekäre Lebenslagen zugenommen. Die Beteiligung an den Bestattungskosten durch die Solidargemeinschaft der Versicherten in Gestalt des von den gesetzlichen Krankenversicherungen gezahlten „Sterbegelds" wurde vom Gesetzgeber gestrichen.[44] Im Gegenzug stieg die Fallzahl von Bestattungen mit staatlicher Hilfe. Allein zwischen 2006 und 2013 kam es annähernd zu einer Verdoppelung (13.800:23.500) (Thieme 2016, S. 57). Diese Bestattungen weisen einen niedrigen Standard auf.

---

[44]Vgl. https://bestattungsvorsorge-heute.de/sterbegeld/.

"Unbedachte"
Eingeschlossen in diese Zahlen sind jene Verstorbenen, für die keine verantwortlichen Angehörigen oder Freunde gefunden werden können: *Unbedachte*. Diese Toten werden von der Kommune, in der diese Menschen lebten, *zwangsbestattet*. Es handelt sich dabei grundsätzlich um anonyme Bestattungen ohne Trauerfeier und Todesbenachrichtigung. Die Toten sind in der Regel nicht obdach- oder wohnungslos gewesen. Sie waren bindungslos. Manche haben ihr Leben ohne Partner verbracht. Andere sind geschieden oder haben den Partner um Jahre oder Jahrzehnte überlebt.[45]

Sozialer Status und Kosten
Entsprechend des sozialen Status variiert der finanzielle Aufwand für eine Bestattung. Nach der Bestattungsstudie 2012 wurden für verstorbene Selbstständige in 48 % der Fälle mindestens 5000 € für eine Bestattung ausgegeben.[46] Bei Arbeitern/ "kleinen Angestellten" ist es deutlich weniger. Nur 18 % erreichen diesen Betrag (vgl. Abb. 5.4). Auch Geschlecht und Familienstand wirken sich auf die Ausgabenbereitschaft aus (vgl. Abb. 5.4, 5.5 und 5.6).

Vorsorge
Nachdem die gesetzliche Vorsorge für Zwangs-Krankenversicherte aufgehoben wurde, verfügt die Mehrheit der Bevölkerung über keinerlei Vorsorge für den Todesfall, die gesetzlich geregelt ist.[47] Hier helfen, wie schon bisher, neben Ersparnissen die Sterbegeldversicherungen. Ein hinzu gekommenes Angebot ist der Bestattungsvorsorgevertrag, der mit einem Bestatter abgeschlossen werden kann. Der Vertrag wird zu Lebzeiten unterzeichnet, die vereinbarten Leistungen im Vorhinein bezahlt. Die Angebote werden in Abhängigkeit von Alter, Beruf und Familienstand sehr unterschiedlich wahrgenommen (vgl. Abb. 5.7, 5.8, 5.9 und 5.10).

---

[45]In einigen größeren Kommunen finden in regelmäßigen Abständen für diese Verstorbenen Trauerfeiern statt, außerdem erscheint eine "Sammel"-Todesanzeige. Initiatoren sind meist die Kirchen (Memento 2017).
[46]Die genannten Kosten schließen bei konventionellen Gräbern Grabstelle und Gestaltung nicht ein.
[47]"Angehörige von Beamten haben nach deren Tod einen Anspruch auf Sterbegeld". Vgl. http://www.sterbeversicherung.com/.

5.5 Bestattung heute

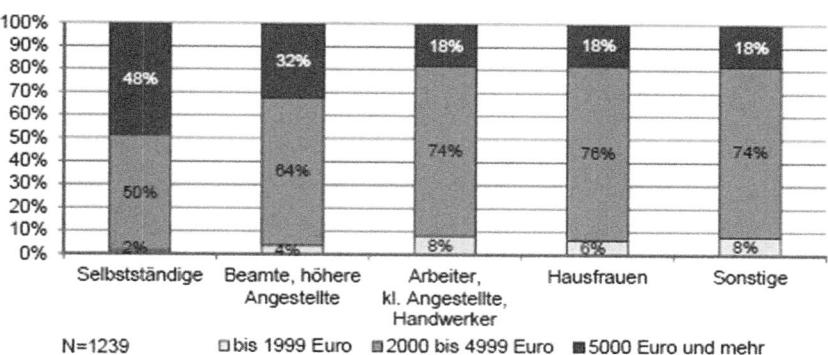

Abb. 5.4 Kosten der Bestattung und zuletzt ausgeübter Beruf (2012). (Quelle: Thieme 2016, S. 95)

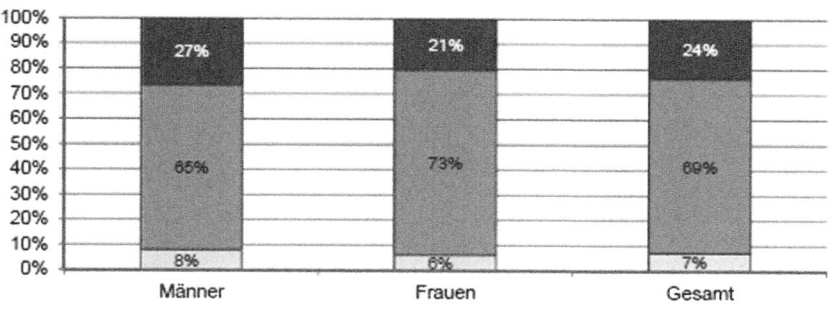

Abb. 5.5 Kosten der Bestattung und Geschlecht (2012). (Quelle: Thieme 2016, S. 94)

Beharren des Religiösen
Überraschend im Licht der Säkularisierungs- und Individualisierungsthesen ist, dass Entscheidungen hinsichtlich der Bestattungsart weiterhin Bekenntniseinflüssen unterliegen. Ein Beispiel ist die Feuerbestattung. So ergab die

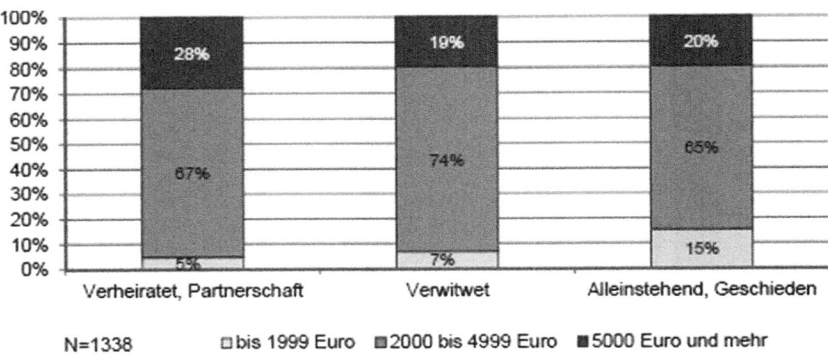

Abb. 5.6 Kosten der Bestattung und Familienstand (2012). (Quelle: Thieme 2016, S. 94)

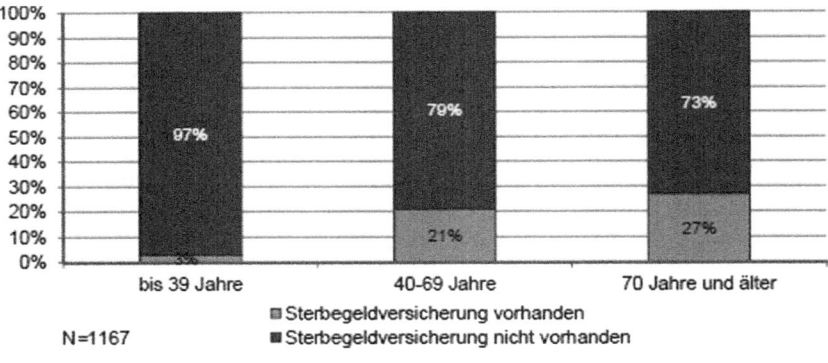

Abb. 5.7 Bestattungsvorsorge und Alter (2012). (Quelle: Thieme 2016, S. 96)

Bestattungsstudie 2012 Kremationsquoten für Katholiken von 36,6 % und für Protestanten von 49,4 % (Thieme 2016, S. 87).[48]

---

[48]Die katholische Kirche verbietet die Kremation zwar nicht mehr, doch sind, wie die hier präsentierten Zahlen zeigen, Differenzen in der Bestattungspraxis geblieben. So ist noch immer die Kremation eines alteingesessenen katholischen Bauern oder Unternehmers auf dem Lande oder in der Kleinstadt undenkbar.

5.5 Bestattung heute

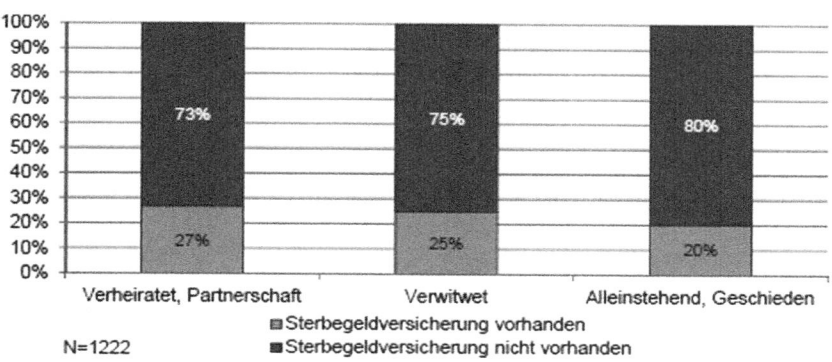

Abb. 5.8 Bestattungsvorsorge und Familienstand (2012) (Quelle: Thieme 2016, S. 97)

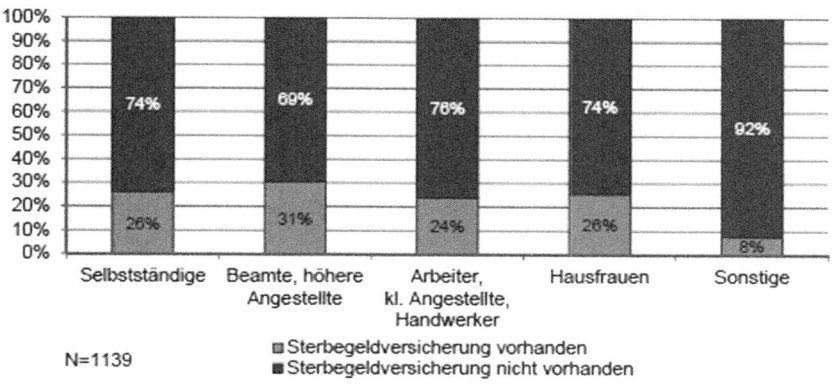

Abb. 5.9 Bestattungsvorsorge und Beruf (2012). (Quelle: Thieme 2016, S. 97)

Wandel des Bestattungsgewerbes

Die praktischen Teile der Bestattung liegen seit dem Beginn der öffentlichen Totenfürsorge im 19. Jahrhundert in den Händen des Bestattungsgewerbes, angeschlossener Gewerke (Friedhofsgärtner und Steinmetze) und der kommunalen Einrichtungen (Friedhofverwaltung einschließlich technischer Infrastruktur), außerdem bei den kirchlichen Institutionen als Trägern und Betreibern von Friedhofsanlagen. In jüngster Zeit hat im Rahmen des allgemeinen „(Neo-)

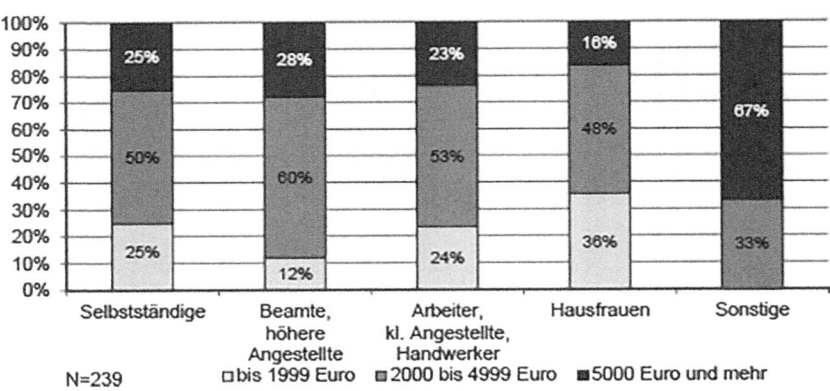

Abb. 5.10 Höhe der Bestattungsvorsorge nach Beruf (2012). (Quelle: Thieme 2016, S. 98)

Liberalisierungstrends"[49] eine Kommerzialisierung des Bestattungswesens an Fahrt gewonnen. Dabei ist es zu Veränderungen in Richtung Wettbewerb und Privatisierung des durch die Kommunen bisher wahrgenommenen Bereichs gekommen. Es ist ein Bestattungsmarkt entstanden, an dem sich auch ausländische Anbieter aus den EU-Ländern beteiligen.[50]

Dennoch sind die Bestattungsinstitute in Deutschland nach wie vor überwiegend mittelständische Familienbetriebe, denen nur ein einziges Großunternehmen und wenige z. T. überregional tätige mittelständische Unternehmen gegenüberstehen (Großes Lexikon der Friedhofs- und Bestattungskultur 2008, S. 51 ff.; Sieweck 2016, S. 170 ff.). 67 % waren 2010 als Einzelunternehmen tätig, 13,6 % waren Personengesellschaften und 19,4 % als Kapitalgesellschaften und sonstige Rechtsformen registriert. Die Beschäftigtenzahl aller Bestattungsinstitute lag im selben Jahr bei knapp 24.000 Personen. Abhängig beschäftigt waren 84,2 % des Personals (ebd., S. 184).

---

[49]Vgl. hierzu Streeck (2013).

[50]Auf dem Bestattermarkt sind heute gewinnorientierte Unternehmen tätig, die zugleich eine gewisse Bandbreite der Dienstleistungen für die Bereiche Pflege und Tod abdecken. Vgl. https://www.ahorn-ag.de/.
   Bezeichnend hierzu folgender Buchtitel: „Wirtschaftsfaktor Lebensende. Der Milliardenmarkt rund ums Ableben" (Sieweck 2016).

Im Süden Deutschlands (München) und in Österreich gibt es noch kommunale Bestattungsanstalten, die einst entstanden sind, um den preistreibenden Konkurrenzkampf zu beenden (Großes Lexikon der Bestattungs- und Friedhofskultur 2010, S. 259 f.).

Billigbestatter/Discounter
Als Gegengewicht zu den lange Zeit steigenden Bestattungskosten, hat sich schon seit Mitte der 1980er Jahre in Deutschland ein neues Marktsegment, nämlich sog. Billigbestatter, auch Discounter genannt, etabliert. Es sind Angebote für Bestattungen üblich, die unter einem Viertel des Durchschnitts liegen. Möglich sind diese niedrigen Kurse durch einen Aufwandsminimalismus, der u. a. die Kremation im osteuropäischen Ausland und immer eine anonyme Beisetzung vorsieht (ebd., S. 68 f.).

Verberuflichung (Professionalisierung)
Trotz des Professionalisierungstrends ist das Bestattungsgewerbe erst seit wenigen Jahren auf dem Weg einer konsequenten „Verberuflichung". Noch heute ist der Bestatter in Deutschland in erster Linie Eigentümer eines Handwerksbetriebs zumeist des Tischler- oder Schreinergewerbes.[51] Die (meist wenigen) Mitarbeiter sind häufig Angelernte oder Familienangehörige. Seit 2003/2004 ist die „Bestattungsfachkraft" (zunächst auf Probe) ein anerkanntes Berufsbild (ebd., S. 66 f.). Andererseits sind derzeit immer noch viele in der Branche ohne die zertifizierte Qualifikation tätig.

Der Bestatter übt einen Beruf mit umfassendem Dienstleistungsangebot aus. Zum Berufsbild des Bestatters gehören u. a.: Beratung in Bestattungsangelegenheiten und Bestattungsvorsorge, Vorbereitung, Ausgestaltung, Leitung und Durchführung von Bestattungen, Erledigung von kirchlichen und behördlichen Formalitäten, Lieferung und Ausgestaltung von Särgen und Urnen-Überführungen (vom Sterbe- zum Beisetzungsort), Behandlung, Präparation und Einsargung des Verstorbenen, Ausgestaltung von Aufbahrungen, Herstellung des Grabes, Koordinierung von Trauerfeiern (Bestattung in Deutschland 2008, S. 29 f.).

---

[51]Im holzverarbeitenden Gewerbe fertigte der Bestatter früher die benötigten Särge selber. Heute werden sie meist industriell hergestellt und vom Händler bezogen (Großes Lexikon der Bestattungs- und Friedhofskultur 2010, S. 370).

5.6 Mitgestalter des Friedhofs: Steinmetze und Friedhofsgärtner

Die Wurzeln des gestalteten Friedhofs sind in der bürgerlichen Grabkultur des 19. Jahrhunderts zu verorten (vgl. Abschn. 5.4). Während die Grabarchitektur des Adels trotz einiger Nachahmungen auf dessen Standesmitglieder beschränkt blieb, ging von den bürgerlichen Gräbern darüber hinausgehende Wirkung aus. Damals beginnt für die höheren Statusgruppen die Zeit der individuellen Gräber. Somit sind Planung und Ausführung der Grabgestaltung in der Hand zweier Handwerksberufe vereinigt: des *Steinmetzes* und des *Friedhofsgärtners*.

Steinmetze
Steinmetze üben ein traditionelles Handwerk aus. Es ist seit dem 19. Jahrhundert bekannt. Eine Spezialisierung innerhalb dieses Berufes stellt die Herstellung von Grabsteinen dar. Diese bieten die Möglichkeit, dem Grab den Namen des Verstorbenen und die Lebensdaten, oder – im Fall eines mehrstelligen Grabes – den einer ganzen Familie zu geben. Darüber hinaus bestehen Möglichkeiten für Ornamentik, Symbole, Verse usw.[52] Während heute mehr als die Hälfte der Gräber – in der Bestattungsstudie 2012 waren es 59 % – (Thieme 2016, S. 81) über ein Grabmal verfügt, war dieses bis vor einigen Jahrzehnten noch Symbol für einen höheren sozialen Status. Material, Form, Schrift und Zeichen bieten die Möglichkeit, dem sozialen Rang und dem Lebensstil Ausdruck zu verleihen. Zudem repräsentiert der Stein – im Gegensatz zu anderen Materialien – Solidität und Dauerhaftigkeit.

In jüngster Zeit erschweren marktwirtschaftliche Entwicklungen den beruflichen Erfolg des Steinmetzes, z. B. durch industrielle Fertigung und billige Importe (Großes Lexikon der Bestattungs- und Friedhofskultur 2010, S. 407). Dass dessen Arbeit jedoch auch auf dem Friedhof nach wie vor ihren Platz hat, zeigen eindrucksvoll repräsentative Großgrabmale für die Angehörigen hoher Statusgruppen und Eliten. Sie finden sich an den „Flaniermeilen", den Hauptwegen der Friedhöfe, positioniert. Auch Stelen und Namenstafeln auf den neuen Gemeinschaftsgrabanlagen sind Zeichen einer zeitgemäßen gehobenen Grabkultur. Diese nimmt immer mehr plurale Konturen an. So verlangen jüdische und muslimische Gräber nach entsprechenden Formen, Materialien und Beschriftungen.[53]

---

[52]Diese können z. B. an die Teilnahme im Krieg als Soldat erinnern.
[53]Zur Bedeutung des Grabsteins vgl. Gerhardt (2007, S. 181 ff.).

Friedhofsgärtner

Friedhofsgärtner – genauer: Gärtner mit der Fachrichtung Friedhofsgärtner – ist ein Ausbildungsberuf. Die Aufgaben sind Planung, Gestaltung und Pflege von Gräbern sowie die Herstellung von Grabschmuck, Dekorationen, Trauerfloristik usw. (ebd., S. 153). Die Planung der Bepflanzung erfolgt meist nach den Richtlinien des „Bund deutscher Friedhofsgärtner" (ebd., S. 361).

Vor dem Hintergrund des Wandels – Rückgang der Sargbestattungen zugunsten der Urnengräber sowie ein Anstieg von Beisetzungen außerhalb des Friedhofs – verändern sich die Anforderungen an die gärtnerische Gestaltung und Pflege. Gefragt ist eine innovative und zugleich pflegereduzierte gärtnerische Grabkultur.

5.7 Bestattung von Angehörigen nichtchristlicher Religionsgemeinschaften[54]

5.7.1 Bestattungen im Einwanderungsland

Deutschland, bzw. bis zur Wiedervereinigung 1989 nur die Bundesrepublik, ist seit dem Ende des Zweiten Weltkriegs faktisch ein Einwanderungsland, dessen Bevölkerung inzwischen allein durch Zuwanderung wächst bzw. nicht an Volumen verliert. Ein gutes Fünftel der Bevölkerung hatte 2016 einen *Migrationshintergrund*[55]. Je jünger die Altersgruppe, umso höher ist dort der Anteil von Menschen mit persönlicher oder familiärer Wanderungsgeschichte. Diese Bevölkerungsgruppe wird in Zukunft weiterwachsen. Zugleich wird die ethnische, kulturelle und religiöse Vielfalt in einem bisher nicht bekannten Umfang zunehmen und sich damit auch die Bestattungskultur weiter diversifizieren. Auch wenn die Bevölkerung mit Migrationshintergrund im Durchschnitt jünger ist als die deutschstämmige, wachsen dort inzwischen auch Zahl und Anteil älterer und damit vom Sterberisiko stärker betroffener Menschen heran (vgl. Abschn. 2.5.5).

In der Folge soll hier das Bestattungsverhalten von Menschen mit nichtchristlicher Religion – Muslimen, Juden, Yeziden, Buddhisten und Hinduisten – dargestellt werden.

---

[54]Der Verfasser dankt Rukije Erez für wichtige Hinweise zu diesem Kapitel.
[55]Ein Migrationshintergrund besteht dann, wenn die betreffende Person selbst oder mindestens ein Elternteil nicht mit deutscher Staatsangehörigkeit geboren wurde. Vgl. https://www.bamf.de/DE/Service/Left/Glossary/_function/glossar.html?lv3=3198544.

Muslime
Muslime sind nach den Christen beider Konfessionen die mit Abstand größte religiöse Gruppe in Deutschland. Da genaue Zahlen nicht verfügbar sind, muss auf Schätzungen zurückgegriffen werden. Ende 2015 (also nach dem Abebben des starken Zustroms von Flüchtlingen, Asylbewerbern und Migranten) sollen sich etwa 4,4 bis 4,7 Mio. Muslime mit unterschiedlichem Rechtsstatus in Deutschland aufgehalten haben. Das entspricht bei einer Bevölkerungsgröße Deutschlands von 82,2 Mio. einem Anteil von 5,4 bzw. 5,7 %.[56]

Die Muslime sind eine heterogene Gruppe. Die in Deutschland lebenden gehören überwiegend der Gemeinschaft der Sunniten an, zu geringeren Anteilen den *Aleviten* und *Schiiten*. Von Bedeutung für die religiösen Rituale ist das Herkunftsland. Für in Deutschland lebende Muslime ist das überwiegend die Türkei, gefolgt von Südosteuropa, Naher Osten, Iran, Nordafrika und Süd-/Südostasien.[57]

Muslimische Bestattungen im Herkunftsland der Migranten
Die Bestattungen von Zugewanderten und deren Nachkommen hat bis vor wenigen Jahren seitens der Forschung und der Fachpresse wenig Beachtung gefunden. Ursache ist, dass die Zahl in Deutschland bestatteter Muslime noch immer relativ niedrig liegt, weil anlässlich des Todes meist eine Rückkehr ins Herkunftsland erfolgt (Kuhnen 2012, S. 15).[58] Das hat gleich mehrere Gründe. So verweigert der deutsche Gesetzgeber das *Ewige Ruherecht,* welches vom Koran für die Toten vorgeschrieben ist. Auch eine Neubelegung des Grabes verbietet der Islam (Großes Lexikon der Bestattungs- und Friedhofskultur 2010, S. 236 f.). Daraus folgt, dass z. B. in Dortmund, einer Stadt mit einem Migrantenanteil von über 25 %, zwischen 1996, als dem Beginn der muslimischen Bestattungen und 2013, nur 134 Muslime auf Dortmunder Friedhöfen bestattet wurden.[59]

Anfänge muslimischer Bestattungen in Deutschland
Da die islamischen Religionsgemeinschaften in Deutschland keine Körperschaften des öffentlichen Rechts bilden, dürfen sie selber keine Friedhöfe unterhalten

---

[56]Die Zahlen werden vom Bundesamt für Migration und Flüchtlinge genannt und sind diesem von der Deutschen Islamkonferenz zur Verfügung gestellt. Vgl. https://www.bamf.de/SharedDocs/Meldungen/DE/2016/20161214-studie-zahl-muslime-deutschland.html.

[57]Vgl. https://www.bamf.de/SharedDocs/Projekte/DE/DasBAMF/Forschung/Integration/muslimisches-leben-deutschland-2016.html.

[58]Für den Leichentransport ins Herkunftsland werden Vorsorgeversicherungen abgeschlossen.

[59]Interview mit dem Leiter der Dortmunder Friedhöfe am 04.12.2013.

(Kuhnen 2012, S. 22 f.). Erst 2015 wurde in NRW als erstem Bundesland das Bestattungsgesetz dahingehend geändert, dass auch muslimische Vereine Friedhöfe betreiben dürfen.[60] So ist es möglich, dem Wunsch zu entsprechen, auch im Tod Teil der Gemeinschaft, zu bleiben. Nach Jahrzehnten zurückliegender Anfänge werden inzwischen in zahlreichen deutschen Großstädten muslimische Grabfelder angelegt.[61]

Muslimische Bestattungen am Beispiel einer Stadt im Ruhrgebiet
Am Beispiel von Dortmund[62] soll gezeigt werden, wie es zur Bestattung von Muslimen in Deutschland gekommen ist. Entsprechende Initiative ging dort vom Ausländerbeirat und dem Ausschuss für Bau, Verkehr und Grünflächen aus. Die vereinbarten Regelungen sehen vor, dass ungeachtet der Herkunftsnationalität in muslimischen Gräberfeldern bestattet wird. Die Nutzungszeit ist für Wahlgräber auf 50 Jahre festgelegt; wobei nach 35 Jahren eine „Überbelegung"[63] möglich ist. Reihengräber haben eine Ruhezeit von 50 Jahren. Danach ist eine Neubelegung möglich.

Die Gruppe der Muslime ist sehr heterogen. Außerdem kommt es über die Jahre zur Entwicklung ortstypischer Formen und Rituale. Der Grund, warum die muslimischen Bestattungen im Ortsvergleich untereinander abweichen, liegt neben anderem an den örtlich sehr diversen infrastrukturellen Bedingungen. Muslimische Bestattungen gelten als wichtige kulturelle Ereignisse, an denen viele Menschen teilnehmen. Das erfordert u. a. entsprechende Baulichkeiten und nicht zuletzt die Toleranz der anliegenden Wohnbevölkerung.

Bestattung und Anlage der Gräber
Glaubenskern des Islam ist „die Unsterblichkeit der Seele". Aber auch an die Auferstehung des Körpers wird geglaubt (Kuhnen 2012, S. 51). Der Tod gilt als Übergang und nach dem Jüngsten Gericht folgt das Paradies oder die Hölle.

---

[60]Vgl. https://www.mhkbg.nrw/gesundheit/versorgung/bestattungswesen/fragen_und_antworten_zum_novellierten_des_friedhofs-_und_bestattungsgesetzes/index.php.
[61]Vgl. http://www.eslam.de/begriffe/i/islamische_graeberfelder_in_deutschland.htm.
[62]Die Informationen verdankt der Autor einem Mitarbeiter des Bereiches Friedhofs- und Bestattungsangelegenheiten der Stadt Dortmund und einer von ihm verfügbar gemachten Materialsammlung. Das Expertinterview fand am 10.01.2014 statt.
[63]Überbelegung heißt: Beisetzung auf Beisetzung.

Muslime sollen rasch – innerhalb von 24 h – bestattet werden. Die deutschen Gesetze erlauben dies nicht, sodass mindestens 48 h zwischen Tod und Bestattung vergehen müssen. Eine Aufbahrung ist nicht vorgesehen (Kuhnen 2012, S. 42 ff.). Vorgeschrieben ist dagegen eine Ganzkörperbestattung, denn Seele und Körper sollen unversehrt den Übergang in die Ewigkeit finden. Außerdem gilt das Gebot der *Ewigen Totenruhe*. Dieser Regel können die deutschen Friedhofsordnungen (s. o.) nicht Genüge tun. Der Leichnam ist im Grab mit „Blick" nach Mekka zu betten (Großes Lexikon der Bestattungs- und Friedhofskultur 2010, S 236).[64]

Gestaltungsvorschriften für die Gräber enthält der Koran nicht. Allerdings sind Einfassung und Grabstein vorgeschrieben. Es gibt ein Betretungsverbot der Grabfläche, um die Ruhe des Toten nicht zu stören. Daraus ergibt sich, sie nicht zu pflegen. Inzwischen findet aber auch eine gewisse Anpassung an die in Deutschland üblichen Grabgestaltungen statt (Kuhnen 2012, S. 25). Der Islam bestattet seine Toten im Leichentuch *(Tuchbestattung)*. Dies ist seit einer Änderung der Bestattungsgesetze (zuerst 2003 in NRW) und inzwischen auch in anderen Bundesländern durch Aufhebung des *Sargzwangs* möglich (Großes Lexikon der Bestattungs- und Friedhofskultur 2010, S. 373, 480). Der Transport des Leichnams zum Grab erfolgt auf einigen Friedhöfen im Sarg. Erst am Grab wird der Verstorbene aus dem Sarg genommen und in ein Leichentuch gehüllt. Andernorts wird aber auch im Sarg bestattet und mitunter haben die Angehörigen die Möglichkeit, die Grabgrube bis zur Oberkante des Sarges mit Erde aufzufüllen. Im Fall einer späteren Wiederbelegung der Grabstätte muss abermals ein Angehöriger der muslimischen Glaubensgemeinschaft dort bestattet werden (Kuhnen 2012, S. 35).

Totenwaschung
Vor der Bestattung findet die rituelle Totenwaschung statt. Die ausführende Person muss muslimischen Glaubens sein. Dabei handelt es sich um den Bestatter, oder um das Personal der Institution, in der gestorben wurde. Angehörige können dem Ritual beiwohnen (ebd., S. 38 ff.; Großes Lexikon der Bestattungs- und Friedhofskultur 2010, S. 459). Grundsätzlich ist die Frage der beteiligten Personen und welche rituelle Handlung sie jeweils durchführen, von großer Bedeutung. Ob Frauen an einer Bestattung teilnehmen dürfen und wo sie sich ggfs. zu platzieren haben, ist in den einzelnen Ländern des Islam verschieden geregelt.

---

[64]Auf einigen muslimischen Friedhöfen oder Grabfeldern werden Frauen und Männer auf separaten Flächen bestattet (Kuhnen 2012, S. 35).

Es besteht das Bestreben seitens der Muslime „unter sich" zu bleiben, wenn der letzte Dienst am Toten getan wird (Kuhnen 2012, S. 43).

Juden
Im jüdischen Glauben spielte die Vorstellung vom „ewigen Leben" – folgt man der Tora[65] – lange Zeit keine Rolle. Der Tod wurde als ein Naturereignis oder als Strafe wahrgenommen. Im Laufe der Zeit ist es zum Glauben an die Auferstehung nach dem Jüngsten Gericht gekommen, die vom modernen Judentum allerdings abgelehnt wird (Bestattung in Deutschland 2008, S. 172; Kuhnen 2012, S. 83).

Die Zahl der Mitglieder Jüdischer Gemeinden in Deutschland lag 2015 bei knapp einer Mio.[66] Damit ist es seit 2003 über die Jahre zu keinen größeren Veränderungen gekommen. Die Zuwanderung größerer Kontingente erfolgte, gerahmt durch Abkommen zwischen der Bundesrepublik Deutschland und der Sowjetunion, nach der Auflösung Letzterer ab 1990. Inzwischen ist sie weitgehend zum Erliegen gekommen.

Sofern Jüdische Gemeinden als Körperschaften des öffentlichen Rechts anerkannt sind, dürfen sie eigene Friedhöfe unterhalten. Dennoch sind sie den deutschen Ländergesetzen unterworfen. Konflikte ergeben sich heute aus der Zuwanderung aus Russland und den voneinander abweichenden Entwicklungen in den Gemeinden.

Die Organisation von Bestattungen liegt traditionell in der Verantwortung der „Chewra Kadischa", einem Gremium, gebildet aus Ehrenamtlichen. Deren Aufgabe ist es, die Bestattung zu organisieren und die Trauernden während der siebentägigen strengen Trauerzeit zu begleiten und zu versorgen. Aufgrund des Problems zu weniger Mitglieder beschränkt sich die Arbeit der Chewra zumeist auf die Durchführung der rituellen Waschung, der „Tahara" (Kuhnen 2012, S. 70). Danach finden Einkleidung und (in Deutschland) die Einsargung statt. Die Einäscherung wird – ausgenommen ist hier das moderne liberale Judentum – abgelehnt (Bestattung in Deutschland 2008, S.172).

Die Beisetzung soll so schnell wie möglich stattfinden, allerdings unter Beachtung der deutschen Gesetze. Für Gräber auf jüdischen Friedhöfen besteht „Ewiges Ruherecht". Die Gräber werden der Natur überlassen, d. h. sie werden nicht gepflegt (ebd., S. 173).

---

[65]Die Tora sind die fünf Bücher Mose, der erste Teil der hebräischen Bibel.
[66]Die Anzahl der aus Russland zugewandertem Menschen jüdischer Herkunft ist damit nicht identisch. Vgl. https://de.statista.com/statistik/daten/studie/1232/umfrage/anzahl-der-juden-in-deutschland-seit-dem-jahr-2003/.

Yeziden

Die *Yeziden* sind eine kleine religiöse Gruppe von etwa 800.000 weltweit lebenden, ethnisch den Kurden zugehörigen Menschen. Ursprünglich hatten sie im Grenzgebiet zwischen Türkei, Irak, Syrien und den Ländern der GUS gesiedelt. Etwa 30.000 leben heute in Deutschland. Ihre Religion ist monotheistisch, verfügt aber über keine in sich geschlossene Lehre. Zwar gibt es nicht die Vorstellung einer Hölle, wohl aber die von einer Belohnung oder Bestrafung des menschlichen Handelns und einer Wiedergeburt (ebd.).

Nach dem Tod findet, einem bestimmten Schema folgend, die rituelle Waschung statt. Zwingend sind Erdbestattung und gemeinsame Abschiedsmahlzeit aller Trauerden nach der Beisetzung. Diese soll schnell erfolgen. Der Sarg kann Gestaltungselement des Grabes sein. Die Trauerzeit dauert u. U. mehrere Jahre. Während dieser Phase sind Hochzeiten nicht erlaubt (ebd., S. 176; Kuhnen 2012, S. 103).

1989 wurde im Raum Hannover, wo eine größere Zahl von Yeziden lebt, ein Gräberfeld errichtet. Die Grabreihen sind entsprechend der drei Klassen, in die die Gesellschaft unterteilt ist, geordnet und zur Sonne ausgerichtet (Bestattung in Deutschland 2008, S. 175).

Buddhisten

Der Buddhismus gehört zu den fernöstlichen Religionen. Es gibt zahlreiche Variationen. Die Vorstellung von einem allmächtigen Gott, von dessen Gnade das ewige Leben abhängig sei, besteht nicht. Mit dem Tod wechselt das Leben jedoch in eine andere Existenzform – die eines Menschen, eines Tieres, oder Gottes. Das neue Leben ist also davon abhängig, wie das alte geführt wurde. Gutes Verhalten wird belohnt, schlechtes durch die neue Existenz bestraft (Bestattung in Deutschland 2008, S. 183; Kuhnen 2012, S. 115 f.). Grundsätzlich bedeutet Leben in den Denkkategorien des Buddhismus Leiden. Ziel ist deshalb, den Kreislauf des Leidens, Bewährens und Versagens zu verlassen, um schließlich im „Nirwana" als letztem Stadium der Ruhe anzukommen. Dies hängt jedoch ab vom Ansammeln eines guten „Karma" (Kuhnen 2012, S. 116).

Eine buddhistische Bestattung ist hinsichtlich der Abfolge, der Inhalte und Rituale abhängig von den Besonderheiten des Herkunftslandes des Verstorbenen. Das ist für in Deutschland lebende Buddhisten zumeist Vietnam. Dort bleibt der Leichnam mehrere Stunden lang unberührt, um so dem Geist Gelegenheit zu geben, die Realität des Todes zu erfassen. Dabei spielt die Meditation eine wichtige Rolle. Ziel ist das Erreichen einer besseren Wiedergeburt. Erst danach findet die Waschung statt. Ihr folgen im Herkunftsland eine Reihe häuslicher

Trauertage (ebd., S. 119). Die aufwendige Trauerfeier wird unter Nutzung verschiedener Zeremonien von einem buddhistischen Mönch unter Beteiligung weiterer Personen ausgeführt. Die Bestattung ist sowohl im Sarg als auch in der Urne möglich. Auf dem Weg zum Grab folgt der Trauerzug einer vorweg getragenen Buddhafigur (Bestattung in Deutschland 2008, S. 184). In Deutschland können diese Abläufe nur in reduziertem Umfang stattfinden, weil sie z. T. den deutschen Bestattungsgesetzen nicht entsprechen oder die religiöse Infrastruktur (Tempel und Klöster) fehlt. Außerdem mangelt es den buddhistischen Mönchen an deutschen Sprachkenntnissen (Kuhnen 2012, S. 148). Die Durchführung einer buddhistischen Bestattung ist daher in Deutschland schwierig, weshalb ein Teil der Urnen zum Begräbnis nach Vietnam überführt wird (ebd., S. 128), was aber wegen der Kosten problematisch ist. Eigene Bestattungsflächen auf Friedhöfen gibt es bisher nicht. Angestrebt wird die Urnenbeisetzung im Tempel (ebd., S. 149).

Hindus
Zentrales Element des *Hinduismus* ist seine Jenseitsvorstellung. Die Bestattungsrituale erfüllen vor allem den Zweck, das Weiterleben im Reich der Ahnen zu gewährleisten. Ähnlich wie im Buddhismus wird vom Gesetz des Karmas ausgegangen, wonach gute Taten Voraussetzung für eine gute Wiedergeburt sind. Ziel ist die Erlösung aus diesem Kreislauf, die allein mit geistigen Anstrengungen gelingen kann. Diese zielt auf eine Vereinigung der Seele mit der höchsten Gottheit (Kuhnen 2012, S. 153 f.).

Die Zahl gläubiger und praktizierender Hindus in Deutschland ist schwer zu ermitteln, da sich unter Flüchtlingen aus Sri Lanka auch Christen befinden. Die Zahl bewegt sich im fünfstelligen Bereich.

In Sri Lanka wird der Verstorbene spätestens drei Tage nach Todeseintritt verbrannt. Die Bestattungszeremonien sind von der Vorstellung getragen, die durch den Tod bewirkte Verunreinigung zu beseitigen. Das ist Aufgabe des „Bestattungspriesters". Wie aufwendig dieses Verfahren ist, wird erkennbar an der Frist von 31 Tagen, die ihm dazu gesetzt ist. Herrichtung und Aufbahrung des Verstorbenen finden im häuslichen Bereich statt. Nach Erledigung aller Zeremonien wird der Verstorbene im Beisein aller Angehörigen zum Verbrennungsplatz auf dem Friedhof getragen. Die Asche wird nach 31 Tagen ins Meer gestreut (ebd., S. 154 ff.).

Bei einer tamilisch-hinduistischen Bestattung entfallen die aufwendigen Rituale bzw. werden massiv gekürzt. Das gilt auch für die häusliche Aufbahrung, die nur dann seitens der Behörden wegen der beengten Wohnverhältnisse erlaubt wird, wenn die Person zu Hause verstorben ist. Noch gewichtiger ist, dass es in

Deutschland keine Bestattungspriester gibt, d. h. diese teuer eingeflogen werden müssen (ebd., S. 161 ff.).

Für die Mehrheit verstorbener Hindus gibt es eine Seebestattung. Häufig kommt es auch zum Versand der Urne in das Herkunftsland (ebd., S. 166 ff.).[67]

Literatur

Akyel, Dominic (2013): Die Ökonomisierung der Pietät. Der Wandel des Bestattungsmarktes in Deutschland. Schriften aus dem MPI für Gesellschaftsforschung. Frankfurt am Main: Campus.

Assig, Sylvie (2007): Waldesruh statt Gottesacker. Der Friedwald als neues Bestattungskonzept. Eine kulturwissenschaftliche Spurensuche. Stuttgart: Ibidem-Verlag.

Barloewen von, Constantin (Hrsg.) (1996): Der lange Schlaf. Der Tod als universelles Phänomen der Weltkulturen und Weltreligionen. In: Barloewen von, Constantin: Der Tod in den Weltkulturen und Weltreligionen. München: Eugen Diederichs Verlag: S. 9–91.

Bestattung in Deutschland (Hrsg.) (2008): Lehrbuch. Düsseldorf: Fachverlag des deutschen Bestattungsgewerbes.

Bourdieu (1987) (zuerst 1980): Sozialer Sinn. Kritik der theoretischen Vernunft. Frankfurt am Main: Suhrkamp.

Brademann, Jan/Freitag, Werner (Hrsg.) (2007): Leben bei den Toten. Kirchhöfe in der ländlichen Gesellschaft der Vormoderne. Münster: Rhema.

Brucker, Renate/Bujok, Melanie/Mütherich, Birgit/Seeliger Martin/Thieme, Frank (Hrsg.) (2015): Das Mensch-Tierverhältnis. Eine sozialwissenschaftliche Einführung. Wiesbaden: Springer VS.

Deinert, Horst/Jegust, Wolfgang/Lichtner, Rolf (2010): Todesfall- und Bestattungsrecht. Sammlung bundes- und landesrechtlicher Bestimmungen. 4. Aufl. Düsseldorf: Fachverlag des deutschen Bestattungsgewerbes.

Denk, Claudia (2007): Der „Campo Santo" Ludwigs I. in München: vom königlichen Gedächtnisprojekt zum Ort wirtschaftlicher Repräsentation. In: Der bürgerliche Tod. Städtische Bestattungskultur von der Aufklärung bis zum frühen 20. Jahrhundert. ICOMOS Hefte des Deutschen Nationalkomitees. Regensburg: S. 46–59.

Duden (1974): Fremdwörterbuch. Bd. 5. 3. Aufl. Mannheim/Wien/Zürich: Dudenverlag.

Düselder, Heike (2007): „O Ewich is so lanck". Die Soziotopographie des Kirchhofs in einem lutherischen Territorium – Das Beispiel der Grafschaft Oldenburg. In: Brademann, Jan/Freitag, Werner (Hrsg.): Leben bei den Toten. Kirchhöfe in der ländlichen Gesellschaft der Vormoderne. Münster: Rhema: S. 253–263.

Fischer, Michael (2004): Ein Sarg und nur ein Leichenkleid. Sterben und Tod im 19. Jahrhundert. Zur Kultur- und Frömmigkeitsgeschichte des Katholizismus in Süddeutschland. Paderborn/München/Zürich: Ferdinand Schönigh.

---

[67] Ähnlich sind die Probleme bei Personen indischer Herkunft (ebd., S. 171 ff.).

Fischer, Norbert (2011): Inszenierte Gedächtnislandschaften. Perspektiven neuer Bestattungs- und Erinnerungskultur im 21. Jahrhundert. In: Förderkreis Ohlsdorfer Friedhof e.V. (Hrsg.): Ohlsdorf – Zeitschrift für Trauerkultur, Nr. 114. Hamburg.
Fischer, Norbert (2001): Geschichte des Todes in der Neuzeit. Erfurt: Sutton-Verlag.
Fischer, Norbert (1996): Vom Gottesacker zum Krematorium. Eine Sozialgeschichte der Friedhöfe in Deutschland seit dem 18. Jahrhundert. Köln: Böhlau.
Friedhofskultur. Die Zeitschrift für das gesamte Friedhofswesen (September 2017): Trost & Gedenken. Kunstvoller Grabschmuck zu Allerheiligen und Marktübersicht Grabkerzenautomaten. 107. Jg. 9. Hrsg. vom Verband der Friedhofsverwalter Deutschlands Berlin: Haymarket Media.
Gaedke, Jürgen (Hrsg.) (2010): Handbuch des Friedhofs- und Bestattungsrechts. 10. Aufl. Köln: Carl Heymans Verlag.
Gaedke, Jürgen (Hrsg.) (1992): Handbuch des Friedhofs- und Bestattungsrechts. 6. Aufl. Köln: Carl Heymans Verlag.
Gerhardt, Andrea (2007): Exklusive Orte und normale Räume. Versuch einer soziotopologischen Studie am Beispiel des öffentlichen Friedhofs. Norderstedt: Books on Demand.
Großes Lexikon der Bestattungs- und Friedhofskultur (2010): Wörterbuch zur Sepulkralkultur. Zentralinstitut für Sepulkralkultur Kassel. Bd. 3. Frankfurt am Main: Fachhochschulverlag.
Großes Lexikon der Bestattungs- und Friedhofskultur (2005): Wörterbuch zur Sepulkralkultur. Zentralinstitut für Sepulkralkultur Kassel. Bd. 2. Frankfurt am Main: Fachhochschulverlag.
Großes Lexikon der Bestattungs- und Friedhofskultur (2002): Wörterbuch zur Sepulkralkultur. Zentralinstitut für Sepulkralkultur Kassel. Bd. 1. Frankfurt am Main: Fachhochschulverlag.
Happe, Barbara (2012): Der Tod gehört mir. Die Vielfalt der heutigen Bestattungskultur und ihre Ursprünge. Berlin: Reimer.
Happe, Barbara (2007): Die Reform der Friedhofs- und Grabmalkultur zu Beginn des 20. Jahrhunderts – die Typisierung als reformästhetisches und soziales Gestaltungsprinzip. In: ICOMOS, Hefte des Deutschen Nationalkomitees der Bundesrepublik Deutschland. Berlin.
Happe, Barbara (2003): Die Trennung von Grab und Kirche. Außerstädtische Begräbnisplätze im 16. und 17. Jahrhundert. In: Raum für Tote. Die Geschichte der Friedhöfe von den Gräberstraßen der Römerzeit bis zur anonymen Bestattung. Hrsg. von der Arbeitsgemeinschaft Friedhof und Denkmal Zentralinstitut und Museum für Sepulkralkultur. Kassel/Braunschweig: S. 63–82.
Helmers, Traute (2012): Schöne Orte den Toten. Kulturwissenschaftliche Umkreisungen des Totenkults zu Beginn des 21. Jahrhunderts. Königswinter: Aeternitas.
Helmers, Traute (2004): Anonym unter grünem Rasen. Eine kulturwissenschaftliche Studie zu neuen Formen von Begräbnis- und Erinnerungspraxis auf Friedhöfen. Oldenburg: Aeternitas.
Isaiasz, Vera/Lotz-Heumann, Ute/Mommertz, Monika/Pohlig, Matthias (Hrsg.) (2007): Stadt und Religion in der frühen Neuzeit. Soziale Ordnungen und ihre Repräsentationen. Frankfurt am Main: Campus.
Kaspar, Fred (2007): Der Kirchhof als religiöser und sozialer Ort. Bauhistorische Überlegungen an westfälischen Beispielen. In: Brademann, Jan/Freitag, Werner (Hrsg.): Leben bei den Toten. Kirchhöfe in der ländlichen Gesellschaft der Vormoderne. Münster: Rhema: S. 293–328.

Kuhnen, Corinna (2012): Fremder Tod. Bestattung muslimischer, jüdischer, buddhistischer, hinduistischer und yezidischer Religionsangehöriger in Deutschland. Düsseldorf: Fachverlag des deutschen Bestattungsgewerbes.

Memento (2017): 10 Jahre Initiative Unbedachte-Bedachte/Gottesdienst für die Unbedachten in Bochum. Hrsg. von Pfr. Andreas Brenneke und Pfr. i.R. Dr. Karl-Georg Reploh für die Evangelische und Katholische Kirche in Bochum in Zusammenarbeit mit dem bochumerkünstlerbund.

Mickan, Antje (2015):„...wenn ich irgendwo so ́n Steinchen da hätte mit Namen". Bestattungswünsche älterer Menschen. Eine praktisch-theologische Untersuchung zu Altern, Sepulkralkultur und Seelsorge. Kasseler Studien zur Sepulkralkultur. Bd. 23. Münster: LIT Verlag.

Ohler, Norbert (2004): Sterben und Tod im Mittelalter. 2. Aufl. Düsseldorf/Zürich: Patmos.

Reitemeier, Arnd (2007): Die Kirchhöfe der Pfarrkirchen in der Stadt des späten Mittelalters. In: Bradenmann, Jan/Freitag, Werner (Hrsg.): Leben bei den Toten. Kirchhöfe in der ländlichen Gesellschaft der Vormoderne. Münster. Rhema: S. 129–144.

Ritter, Falko (2009): Rechtliche Rahmenbedingungen der Privatisierung im Friedhofswesen. Eine Studie im Auftrag von Aeternitas. Königswinter: Aeternitas.

Rogge, Petra (2006): Das fehlende Gramm. Über die Bestattung von Stillgeborenen. In: Roland, Oliver (Hrsg.): Friedhof – Ade? Die Bestattungskultur des 21. Jahrhunderts. Anthologie für Religion 5. Mannheim: AZUR: S. 41–50.

Siegmund, Andrea (2002): Die romantische Ruine im Landschaftsgarten: Ein Beitrag zum Verhältnis der Romantik zu Barock und Klassik. Würzburg: Königshausen & Neumann.

Sieweck, Jörg (2016): Wirtschaftsfaktor Lebensende. Der Milliarden-Markt rund ums Ableben. Vorsorge – Sterbekosten – Todesfall – Bestattung – Branchen. Norderstedt: BoD-Books on Demand.

Sörries, Reiner (2007): Ethnographie des Lebensendes. Selbstbestimmtes Sterben in den Religionen und Kulturen. In: Endreß, Alexander/Bauer, Michael (Hrsg.): Selbstbestimmung am Ende des Lebens. Schriftenreihe der Humanistischen Akademie Bayern. Bd. 1. Aschaffenburg: Alibri Verlag: 91–104.

Sörries, Reiner (2008): Alternative Bestattungen. Formen und Folgen. Ein Wegweiser. Düsseldorf: Fachhochschulverlag.

Streeck, Wolfgang (2013): Gekaufte Zeit: Die vertagte Krise des demokratischen Kapitalismus. 5. Aufl. Berlin: Suhrkamp.

Ströbl, Andreas (2014): Entwicklung des Holzsarges von der Hochrenaissance bis zum Historismus im nördlichen und mittleren Deutschland. Düsseldorf: Fachverlag des deutschen Bestattungsgewerbes.

Thieme, Frank (2016): Bestattung zwischen Wunsch und Wirklichkeit. Eine soziologische Studie zum Wandel des Bestattungsverhaltens in Deutschland. Düsseldorf: Fachverlag des deutschen Bestattungsgewerbes.

Weber, Max (1968) (zuerst 1919): Wissenschaft als Beruf. In: Max Weber: Gesammelte Aufsätze zur Wissenschaftslehre. 3. Aufl. Tübingen: Mohr: S. 582–613.

Literatur

Internetrecherche

http://www.heise.de/newsticker/meldung/Aufloesen-statt-Verbrennen-Beerdigungen-sollen-umweltfreundlicher-werden-3814891.html, 04.09.17
http://wirtschaftslexikon.gabler.de/Definition/koerperschaft-des-oeffentlichen-rechts.html, 09.01.18
http://www.sueddeutsche.de/panorama/abschaffung-des-friedhofszwangs-in-bremen-zu-hause-ists-am-schoensten-1.2231461, 09.01.18
http://www.aachener-zeitung.de/lokales/heinsberg/der-tagebau-rueckt-naeher-1000-tote-werden-umgebettet-1.366892, 09.01.18
http://www.halle.de/de/Kultur/Tourismus/Sehenswertes/Friedhoefe-entdecken/Stadtgottesacker/, 09.01.18
http://www.ecowoman.de/24-natur-umwelt/5269-oekologische-bestattung-im-infinity-burial-suit-macht-umweltfreundliche-begraebnisse-moeglich, 09.01.18
http://www.wired.co.uk/article/alkaline-hydrolysis-biocremation-resomation-water-cremation-dissolving-bodies, 09.01.18
https://www.focus.de/wissen/mensch/geschichte/biografien/tid-24853/300-jahre-friedrich-der-grosse-die-windspiele-friedrich-der-grosse-hundenarr_aid_705965.html, 09.01.18
http://www.volksbund.de/home.html, 10.01.18
https://bestattungsvorsorge-heute.de/sterbegeld/, 10.01.18
http://www.sterbeversicherung.com/, 15.01.18
https://www.ahorn-ag.de/, 15.01.18
https://www.bamf.de/DE/Service/Left/Glossary/_function/glossar.html?lv3=3198544, 15.01.18
https://www.bamf.de/SharedDocs/Meldungen/DE/2016/20161214-studie-zahl-muslime-deutschland.html, 15.01.18
https://www.bamf.de/SharedDocs/Projekte/DE/DasBAMF/Forschung/Integration/muslimisches-leben-deutschland-2016.html, 15.01.18
https://www.mhkbg.nrw/gesundheit/versorgung/bestattungswesen/fragen_und_antworten_zum_novellierten_des_friedhofs-_und_bestattungsgesetzes/index.php, 15.01.18
http://www.eslam.de/begriffe/i/islamische_graeberfelder_in_deutschland.htm, 15.01.18
https://de.statista.com/statistik/daten/studie/1232/umfrage/anzahl-der-juden-in-deutschland-seit-dem-jahr-2003/, 15.01.18

Fazit und Ausblick 6

„Fast zwei Jahrtausende lang", so der für seine Abhandlung über die Geschichte des Todes gerühmte Historiker Philippe Ariès, „[…] blieb im Abendland die Grundeinstellung des Menschen zum Tod nahezu unverändert". Der Tod war ein vertrauter Begleiter, ein Bestandteil des Lebens, er wurde akzeptiert und häufig als eine letzte Lebensphase der Erfüllung empfunden. Seit dem 19. Jahrhundert hat sich ein entscheidender Wandel vollzogen. „[…] Der Tod ist in der modernen, leistungsorientierten Gesellschaft nicht eingeplant. Der Mensch stirbt nicht mehr umgeben von Familie und Freunden, sondern einsam und der Öffentlichkeit entzogen, um den ‚eigenen Tod' betrogen" (2005, S. I).

Dem Verlust steht, so eine weitere These, allerdings ein Gewinn gegenüber: nämlich die Verfügung über den eigenen Tod. „Der Tod gehört mir", lautet der Titel eines Buches über Geschichte und Gegenwart der Bestattungskultur in Deutschland (Happe 2012).

Grund für den unbestrittenen Wandel ist zunächst die „große Transition" (Polanyi 1978). Gemeint ist der grundlegende soziale Wandel von traditionellen zur modernen Gesellschaften im 18./19. Jahrhundert. Der zivilisatorische Fortschritt hat dazu beigetragen, dass es binnen gut hundert Jahren zu mehr als einer Verdoppelung der Lebenserwartung gekommen ist. Er hat Krankheiten oder deren Gefährlichkeit beseitigt, allerdings nicht Entstehung und Verbreitung „neuer" todbringender Gefahren verhindern können. Der Tod fährt seine „Ernte" heute zumeist unter Alten ein.

Längst schon sind in der funktional differenzierten Gesellschaft die Betreuung Sterbender und die Versorgung Toter aus Familie und Nachbarschaft ausgegliedert und zum Beruf geworden. Sterben und Tod sind dadurch – das Blickfeld der professionellen Dienstleister ausgenommen – „unsichtbar" und damit fremd geworden.

© Springer Fachmedien Wiesbaden GmbH, ein Teil von Springer Nature 2019
F. Thieme, *Sterben und Tod in Deutschland*,
https://doi.org/10.1007/978-3-531-18873-7_6

Anders als in vormoderner Zeit ist der Tod auch kein „Gleichmacher" mehr, d. h. eine Macht, die jeden, unbedacht seiner sozialen Stellung, früher ständig bedrohte. Vielmehr haben sozialökonomische Indikatoren, wie Bildung, Einkommen, Wohnregion u. a. heute stärker als früher Einfluss auf Gesundheit, Lebenserwartung und Todesart.

Doch es gibt Schattenseiten des „langen Lebens". Dazu gehört, dass die künstliche Lebensverlängerung das Selbstbestimmungsrecht und die Würde des Sterbenden außer Kraft setzen kann. Das hat zu noch andauernden Diskussionen über den Einsatz unterschiedlicher Formen von Sterbehilfe und eine Neubelebung der Suiziddiskussion geführt.

Entwertet sind die traditionellen Trostangebote. Die religiöse Semantik verliert ihre Funktion im Schatten der Säkularisierung. Ersatz findet sich, wo nicht Pragmatismus im Umgang mit dem Tod und den Toten sich einstellt, in Esoterik und „Bastelreligionen".

Im Klima sozialen Wandels verändern sich auch Formen und Rituale der Trauer. Der Prozess der Individualisierung perforiert eine verbindliche Trauernorm und schafft Unsicherheiten und Überforderungen. Anlässlich eines Todesfalls ist dann oft ein Rückzug ins „Private" die Folge. Umgekehrt sucht die Menge die Öffentlichkeit, wenn Prominente sterben oder die Medien spektakuläre Tode in die Öffentlichkeit getragen haben. Der kollektiv betrauerte Tod scheint Ersatz für privates Trauern. Eine neue Form des Trauerns bietet das digitale Netz.

Längst hat der Wandel die Bestattung erreicht. Der Prozess der Individualisierung hat aber nicht, wie vielfach behauptet, alle Traditionen beseitigt und schon gar nicht zu einer größeren Verbreitung eines „Entsorgungsverhaltens" geführt. Die Folge von Individualisierung ist vielmehr eine Pluralisierung der Trauer- und Bestattungsnorm. Neues und Altes wird Option und der vom Gesetzgeber liberalisierte Bestattermarkt sorgt für passgenaue Angebote. Diese fordern ihren Preis, wodurch es nach dem Wegfall gesetzlich garantierter Bestattungsvorsorge zu einer Vergrößerung des Anteils anonymer Bestattungen aber auch zum Anstieg von Sozialbestattungen gekommen ist. Diese Beobachtungen rechtfertigen indes nicht die These von einem Verfall der Bestattungskultur. Wenn auch die Kremation inzwischen zur Norm geworden ist, behaupten sich bewährte Formen, wie das Wahlgrab, neben naturnahen oder opulent gestalteten Gemeinschaftsgräbern.

Wie geht es weiter? Trauer- und Bestattungskultur sind Teil einer Gesamtkultur. Diese wandelt sich, sodass Empfinden vieler Menschen, derzeit u. a. infolge starker Einwanderung. Die Rolle der Kirche wird schwächer, auch deshalb, weil in einer Einwanderungsgesellschaft die religiöse Pluralität zunimmt oder ein auf das „Diesseits" gerichteter Pragmatismus sich ausbreitet. Zu rechnen ist mit einer weiteren Liberalisierung der Bestattungs- und Friedhofsgesetze, was u. a. den Trend zur Ökonomisierung des Pflege- und Bestattungswesens beschleunigen könnte.

Vielleicht wird es eines gar nicht so fernen Tages möglich und erlaubt sein, Leichen durch Kälteverfahren zu konservieren, mit dem Ziel sie irgendwann aufzutauen, um ihnen ein zweites und wohl möglich „ewiges Leben" einzuhauchen.

„Gestorben wird", sagen die Bestatter heute, „immer." Das könnte sich ändern.

Literatur

Ariès, Philippe (2005) (zuerst 1980): Geschichte des Todes. München: dtv Verlagsgesellschaft.
Happe, Barbara (2012): Der Tod gehört mir. Die Vielfalt der heutigen Bestattungskultur und ihre Ursprünge. Berlin: Reimer.
Polanyi, Karl (1978) (zuerst 1944): The Great Transformation. Politische und ökonomische Ursprünge von Gesellschaften und Wirtschaftssystemen. Suhrkamp Taschenbuch. Wissenschaft. Frankfurt am Main: Suhrkamp.

Sachverzeichnis

A
Aberglaube, 74, 132
Abort, 32, 181
  künstlich eingeleiteter, 32
Abtreibungsgesetz, 54
Altersaufbau, 51
Alterung, demografische, 40, 140
Anonymisierung, 179
Aschediamant, 173, 180
Aschekapsel, 178
Atheismus, 8
Aufbahrung, 151, 188, 206, 209
Aussteuer, 83, 122
Autopsie, 31, 83

B
Baumgrab, 178, 192
Bestattung
  anonyme, 177
  muslimische, 204, 205
  ordnungsbehördliche, 83
  von Amts wegen, 83
Bestattungsbranche, 76
Bestattungsform
  alternative, 178, 180
  naturnahe, 178
Bestattungsfrist, 82, 174
Bestattungsgesetze, 82, 161, 192, 205, 206
Bestattungskultur, V, 11, 77, 84, 152, 171, 183, 187, 189–191, 200, 203
  alternative, 192
  säkulare, 192
Bestattungsmonopol, 153, 185
Bestattungspflicht, 14, 32, 82
Bestattungsrealität, 192
Bestattungsvorsorge, 77, 198, 199, 201
Bestattungszwang, 11, 14, 32, 75, 86, 173, 174
Bevölkerungsbewegung, 118
Bevölkerungsdichte, 117
Bevölkerungswachstum, 10, 113, 119, 124, 127, 139, 190
Billigbestatter, 201
Brandopfer, 29
Bräuche, 10, 14, 149
Buddhismus, 6, 39, 41, 65, 73, 208, 209
Burial Suit, 180

D
Destandardisierung, 70
Dignitas, 97
Discounter, 201
DNA, 89, 91
Doppelsuizid, 36

E
Ehrentod, 28
Einäscherung, 83, 180, 207
Eklektizismus, 9
Embryonenschutzgesetz, 55
Epidemiologischer Übergang, 130
Erbkrankheit, 55, 85, 89, 124
Ersatzvornahme, 83
Esoterik, 73, 216
Ethik, praktische, 94
Euthanasie, 41, 63, 93
Existenzialphilosophie, 7

F
Fernere Lebenserwartung, 18
Freie Radikale, 92
Freitod, 34
Friedhofsgärtner, 199, 203
Friedhofskultur, 5, 20, 21, 171, 206
  bürgerliche, 187
Friedhofszwang, 174
Friedwald, 178, 179

G
Garantenpflicht, 95
Gedenken, kollektives, 164
Gefrierbestattung, 180
Gemeinschaftsgrab, 178, 179
Genozid, 24
Grabarchitektur, 202
Grabbeigabe, 181, 182
Grabkultur, adlige, 186

H
Healthy-Migrant-Hypothese, 52
Heldentod, 29
Herz-Kreislaufstillstand, 20
Herztod, 30, 88
Hinduismus, 6, 39, 42, 65, 73, 209
Hirntod, 20, 79
  Diagnose, 20
Hochaltrigkeit, 40, 59, 91, 157, 177

Hospiz, 62–64, 80
  ambulantes, 64
Humangenetik, 87
Hygiene, 48, 117, 119, 124, 185, 189

I
Immunsystem, 91
Indikationsregelung, 53
Individualisierung, 35, 69, 96, 152, 154, 158, 163, 165, 179, 190, 216
Industrialisierung, 23, 113, 120, 127, 128, 189
Institution, 37, 61, 80, 206
Institutionalisierung von Sterben und Tod, 14
Islam, 5, 41, 84, 161, 204–206

J
Judentum, 5, 29, 41, 207

K
Karma, 6, 208
Kindersterblichkeit, 10, 113, 121, 139
Kirchhof, 11, 134, 183–185, 190
Klinikabfall, 32, 181
Klonen, therapeutisches, 87
Kolumbarium, 174, 179
Kommunalisierung, 188
Kondukt, 150, 151
Kremation, 83, 84, 97, 162, 174, 175, 183, 188, 198, 201
Kritische Theorie, 8
Kryonik, 180

L
Langlebigkeitsgen, 91
Lebensalter, 13, 16–18, 25, 44, 46, 47, 49, 52, 57, 59, 61, 66, 77, 114–116, 121, 132, 138, 158
Lebenserwartung, fernere, 18
Lebensspanne, 2, 19, 87, 89, 90, 215

Leib-Seele-Dualismus, 5, 41
Leichenbeschauer, 30, 115
Leichendarstellung, 75
Leichenhalle, 83, 151, 174, 188
Leichenlüsternheit, 76
Leichenöffnung, 83
Leichenschau, 31
Leichenschmaus, 155

Patientenverfügungsgesetz, 96
Personenstandsgesetz, 31
Pragmatismus, 72, 154, 177, 191, 216
Präimplantationsdiagnostik, 55
Privatisierung des Todes, 14
Professionalisierung, 14, 63, 66, 71, 132, 188, 201
Promession, 180

M
Märtyrertod, 9, 28, 29, 39
Marxismus, 8
Massenmedien, 26, 28, 33, 72, 78, 97, 129, 131, 146, 162
Medialisierung, 72, 97
Mediatisierung, 28, 63, 71
Meditation, 208
Melancholie, 147
Memoria, 145, 164
Migranten, 35, 51, 53, 161, 204
Mindestlebenszeit, 90
Mobilität, 25, 40, 46
Modernisierung, 10, 113
Mord, 9, 22, 23, 28, 34, 56, 78, 129, 135
Mortalität, 15, 50
Mortalitätsrate, 16
Multimorbidität, 38, 43
Mutation, 89

N
Naturbestattung, 179
Nutzungsfristen, 175

O
Opfertod, 29, 39
Organspende, 31, 84
Organspendeausweis, 77

P
Palliativmedizin, 63, 95, 96
Patientenverfügung, 23, 77, 96, 97

R
Rasse, 93
Rationalisierungsthese, 70
Reanimation, 20, 22, 31, 79, 81
Reihengrab, 176
Reinkarnation, 6, 42, 65, 73
Reproduktionszyklus, 90, 139
Rettungspflicht, 95
Rites de passage, 151
Rituale, 10, 14, 150, 151, 160, 161, 171, 204, 205, 208, 209
Rosenkranz, 74
Ruhefrist, 175, 176

S
Säkularisierung, 35, 70, 71, 96, 152, 157
Sarg, 28, 32, 74, 75, 82, 84, 85, 97, 151, 154, 173–176, 206, 208, 209
Sarggrab, 175
Säuglingssterblichkeit, 122, 123
Schutzmolekül, 91
Schwangerschaftsabbruch, 32, 53, 55
Seebestattung, 134, 174, 176, 193, 210
Seelenwanderung, 6, 65
Sektion, klinische, 85
Selbst-Reparaturmechanismus, 91
Selbstmord, 33, 34, 39
Selbstmordattentäter, 39
Selbstmordversuch, 38
Selbsttötung, 21, 23, 33, 34, 36–38, 81, 94, 95
Selektion, 89
Sepulkralkultur, 171
Sitten, 10, 14, 126, 149
Soldatenfriedhof, 28, 190

Soldatentod, 28
Spiritualität, 73
Staatsakt, 85
Stammzellenforschung, 87
Standardisierung, 54, 70
Steinmetz, 67, 199, 202
Stelen, 179, 202
Sterbebegleitung, 63, 94, 95
Sterbefälle, absolute, 15
Sterbehilfe, VI, 9, 10, 23, 93, 94, 96–98, 216
  aktive, 38, 95, 97, 98
  indirekt aktive, 94
  Liberalisierung, 98
  passive, 94
Sterben, V, 2, 4, 7, 10, 13, 14, 27, 63, 66, 69, 71, 79, 80, 88, 93, 94, 116, 119, 125, 127, 132, 152, 171, 215
  angemessenes, 63
  eigenes, 68
  Einsamkeit, 61
  frühes, 128
  Furcht vor, 68
  Geschichte, 113
  Hilfen, 92
  in Institutionen, 60
  in vertrauter Umgebung, 62
  individuelles, 70
  Institutionalisierung, 14
  Phasen, 79
  richtiges, 5
  selbstbestimmtes, 40, 81, 96
  seuchenbedingtes, 186
  sinnentleertes, 69
  Wahrnehmung, 64
  Wortherkunft, 79
  würdevolles, 64
Sterbeorte, 60, 61, 64
  Pluralisierung, 63
Sterberisiko, 124, 132, 203
Sterbetafel, 17
Sterbeurkunde, 31
Sterbeziffer, 16, 17, 58, 115
Sterblichkeit
  differentielle, 46
  vorzeitige, 51

Suizid, 34
  altruistischer, 35
  anomischer, 36
  egoistischer, 35
  fatalistischer, 36
Suizidbeihilfe, 95
Suizidmethoden, 37, 60
Suizidstraftatbestand, 95

T
Technisierung, 127, 188
Teilhirn-Tod, 20
Testament, 39, 77
Thanatopraktiker, 84
Thanatosoziologie, 1, 2
Tierbestattung, 181
Tierfriedhof, 181
Tod
  bürgerlicher, 29
  klinischer, 20
  medizinisch-biologischer (physischer), 19
  natürlicher, 21
  nichtnatürlicher, 22
  öffentlicher, 28
  psychogener, 25
  sozialer, 25
  unzeitiger, 27
  zeitiger, 27
  ziviler, 29
Todesalter, 46
Todesarten, 19, 22, 46
Todesbescheinigung, 31
Todesfall, 15, 34, 146, 156, 196
  plötzlicher, 82
Todesfeststellung, 20, 30, 31, 80, 82
Todesflecken, 30
Todesrisiko, 47, 132
Todesstrafe, 9, 10, 22, 116, 133, 135, 183
Todesursache, 31, 43, 44, 46, 85, 86, 115, 116, 121
  Alter, 44
  Armut, 48
  Beruf, 49
  Wohnregion, 50

Sachverzeichnis

Todesverdrängung, 74
Todeszeitpunkt, 20, 31
Totenbrauchtum, 73
Totenehre, 134
Totenfürsorge, 14, 82, 132, 199
Totenhemd, 83
Totenportrait, 165
Totenruhe, 86, 134, 174
   ewige, 206
Totenschein, 31, 42, 83
Totentanz, 149
Totenverehrung, 85
Totenwaschung, 206
Totgeburt, 32, 121, 124, 148, 181
Totschlag, 22, 129
Tötung auf Verlangen, 94, 96
Transformation, große, 113
Transplantationschirurgie, 81
Transplantationsmedizin, 20, 30, 80
Trauer, V, 11, 82, 85, 145, 156, 157, 164, 171
   Definition, 145
   im Netz, 160
   Kindstod, 147
   kollektive/öffentliche, 161
   unkomplizierte, 147
   virtuelle, 159
   Weiblichkeit, 152
Trauerbewältigung, digitale, 159
Trauerfeier, 148, 151, 153, 154, 157, 158, 172, 175, 177, 182, 196, 209
   kirchliche, 154
Trauerkleidung, 148, 156
Trauerkultur, 11, 145, 149, 152–154
   Individualisierung, 152
   pluralisierte, 160
Trauernorm, 148, 151, 153, 158
Trauerrituale, 150
Trauersemantik, 152, 155, 165, 187
Trauerverhalten, 148, 159, 160
Trauerzeit, 156
Trost, 125, 150, 154–156, 163

U

Übergang, epidemiologischer, 130
Übersterblichkeit, 18
Unbedachte, 196
Unsterblichkeit, 6, 7, 41, 73, 90, 205
Urne, 32, 83, 84, 151, 154, 173–177, 179, 180, 209, 210
Urnengemeinschaftsanlage, 193
Urnengemeinschaftsgrab, 179
Urnengrab, 175, 179
Urnennische, 179, 193

V

Verzeitlichung, 138
Vorsorge, 43, 128, 157, 196

W

Wahlgrab, 176
Weltraumbestattung, 173, 180
Wiederherstellungs-Chirurgie, 84

Z

Zellkultur, 87
Zivilisation, 2, 10, 13, 18, 23, 27, 43, 48, 62, 64, 66, 67, 70–72, 78, 79, 82, 96, 114, 128, 132, 135
Zivilisationswandel, 120
Zivilisierung, 2, 126, 156

The manufacturer's authorised representative in the EU is Springer Nature Customer Service Centre GmbH, Europaplatz 3, 69115 Heidelberg, Germany. If you have any concerns regarding our products, please contact ProductSafety@springernature.com

Printed and bound by CPI Group (UK) Ltd, Croydon, CR0 4YY
25/03/2026
02078188-0004